ro
ro
ro

Charakter wird umso mehr bewundert, je seltener er ist. Es war seine innere Haltung, die Dominik Brunner in der Münchner S-Bahn eingreifen ließ. Es war die Überzeugung, die aus dem einfachen Tischler Georg Elser einen Hitler-Attentäter machte. Und die besten Lehrer waren schon immer jene, die auch als Menschen beeindruckten. Petra Gerster und Christian Nürnberger gehen der Frage nach, wie eine mündige, reife Persönlichkeit entsteht. Und sie zeigen an vielen Beispielen, wie tägliche Lebensführung und echte Ideale, wie Selbstdisziplin und Phantasie dazu beitragen können.

Petra Gerster, geboren 1955, hat Slawistik und Germanistik studiert, war Redakteurin beim «Kölner Stadt-Anzeiger» und beim WDR und arbeitet seit 1989 für das ZDF: zunächst als Moderatorin von «Mona Lisa», seit 1998 als Moderatorin der Sendung «heute». Sie erhielt den Hanns-Joachim-Friedrichs-Preis, die Goldene Kamera und den Burda-Medienpreis Bambi. 2001 erschien «Der Erziehungsnotstand» (mit Christian Nürnberger) und 2007 «Reifeprüfung», die beide zu Bestsellern wurden.

Christian Nürnberger, geboren 1951, studierte Theologie, war Reporter der «Frankfurter Rundschau», Redakteur bei «Capital», Textchef bei «Hightech» und arbeitet seit 1990 als freier Autor. Er lebt mit seiner Frau Petra Gerster und zwei Kindern in Mainz. 2005 erschien «Die Bibel», 2007 «Das Christentum».

Petra Gerster

Christian Nürnberger

CHARAKTER

Worauf es bei Bildung wirklich ankommt

Rowohlt Taschenbuch Verlag

Veröffentlicht im Rowohlt Taschenbuch Verlag,
Reinbek bei Hamburg, Dezember 2011

Umschlaggestaltung ZERO Werbeagentur, München,
nach einem Entwurf von HAUPTMANN & KOMPANIE
Werbeagentur, Zürich
(Foto: Martin Langhorst)
Satz Minion PostScript (InDesign)
bei Pinkuin Satz und Datentechnik, Berlin
Druck und Bindung CPI – Clausen & Bosse, Leck
Printed in Germany
ISBN 978 3 499 62659 3

Inhalt

Vorwort: Charakter? Kein Thema

Noch nie ist es so sehr auf jeden Einzelnen angekommen wie heute. Noch nie hing so viel davon ab, dass möglichst viele Einzelne nicht nur über Bildung, sondern auch über Herzensbildung, Haltung, Anstand und Charakter verfügen, denn noch nie waren die vielen Einzelnen dieser Welt – Arme wie Reiche, Mächtige wie Ohnmächtige – so eng miteinander verflochten und aufeinander angewiesen wie heute.

Man kann das Jahr, seit dem das so ist, sehr genau angeben: 1989. Seit 1989 leben wir in einer anderen Welt. Ohne die Mauer, ohne den Kommunismus, ohne nationale Grenzen zumindest für Kapital, Waren und Dienstleistungen, mit dem Internet, mit einer Milliarde Chinesen, plus eine Milliarde Inder, plus Lateinamerikaner, Russen, Osteuropäer – das macht knapp drei Milliarden neue Konkurrenten für die alten Industriegesellschaften der westlichen Demokratien.

Aber erst jetzt, zwei Jahrzehnte später, merken wir: Zu dieser neuen Welt, die da entstanden ist, wollen unsere alten Demokratien nicht mehr so richtig passen, und das ist kein Wunder, denn dafür wurden sie nicht gemacht. Demokratien sind vor Jahrhunderten für souveräne Nationalstaaten entworfen worden, nicht für die komplexen, global vernetzten Hightechökonomien, in denen wir heute leben.

Diese sind für den Einzelnen schwer durchschaubar und für nationale Regierungen nur noch schwer steuer- und kontrollierbar. Darum sind die weltweit miteinander verflochtenen Volkswirtschaften ausgerechnet auf jene Ressource besonders angewiesen, die gerade stark im Schwinden begriffen ist: Vertrauen.

Der Vertrauensschwund hat zwei Ursachen. Die erste liegt im Wandel der Gesellschaft. Die ehemals klarstrukturierten, überschaubaren Gesellschaften mit den intakten sozialen Milieus der Arbeiterschaft, des Bürgertums, des Katholizismus, des Protestantismus und der regionalen Landsmannschaften samt der jeweiligen sozialen Kontrolle existieren nicht mehr. An ihre Stelle sind multi-ethnische und multikulturelle Individualisten-Gesellschaften getreten, die keine starke gemeinsame Idee mehr zusammenhält.

Die Beziehungen der Einzelnen in solch vielfältig zerstreuten Teilgruppen und -grüppchen sind weitgehend anonymisiert und verrechtlicht. Das erzeugt Fremdheitsgefühle und nährt Misstrauen.

Die zweite Ursache des Vertrauensschwunds steckt in der soeben kollektiv gemachten Erfahrung, dass der Markt den Markttest nicht bestanden hat. Über zwei Jahrzehnte lang wurde in geradezu ideologischer Manier den Menschen eingehämmert: Der Markt, der Markt, der hat immer recht. Irgendwann glaubte man an dieses Dogma – trotz gegenteiliger Erfahrungen. Schon die Blamage um jene berühmte Portokasse, aus der Bundeskanzler Helmut Kohl und Finanzminister Theo Waigel die Kosten der deutschen Einheit zu bestreiten gedachten, hätte für alle eine Warnung sein und Zweifel wecken müssen an den vielfach beschworenen «Selbstheilungskräften des Marktes», der ganz von selbst «blühende Landschaften» hervorbringen sollte.

Doch die Markt-Ideologen zeigten sich davon unbeeindruckt und stürzten die Welt ins nächste Desaster: die New Economy, die Milliarden und Abermilliarden Dollar und Euro verbrannte für den infantilen Glauben, man könne über Nacht und ohne wirkliche Leistung ganz schnell an der Börse reich werden.

Aus Schaden wird man klug – nicht aber, wenn man zur Kaste der Macher und großen Wirtschaftsexperten gehört. Dann setzt man weiterhin unverdrossen auf sein Dogma und beschwört schließlich die Finanzkrise herauf, der die Griechenland- und die Eurokrise folgten.

Was daraus zu lernen ist, hat der Nobelpreisträger für Wirtschaftswissenschaft, Joseph E. Stiglitz, beschrieben: «Im Jahr 2009 wird uns wieder einmal klar, warum Adam Smiths unsichtbare Hand oft unsichtbar bleibt: weil es sie gar nicht gibt. Das eigennützige Streben der Banker führte eben nicht zum Wohl der Gemeinschaft, es war nicht einmal für Aktionäre von Nutzen. Ganz sicher nichts davon hatten die Hausbesitzer, die ihr Heim verloren; Arbeitnehmer, die ihre Jobs einbüßten; Rentner, die zusehen mussten, wie sich ihre Altersvorsorge in Luft auflöste, oder die Steuerzahler, die Hunderte Milliarden Dollar zur Rettung der Banken zahlen mussten.»[1]

Die «Mittel der Armen und Durchschnittsverdiener» seien «zu den Reichen dirigiert» worden. Arme und Durchschnittsverdiener «mussten genau jenen Institutionen Geld zukommen lassen, von denen sie vorher jahrelang abgezockt wurden – durch räuberische Kreditvergabe, Wucherzinsen bei Kreditkarten und undurchsichtige Gebühren. Und dann mussten die Steuerzahler auch noch zusehen, wie ihr Geld benutzt wurde, exorbitante Boni und Dividenden auszuzahlen».[2]

Fazit: Auch ein auf das Eigeninteresse des Einzelnen gegründetes System ist darauf angewiesen, dass jeder an seinem Platz so etwas wie ein Berufsethos zu verwirklichen bestrebt ist, die Folgen seines Tuns bedenkt und das eine oder andere Geschäft einfach einmal nicht macht. Wenn das nicht mehr geschieht, wird jene eigentliche Währung zerstört, die jeder monetären Währung erst ihren Wert verleiht: Vertrauen.

Das ist nun weg. Und das ist eine richtige Tragödie, denn gerade in einer Welt, die immer komplizierter und unübersichtlicher wird, muss der Einzelne darauf vertrauen können, dass der andere nichts Böses im Schilde führt, es gut mit ihm meint. Mehr als jede frühere Gesellschaft ist die unsrige darauf angewiesen, dass diese komplizierte Welt überwiegend von Menschen mit anständigem Charakter bevölkert wird.

Charakter sollte daher also eigentlich ein großes Thema unserer Gegenwart sein. Aber bei unseren Recherchen für dieses Buch stießen wir auf ein erstaunliches Faktum. Wir wollten wissen, was andere zu unserem Thema schon geschrieben hatten, und suchten daher im Katalog der Deutschen Nationalbibliothek nach Veröffentlichungen zur «Charakterbildung». Das Ergebnis: Charakterbildung war in Deutschland zwischen 1970 und heute so gut wie überhaupt kein Thema – und in der Zeit davor war es zumindest kein gewichtiges.

Nur sechsundneunzig Titel lieferte der Katalog der zentralen deutschen Archivbibliothek, die seit 1913 alles sammelt, was in deutscher Sprache veröffentlicht wurde und die Ende 2008 über einen Bestand aus 24,7 Millionen Titeln verfügte. Zum Vergleich: Wer nach «Bildung» sucht, erhält mehr als 46 000 Treffer, und zum Stichwort «Erziehung» liefert der Katalog rund 44 000 Titel.

Scheinbar etwas besser ist man bedient, wenn man nur nach «Charakter» sucht. Da listet der Katalog immerhin 3140 Treffer auf. Jedoch: Titel wie «Teddybären mit Charakter», «Der sprachhafte Charakter der Musik», «Was uns Pferde sagen» oder «Charakter- und Gesundheitsastrologie» machen einem schnell klar, dass die Suche zu unspezifisch ist und zahlreiche Blindgänger liefert.

Aber auch bei den sechsundneunzig Nennungen zum genaueren Stichwort «Charakterbildung» findet man unter den zehn jüngsten kaum etwas von Belang: eine Ankündigung über die Schule in Salem, mehrere Liederbücher, einige Titel asiatischer Autoren esoterischer oder buddhistischer Provenienz.

Die Reihe der nächsten zehn Titel wurde zu unserer Überraschung mit einem unserer eigenen Bücher eröffnet, «Stark für das Leben» von 2003. An dreizehnter Stelle folgte ein amerikanisches Buch aus dem Jahr 2002. Platz vierzehn verzeichnete wieder ein esoterisches Werk von 2000, Platz fünfzehn etwas über den Islam (1999), Platz sechzehn etwas Ungarisches (1991), Platz siebzehn etwas Medizinisch-Esoterisches (1990), und davor erschien zwanzig Jahre lang gar nichts. Hinter Platz zwanzig – eine Veröffentlichung der österreichischen Turn- und Sportunion über «Sport und Charakter» von 1960 – sind alle weiteren Titel älter als fünfzig Jahre.

Charakterbildung ist also in unserem Land kein Thema, offenbar kaum je eines gewesen, und das ist erstaunlich, denn Charakter ist schließlich nicht nur ein individuelles, sondern ein öffentliches Gut. Ein sehr knapp gewordenes öffentliches Gut, dessen Mangel menschliches Leid, aber auch große volkswirtschaftliche Schäden verursacht. Über die Folgen von inneren Haltungsschäden und Charaktermangel lesen wir täglich in der Zeitung. Aber nur selten erfährt man, wo eigentlich der vielbeschworene «mündige Bürger» steckt, jener demokratische Typus, der Wissen, Bildung und Verantwortungsbewusstsein mit Haltung und Charakter verbindet.

Er scheint nur in den Sonntagsreden unserer Politiker zu existieren. Werktags lassen diese sich unausgesprochen von der Ansicht leiten, der Mensch sei sowieso unverbesserlich, unerziehbar, unbelehrbar, unreif, infantil und mit einem kurzen Gedächtnis gesegnet. Die Erfahrung scheint diesen Pessimisten recht zu geben. Daher vertrauen Politiker wie Manager und eigentlich so gut wie alle, die etwas zu entscheiden haben, lieber auf den Markt, auf Gesetze, Kontrollen, Polizei und Gerichte. Die Eliten unseres Landes und der meisten anderen Länder bemühen sich, Gesellschaften so zu konstruieren, dass sie unabhängig vom Charakter ihrer Mitglieder funktionieren.

Das ist in der Vergangenheit auch einigermaßen gut gelungen, jedoch um den Preis ausufernder Bürokratien. Sie verursachen hohe Kosten und rauben dem Einzelnen durch Kontrollen

Zeit und Nerven. In letzter Zeit funktionieren Gesellschaften, die unabhängig vom Verantwortungsbewusstsein des Einzelnen auszukommen versuchen, jedoch nur noch unzureichend. Sollten sie weiterhin auf Charakterbildung keinen besonderen Wert legen, sind sie bald nicht mehr lebensfähig, denn staatliche Kontrollmechanismen sind der Komplexität globalisierter Hightechökonomien nicht mehr gewachsen. Es geht nicht mehr ohne Charakter – diese These erläutern wir im ersten Kapitel.

Dass es natürlich auch ohne Bildung und Erziehung nicht geht, gehört in unserer ressourcenarmen, exportorientierten, einem gnadenlosen Wettbewerb ausgesetzten Wirtschaftsnation inzwischen zum Allgemeingut. Das Problem aber ist das ungebildete Verständnis von Bildung, das zahlreiche Angehörige unserer Eliten propagieren. Damit setzen wir uns in Kapitel zwei auseinander.

Bildung allein garantiert noch nicht Herzensbildung, Gutsein, Charakter. Was geschehen kann, wenn all das, wovon unsere Eliten heute träumen – Wissen, Wettbewerbsfähigkeit, Kompetenz, Exzellenz, Brain, Nobelpreise –, vorhanden ist, es aber kollektiv an Charakter mangelt, beschreiben wir im dritten Kapitel.

Es leuchtet ein, dass die Bildung eines Menschen großen Einfluss auf dessen Lebensweg hat und dass der Charakter das individuelle Schicksal mitbestimmt. Man darf aber nicht vergessen, dass aus der Summe der individuellen Charaktere auch zeittypische, kollektive Charaktertypen erwachsen, die das Schicksal von Nationen bestimmen können. Der autoritäre Charakter, der Untertan, der Nationalist, der Rassist und der Militarist waren während des wilhelminischen Kaiserreichs jene typischen deutschen Charaktere, die im Nationalsozialisten kulminierten und zu den katastrophalen Folgen führten, die wir alle kennen. Daher weiten wir in den Kapiteln vier und fünf den Blick auf den Zusammenhang zwischen Bildung, Schicksal und Charakter ganzer Nationen.

In Diktaturen werden Charakter und Gewissen pervertiert. Da braucht es Menschen, die sich dem mit aller Kraft und ihrer ganzen Existenz entgegenstellen und dadurch zu Helden und Märtyrern werden. Das große Rätsel ist, wie von drei Menschen, die ungefähr zur gleichen Zeit unter annähernd gleichen Bedingungen aufwachsen, der eine ein perverser Ideologe werden kann, ein Zweiter ein opportunistischer Mitläufer und ein Dritter ein Märtyrer. Darüber reflektiert das Kapitel sechs. Darin erzählen wir von der Literatur-Nobelpreisträgerin Herta Müller, die in Rumänien ihr Leben riskierte, weil sie sich weigerte, mit dem rumänischen Geheimdienst zusammenzuarbeiten. Wir fragten sie: Woher nahm sie diesen Mut? Wie konnte die junge Frau, die sie damals war, schon so viel Charakterstärke zeigen? Wie muss man Kinder erziehen, damit sie so aufrecht durchs Leben gehen wie sie?

Diese Fragen werden uns aber auch – unter anderen Aspekten – in etlichen weiteren Kapiteln (zehn, elf, dreizehn und siebzehn) noch beschäftigen. Um die charakterprägende Kraft sozialer Milieus geht es in Kapitel zehn. Vor allem am Beispiel der Person Willy Brandts wollen wir zeigen, dass bestimmte soziale Milieus – Arbeiter, Katholiken, Protestanten – ihren Mitgliedern zwar oft enge Grenzen setzen, dabei aber für Kinder und Jugendliche Biotope darstellen, in denen sie gedeihen, einen Halt finden, eine Identität ausbilden und erleben, was Heimat ist.

Konrad Adenauer, Willy Brandt oder Theodor Heuss zählen zu den «großen Toten» der Bundesrepublik Deutschland. Helmut Schmidt oder Richard von Weizsäcker werden als die «letzten großen alten Männer» unserer Gegenwart verehrt. Danach scheint es nur noch Mittelmaß zu geben, und die Ursache soll angeblich in dem Umstand zu finden sein, dass die «großen Alten» den Krieg erlebt haben, der abenteuerliche Biographien und starke Charaktere hervorbringe. Warum das nicht stimmt, sagen wir in Kapitel elf. Und in Kapitel zwölf zeigen wir am

Beispiel Fußball, dass es auch unter der Nachkriegsgeneration starke Figuren geben kann. Zwei davon porträtieren wir: Uli Hoeneß und Louis van Gaal.

Wenn man sieht, welche Macht bestimmte geistige Strömungen auf Einzelne ausüben und wie sich daraus gefährliche kollektive Typen entwickeln können, muss man auch heute die Gegenwart kritisch betrachten und sich fragen, welche zeitgeistgeprägten Charaktertypen unsere Gesellschaft hervorbringt. Es sind der ökonomistische Ideologe, der Profi, der infantile Konsument und der Geiz-Charakter. In den Kapiteln dreizehn und vierzehn widmen wir uns diesen heutigen Problemtypen.

Eingeschoben haben wir dazwischen aber die notwendige Klärung des Begriffs Charakter. Sie kommt nicht ohne einen historischen Rückblick auf die Charakterologie, deren Entwicklung und Aufgehen in der Persönlichkeitspsychologie aus. Dieser historische Teil erstreckt sich über die Kapitel sieben, acht und neun.

In Kapitel fünfzehn versuchen wir eine Antwort auf die Frage: Was ist Bildung? Die wir in Kapitel sechzehn auf die Frage zuspitzen, wie sich ein Charakter bildet. Ist er angeboren oder anerzogen? Oder beides? Wir sind optimistisch und sagen: Ein guter Charakter ist nicht das Ergebnis guter Gene, sondern einer guten Erziehung. Die Ursache eines freundlichen Wesens ist nicht ein Freundlichkeitsgen, sondern eine freundliche Umwelt. Daher können wir vieles tun, um über die Charakterbildung jedes Einzelnen unser kollektives Schicksal günstig zu beeinflussen.

Aber was? Und wie? Was muss in Familien, Schulen und in der Gesellschaft passieren, dass sich Kinder und Jugendliche zu Menschen mit gutem Charakter entwickeln, und auf welche Charaktereigenschaften kommt es dabei an? Wir versuchen eine Antwort in den Kapiteln siebzehn bis zwanzig.

In Kapitel achtzehn wagen wir uns an eine Ehrenrettung des

Begriffs «pädagogischer Eros». Dieser ist nicht zuletzt wegen des sexuellen Missbrauchs an der reformpädagogisch orientierten Odenwaldschule in Verruf geraten. Zu Unrecht. Für eine gute Erziehung können wir auf das, was mit dem Begriff eigentlich gemeint ist, nicht verzichten.

Wie Kinder durch Mangel an Liebe, Gedankenlosigkeit, Unfähigkeit bis hin zur Böswilligkeit fürs Leben gezeichnet und stigmatisiert werden können, haben Karl Philipp Moritz und Hermann Hesse auf zwei verschiedene Weisen mit zwei sehr verschiedenen Helden in den Romanen «Anton Reiser» und «Unterm Rad» erzählt. Anhand dieser Beispiele machen wir im Kapitel neunzehn auf die Macht aufmerksam, die Erzieher und Lehrer über Kinder haben. Es ist eine Macht, die jedem Kind das Leben verpfuschen – oder zu einem gelingenden Leben verhelfen kann. Diese andere, positive Seite der Macht und Verantwortung des Lehrers kommt in Kapitel zwanzig zur Sprache, wo wir mit Hilfe einer Filmfigur zeigen, was ein Lehrer vermag: John Keating, der Held im Film «Der Club der toten Dichter», begeistert seine Schüler, indem er sie mit unkonventionellen Methoden an die Literatur heranführt und sie lehrt, die Werte, die an ihrem Internat seit Jahrhunderten hochgehalten werden, mit Leben zu füllen. Und wir erzählen von einem modernen Keating in der Realität.

Der künftig am dringendsten benötigte Charakter scheint uns jener mündige, demokratische Weltbürger zu sein, der in Sonntagsreden massenhaft vorkommt, werktags aber kaum zu sehen ist. Weil es ihn nicht gibt? Nein, weil er meist unspektakulär im Stillen wirkt und die Medien ihm wenig Beachtung schenken. Häufig findet man ihn im Verein, im Ehrenamt, in der Kirche, in Parteien und Gewerkschaften, im sozialen Engagement, selten jedoch handelt es sich dabei um einen Menschen im sogenannten besten Alter. Diese Gruppe ist von ihren Berufs- und Familienpflichten so absorbiert, dass sie für anderes einfach keine Zeit mehr hat. Am Arbeitsplatz aber ist es den meisten nicht erlaubt – oder es ist nicht vorgesehen –, mündig zu sein. Und ebendas ist das Fatale. Auch und gerade am Arbeitsplatz brauchen wir künftig Menschen, die dort aktiv werden und Verantwortung übernehmen, wo der Arm des Staates nicht mehr hinreicht. Davon handelt das Kapitel einundzwanzig.

Wir betrachten es nicht als unsere Aufgabe, ein politisches Programm zur Charakterbildung vorzulegen. Vielmehr wären wir schon zufrieden, wenn es uns mit diesem Buch gelänge, ein neues Thema zu setzen: Charakter. Das halten wir für notwendig, denn nicht nur Bildung ist unser Schicksal, sondern auch, und eher noch mehr, Charakter.

Statt mit einem Programm lassen wir das Buch ausklingen mit drei Geschichten aus der Literatur, von denen jede auf ihre Weise dieselben Fragen stellt: Wie wollen wir leben, worauf kommt es uns an, wofür stehen wir, woran glauben wir? Die vier Fragen stellen jeden Einzelnen vor die Entscheidung: Was wollen wir sein, eine Wertegemeinschaft oder eine Wertpapiergesellschaft?

Mainz, im Juni 2010

1. Warum es ohne Charakter nicht geht

Im Sommer 2008 wurde die Kaste der Manager von der Frankfurter Allgemeinen Sonntagszeitung gegen öffentliche Kritik verteidigt.[3] Der Anlass: Die Siemens-Spitze zahlte Schmiergelder, bei der Telekom gab es einen Schnüffelskandal, der Ex-Post-Chef Klaus Zumwinkel wurde vor Fernsehkameras von einer Staatsanwältin abgeführt und wegen Steuerhinterziehung in Millionenhöhe angeklagt – und die Öffentlichkeit begann, über die «Moral der Manager» zu diskutieren.

Politiker, Bischöfe, Autoren von Leitartikeln, sogar Wirtschaftsjournalisten und mittelständische Unternehmer gaben kritische Statements zum bunten Treiben der Manager ab und fragten nach deren charakterlicher Eignung für Führungspositionen. Und da schrieb die FAS: Bitte aufhören mit dem Moralisieren, Manager brauchen keine Moral.

Begründung: «Die Marktwirtschaft schafft Wohlstand und erweitert durch Innovation und Wachstum die menschlichen Freiheitsoptionen unabhängig von der Frage, ob die handelnden Akteure einen guten oder schlechten Charakter haben. Eine Gesellschaft muss nicht erst moralisch gebessert werden, um wirtschaftlich zu funktionieren.»[4]

Dann kam der 15. September 2008, der Tag, an dem in New York die Investment Bank Lehman Brothers zusammenbrach. Seitdem passieren Dinge, die unter dem etwas harmlosen Begriff «Finanzkrise» subsumiert wurden und uns noch lange beschäftigen werden. Zu diesen Dingen gehört auch die Griechenland- und die Eurokrise, und während wir dieses Buch im Sommer 2010 zu Ende bringen, beginnt in Deutschland und Europa das

Sparen bei denen, die an dieser Krise vollkommen unschuldig sind, und es sind Schulden gemacht worden, die noch unsere Enkel abtragen werden.

Heute würde vermutlich keine Zeitung mehr zu schreiben wagen, der Charakter von Managern brauche uns nicht zu interessieren. Denn was sich in den letzten Jahren an den Weltbörsen zugetragen hat, war etwas weit Gravierenderes als nur deren Verwandlung in ein globales Spielkasino. Im Spielkasino riskieren die Spieler ihr eigenes Geld. An den Börsen haben die Zocker Geld verspielt, das ihnen nicht gehörte. Im Spielkasino verliert man Geld, sonst nichts. Durch die Machenschaften an den Börsen verlieren Menschen ihre Arbeitsplätze, mittelständische Unternehmer ihre Unternehmen, Arbeitnehmer ihre soziale Sicherheit, Regierungen Gestaltungsmöglichkeiten, und verschuldete Städte und Gemeinden büßen an Lebensqualität ein. Allein schon aufgrund dieser Erfahrung haben wir uns für die Moral und den Charakter der Manager zu interessieren.

Es kommen aber noch ein paar weitere Vorfälle hinzu, die sich zeitgleich ereigneten, die Öffentlichkeit erregten und einen indirekten, aber sehr intimen Bezug zur Finanzkrise haben: In Konstanz wurde eine 58-jährige Altenpflegerin fristlos gekündigt, weil sie sechs für den Müll bestimmte Maultaschen mitgenommen hatte. Beim Baugewerbeverband in Dortmund sollten zwei Sekretärinnen gehen, weil sie insgesamt vier Brötchenhälften und eine Frikadelle von einem Büfett genommen hatten. Eine Metallfirma in Oberhausen feuerte einen Mitarbeiter, weil er sein Handy am Arbeitsplatz aufgeladen hatte. In Remscheid musste eine Supermarktverkäuferin gehen, weil sie Damenbinden im Wert von 59 Cent aus dem Regal nahm. Und in Hannover entließ die Caritas eine schwerbehinderte Pflegehelferin, weil sie eine Portion Teewurst aus der Heimküche gegessen hatte.[5] Am berühmtesten wurde der Fall der Supermarktkassiererin Emmely, der wegen der Unterschlagung von zwei Leergut-Bons im Wert von 1,30 Euro gekündigt worden war.

In allen Fällen argumentierten die Arbeitgeber mit dem «Vertrauensverhältnis», das durch die Vorfälle «zerrüttet» worden sei. Verständnis für diese Sichtweise bekundete auch die Präsidentin des Bundesarbeitsgerichts (BAG), Ingrid Schmidt. «Es gibt keine Bagatellen», sagte sie im Interview mit der «Süddeutschen Zeitung». Arbeitnehmer, die ihrem Arbeitgeber etwas entwenden, zeigten ein Verhalten, das «mit fehlendem Anstand» zu tun habe.

Wenn also kleine Angestellte Pfandbons oder Maultaschen an sich nehmen, nennt man das Betrug und schweren Vertrauensbruch und bestraft es mit Entzug der Existenzgrundlage. Wenn schwerreiche Investmentbanker das Geld anderer Leute verzocken, Milliardenschäden anrichten und ganze Bankhäuser in den Orkus schicken, dann bezeichnet man das als «Systemfehler», für den jene, die ihr hohes Gehalt mit ihrer hohen Verantwortung rechtfertigen, persönlich nicht verantwortlich sind.

Wir teilen durchaus die strenge Sicht der BAG-Präsidentin Ingrid Schmidt. Man sollte von jedem erwarten, dass er sich auch bei Kleinigkeiten korrekt verhält. Dafür sollte man dann aber auch erwarten dürfen, dass sich Banker und Manager ebenso korrekt verhalten, wie es die Bundesrichterin von der Supermarktkassiererin verlangt.

Dass dem nicht so ist, hängt mit der im Vorwort gemachten Feststellung zusammen, dass unsere nationalstaatlich verfassten Demokratien nicht mehr so ganz auf die Wirklichkeit passen. Das Volk, der Souverän in allen demokratischen Verfassungen, ist in Zeiten der Globalisierung nicht mehr so souverän, wie es sein sollte. Daher beschleicht immer mehr Bürger das Gefühl, dass nicht mehr sie es sind, die in freien Wahlen darüber bestimmen, wie sie leben und arbeiten wollen, sondern der Markt. Dem kann es egal sein, wer unter ihm als Kanzler oder Präsident die sogenannten Sachzwänge vollstreckt und deren Opfer nachsorgend betreut. Die Märkte haben die eigentliche Gestaltungsmacht, aber leider keinen Plan von der Zukunft, sondern nur kurzfristige Gewinninteressen, die uns langfristig in eine Zukunft führen, die niemand gewollt haben wird.

Demokratisch gewählte nationale Regierungen sind der Komplexität weltweit vernetzter, voneinander abhängiger und sich gegenseitig beeinflussender Volkswirtschaften nicht mehr gewachsen. Alan Greenspan hat die Europäer nicht gefragt, ob sie seine Politik des billigen Geldes gutheißen. Der deutsche Steuerzahler ist nicht schuld an der amerikanischen Immobilienblase und dem Zusammenbruch von Lehman Brothers, er kann nichts dafür, dass Typen mit Harvard-Abschluss und MBA die Börse zu einem Kasino umfunktionierten und das Geld verzockten, das bei ihm jetzt eingesammelt wird. Man hat bis vor kurzem nicht gewusst, wie stark deutsche Landesbanken in diese üblen Geschäfte verstrickt waren. Wir werden für die Schuldenpolitik aller griechischen Regierungen in die Pflicht genommen, und der Alleinerziehenden wird nun gesagt, dass sie auf den versprochenen Kita-Platz warten muss. Nicht nur für Kitas fehlt das Geld. An allen Ecken und Enden, im Bund, in den Ländern und in den Gemeinden muss gespart werden wie noch nie, und zugleich steigen Gebühren, Sozialabgaben und sehr wahrscheinlich auch wieder die Steuern.

Wir sind nicht mehr Herr im eigenen Haus. Daher fällt es Politikern zunehmend schwerer, steuernd und gestaltend in das Weltgeschehen einzugreifen. Die viel zu vielen Kameras, die sich auf die Präsidenten, Kanzler, Minister und Ministerpräsidenten richten, zeigen hochverschuldete Könige ohne Macht, abhängig von Medien, Stimmungen, Lobbyisten, Parteifunktionären, Koalitionspartnern, Provinzfürsten, anderen Regierungen und Investitionsentscheidungen.

Wenn Europas Regierungen am Monatsende alle Beamtengehälter und -pensionen bezahlt haben, wenn Sozialtransfers, Zinsen, Tilgung und alle weiteren Fixkosten überwiesen wurden, dann bleibt kein Euro mehr übrig für die Gestaltung der Zukunft. Dafür müssen sie neue Schulden machen.

Aber selbst wenn sie keine Schulden hätten, wären die meisten Staaten nur noch eingeschränkt fähig, die Zukunft zu gestalten, denn siebenundzwanzig europäische Nationen haben sich zu einem Staatenbund namens EU zusammengeschlossen und damit Teile ihrer Souveränität nach Brüssel abgetreten. Dort, und nicht mehr in Berlin, Paris, London und den übrigen Hauptstädten der teilsouveränen Staaten, werden jetzt, für den EU-Bürger schwer kontrollierbar, Entscheidungen mit weitreichenden Folgen getroffen. Dort müssten eigentlich die vielen Fernsehteams ihre Kameras auf die EU-Kommissare, EU-Bürokraten und vor allem die zehntausend Lobbyisten um sie herum richten – jene unbekannten Gesichter, welche die Zukunft stärker bestimmen als die bekannten Politiker in den nationalen Hauptstädten.

Daher stehen wir heute vor einer Jahrhundertaufgabe: der Rückeroberung der Gestaltungsmacht durch den in den Verfassungen eigentlichen Souverän, das Volk. Ob und wie das unter den Bedingungen der Globalisierung gelingen kann, wissen wir noch nicht, aber versucht werden muss es. Erfolge, wenn es sie je geben sollte, werden jedoch Jahrzehnte auf sich warten lassen.

Bis dahin müssen aber weiterhin Probleme gelöst, Gefahren gebannt, Regeln eingehalten werden, und genau deshalb kommt es ab sofort auf jeden Einzelnen an. Nationale Regierungen sind jetzt auf unser aller Hilfe angewiesen. Nicht nur auf die Mächtigen und Reichen dieser Welt kommt es an, sondern auch auf uns Normalbürger, die vielen kleinen Lohnsteuerzahler, Sozialversicherten, Konsumenten, Sparer und Kleinanleger. Von unserem Anstand und Charakter wird abhängen, ob wir die Probleme in den Griff bekommen.

So gut wie jede banale Konsumentscheidung – für oder gegen

das Ei vom Huhn aus Käfighaltung, für oder gegen Himbeeren im Winter, für billigen Atom- oder teuren Ökostrom, für Billigware aus China oder teure Qualität aus regionaler Produktion, für oder gegen Rindfleisch aus Argentinien – hat Folgen für die Welt und kommt daher einem politischen Akt gleich.

Ob wir die explodierenden Gesundheitskosten in den Griff kriegen, hängt nicht nur vom jeweiligen Gesundheitsminister ab, sondern auch davon, ob jeder Einzelne sich gesund ernährt, sich ausreichend bewegt und die Gesundheitsdienste nur dann beansprucht, wenn er sie wirklich braucht. Es hängt davon ab, ob jeder einzelne Arzt korrekt abrechnet und sich bei der Verschreibung von Medikamenten und Therapien nicht von den Bestechungsgeschenken der Pharmalobby leiten lässt, sondern vom medizinisch Gebotenen. Es hängt davon ab, ob es gelingt, jeden Einzelnen so gut auszubilden, dass er seinen eigenen Lebensunterhalt verdienen und in die Sozialkassen einzahlen kann, statt diese zu belasten. Es hängt davon ab, ob es gelingt, Menschen so zu erziehen, dass sie bestrebt sind, durch Eigeninitiative möglichst schnell auf eigenen Beinen zu stehen. Dazu gehört dann aber auch die Bereitschaft der Arbeitgeber, anständige Löhne zu zahlen.

Der soziale Frieden in jedem Gemeinwesen hängt davon ab, dass der erarbeitete Wohlstand ebenso wie die Lasten und Pflichten einigermaßen gerecht verteilt sind. Auf Gesellschaften, in denen Löhnen und Gehältern weder nach oben noch nach unten Grenzen gesetzt sind, ruht kein Segen.

Wir brauchen mündige Bürger, die einsehen, dass es nicht reicht, alle vier Jahre ein Kreuz zu machen und sich dann zurückzulehnen. Es ist zu bequem, sich über unfähige Politiker zu beklagen, ohne selbst aktiv zu werden. Man muss auch selber Verantwortung übernehmen für sich, für andere, fürs Ganze.

2. Das neue Mantra: Bildung gleich Euro

Es ist wahrscheinlich nur wenigen bewusst, daher sei es hier ausgesprochen: Wir, die Nachkriegsgeborenen von Westeuropa, sind die Glückskinder der Weltgeschichte. Wenn wir auf unser Leben zurückblicken, können wir sagen, nie etwas anderes kennengelernt zu haben als Frieden und Freiheit bei wachsendem Wohlstand.

Wie anders war das bei der Generation unserer Eltern und Großeltern. Zwei Weltkriege, zwei Inflationen, Hunger, Not, zerbombte Städte, Vermisste, im Krieg gefallene Väter, Ehemänner und Brüder, an Leib und Seele versehrte Kriegsheimkehrer. Wer als Kind Flucht und Vertreibung oder die Bombennächte in den Luftschutzbunkern überlebt hat, ist oft noch heute traumatisiert davon. Überall in Europa hatte diese Generation Ähnliches erlebt und erlitten. Und wer jüdischen Glaubens war, dessen Leben endete mit hoher Wahrscheinlichkeit in einer von Deutschen betriebenen Gaskammer.

Von dem schönen Leben, das wir seit Jahrzehnten führen dürfen, hatten diese Vorkriegsgeborenen nie zu träumen gewagt. Und für drei Viertel der heutigen Weltbevölkerung bleibt unsere Lebensweise ein unerfüllbarer Traum. Was uns als selbstverständlich erscheint, ist vor historischem Hintergrund und angesichts der globalen Gegenwart ein extrem unwahrscheinlicher Ausnahmezustand. Wir sind Bewohner einer Oase inmitten einer großen Wüste. Sicher, auch hier geht es nicht allen gleichermaßen gut, aber allen geht es besser als früheren Generationen und als denen, die anderswo ihr Leben fristen.

Drei Wunder haben sich zwischen 1945 und heute in Europa ereignet. Das erste: Wir haben die viele Jahrtausende alte Institution des Krieges überwunden, zumindest innerhalb der EU. Dass Deutsche und Franzosen jemals wieder aufeinander schießen, ist nach heutigem Ermessen ausgeschlossen. Wer das vor hundert Jahren prophezeit hätte, der hätte sich als Utopist lächerlich gemacht. Heute erscheint uns diese Leistung als so selbstverständlich, dass unser Verdruss über die Brüsseler Eurokratie größer ist als die Freude über den Frieden in Europa. Seit 1989, als die Grenze zwischen zwei waffenstarrenden Blöcken ohne Blutvergießen fiel, gehören auch große Teile Osteuropas dazu.

Das zweite Wunder ist auf dem Weg seiner Verwirklichung: die volle Gleichberechtigung der Frau. Die ehemalige Verfassungsrichterin Jutta Limbach hat das vor Jahren auf folgenden Nenner gebracht: Im Gegensatz zu ihren Urgroßmüttern dürfen Frauen von heute politische Versammlungen besuchen, wählen und gewählt werden, Universitäten besuchen, Ärztinnen, Richterinnen, Professorinnen werden. Im Gegensatz zu ihren Großmüttern haben Frauen von heute bei ihrer Heirat das Recht, ihren Mädchennamen zu behalten. Im Gegensatz zu ihren Müttern werden Frauen von heute so gefördert, dass sie gleichberechtigt am öffentlichen Leben teilnehmen können. Dieser Prozess ist natürlich noch nicht vollendet. Noch immer stellen sich Frauen Hürden in den Weg, aber genügend Frauen kämpfen dagegen an, und wie weit sie es dabei gebracht haben, lehrt ein Vergleich mit arabischen oder asiatischen Ländern.

Das dritte Wunder erscheint uns als so selbstverständlich, dass uns sein einstmals utopischer Charakter gar nicht mehr bewusst ist: die volle Teilhabe der Arbeitnehmer an politischen Entscheidungsprozessen, an Kultur und Bildung, und die möglichst gerechte Verteilung des durch Arbeit erwirtschafteten Wohlstands. So gut wie alles, was die ersten Arbeitervereine zur

Zeit des Dreiklassenwahlrechts als Ziele in ihre Programme hineingeschrieben haben, ist heute verwirklicht.

Hartz-IV-Empfängern wird diese Beschreibung unserer Realität möglicherweise als Schönfärberei erscheinen – aber circa eine Milliarde Menschen auf dieser Welt würden sofort mit ihnen tauschen. Dieser Milliarde fehlt es an sauberem Trinkwasser und Nahrung, an menschenwürdigen Behausungen, an einem funktionierenden Gesundheitssystem, sozialem Frieden, einer rechtsstaatlichen Justiz und einer freien Presse, es fehlt ihr an Schulen, Straßen und einem öffentlichen Nahverkehr, es fehlt ihr an Strom, Licht, Parks, Erholungsräumen und an Schutz vor kriminellen Banden, Ausbeutern und Betrügern. Es fehlt ihr an allem, was hierzulande auch für Hartz-IV-Empfänger selbstverständlich ist.

Es ist also gewiss keine Übertreibung: Wir, die Nachkriegsgeborenen der westlichen Hemisphäre, haben den weltgeschichtlich günstigsten Zeitpunkt und Ort erwischt, den man sich zum Leben nur denken kann. Keine Generation vor uns hatte größeres Glück als wir. Freiheit, Gleichheit, Demokratie, Rechtsstaatlichkeit und soziale Sicherheit sind ganz junge, schwererkämpfte Ausnahmeerscheinungen in der Weltgeschichte, und wir gehören zu den ersten Nutznießern.

Wenn wir trotzdem nicht täglich in Jubel über diese erstaunliche Tatsache ausbrechen, dann nicht nur, weil uns das alles als zu selbstverständlich und nicht genug erscheint, sondern weil bei unserem Vergleich mit der Vergangenheit und der Gegenwart noch ein entscheidender Aspekt fehlt: die Zukunft unserer Kinder.

Unsere Eltern hatten zu uns immer gesagt: Ihr sollt es einmal besser haben als wir. Und tatsächlich haben wir es besser, als sie es je hatten. Aber unseren Kindern müssten wir, wenn wir ehrlich wären, sagen: Ihr werdet es sehr wahrscheinlich einmal schlechter haben als wir.

Während die Älteren zielstrebig auf ihren Vorruhestand hinarbeiten und ein Rentnerleben auf Mallorca planen, machen Zehnjährige unter heftiger Anteilnahme ihrer Eltern «Grundschulabitur», hetzen durch das G8-Gymnasium, erwerben zügig ihren Bachelor und satteln den Master obendrauf, auf dass sie flexibel und mobil jederzeit allen wechselnden Anforderungen einer globalisierten Wirtschaft gerecht werden und die Sicherheit unserer Renten garantieren können. Auch die Kosten all der Krankheiten, von denen immer mehr und immer ältere Menschen geplagt werden, die neunzig bis hundert Jahre leben, müssen von einer relativ kleinen Gruppe der Jüngeren bezahlt werden, nicht zu vergessen die Schuldenberge, die wir künftigen Generationen hinterlassen.

Gleichzeitig legen wir gutversorgten Älteren den Jüngeren immer mehr Eigenverantwortung nahe. Die Jungen sollen für ihr eigenes Alter lieber selber vorsorgen und sich gut gegen Krankheit und Arbeitslosigkeit versichern, denn auf den Staat werden sie sich kaum noch verlassen können. Wobei wir dem Hauptschüler die Antwort schuldig bleiben auf die Frage, wie er für sich selber sorgen soll, wenn er noch nicht mal eine Lehrstelle bekommt. Und dem hochqualifizierten Uni-Absolventen, der sich von Praktikum zu Praktikum hangelt, sich vom Einjahresvertrag zum Zwei- und Dreijahresvertrag vorarbeitet, während er fragt, wie er all das schaffen soll, was wir ihm aufbürden, sagen wir: Das ist dein Problem, und vergiss bitte nicht, Kinder in die Welt zu setzen, damit die Renten und das Wirtschaftswachstum gesichert sind.

Wir Älteren übergeben den Jüngeren eine übervölkerte, waffenstarrende, vom Klimawandel bedrohte und von Wasser- und Rohstoffknappheit geschüttelte Welt voller Konflikte zwischen Ethnien, Religionen und Kulturen. Wir setzen sie einem Wettbewerb aus, der viele überfordert, krank und labil macht und auch Eltern verunsichert.

Wir müssen unser Bild also korrigieren. Die Welt, die wir unseren Kindern übergeben, ist an ihren Grenzen und teilweise auch schon im Innern von Verwahrlosung bedroht, mit Schulden überfrachtet und auch mit Schuld beladen – Schuld gegenüber den Ausgeschlossenen, Schuld gegenüber der Natur, auf deren Ausbeutung ein Großteil unseres Wohlstands beruht, Schuld gegenüber künftigen Generationen, deren Ressourcen wir verbraucht haben, Schuld wegen unserer imperialistischen und kolonialistischen Vergangenheit, die ebenfalls zu unserem heutigen Wohlstand beigetragen und die Erben der ehemaligen Kolonien von ihm ausgeschlossen hat.

Es wäre schöner, wenn unsere Oase, die wir den nächsten Generationen vererben, intakt, auf Expansion programmiert und auf Frieden mit der Natur gegründet wäre. Das haben wir nicht geschafft.

Wie können wir diese Oase dennoch erhalten? Die Eliten in Staat, Wirtschaft und Gesellschaft meinen, das Rezept gefunden zu haben, ein Rezept, das geradezu als Wundermittel gehandelt wird: Bildung. Mehr Bildung, bessere Bildung werde jungen Menschen helfen, von unserer Oase so viel wie möglich in die Zukunft zu retten. Auch die ganz großen politischen Vorschläge setzen also beim Einzelnen an. Bei den jungen Menschen, bei unseren Kindern und Enkelkindern.

Das sehen wir grundsätzlich auch so. Nur sehen wir nicht, wo nach der Finanz- und Eurokrise noch das dafür nötige Geld herkommen soll. Aber vor allem sehen wir nicht, wie das, was seit rund einem Jahrzehnt von der Mehrheit unserer Eliten in Deutschland, Europa, den USA bis hin zur OECD als «mehr Bildung» oder gar als «bessere Bildung» verkauft wird, unsere Oase retten soll: Denn es handelt sich um verzweckte Bildung, Bildung als Magd der Wirtschaft, als Set von Kompetenzen, als Anpassung an den Weltmarkt, als die Fähigkeit, sich ökonomisch gegen Inder und Chinesen zu behaupten.

Innovationen durch Bildung, internationale Wettbewerbsfähigkeit durch Bildung, Wohlstand und Zukunftssicherung durch Bildung – so lauten die neuen Hoffnungswerte, und sogar die Grünen hatten im Bundestagswahlkampf 2009 die Parole «Wachstum durch Bildung» plakatiert. Da herrscht eine erstaunliche Einigkeit von links bis rechts und von der Politik bis zur Wirtschaft und zur Wissenschaft. Kaum hatte die im September 2009 neugewählte Regierung ihre Amtsgeschäfte übernommen, forderte deren Sachverständigenrat eine «Bildungsoffensive»,[6] um höheres Wachstum zu erreichen. Klaus Kleinfeld, Chef des US-Aluminiumkonzerns Alcoa und früher Vorstandsvorsitzender bei Siemens, nennt «Bildung den entscheidenden Wohlstandsbringer», denn die Konkurrenz hervorragend ausgebildeter ausländischer Spitzenkräfte wachse, und da müssten wir mithalten.[7] Und wenn sich das Münchner ifo-Institut um Deutschlands Zukunft sorgt, weil laut einer Studie jeder fünfte Schüler im Alter von fünfzehn Jahren beim Rechnen und Lesen über das Grundschulniveau nicht hinauskommt, und der hohe Anteil leistungsschwacher Schüler eine Bremse für das deutsche Wirtschaftswachstum darstellt[8], so darf sich das Institut der breiten Zustimmung sicher sein.

Immerzu und allerorten kann man hören: Wir sind ein rohstoffarmes Land, darum müssen wir auf den Rohstoff setzen, den man selber machen kann: «Brain». Für dessen Produktion sind Schulen und Universitäten zuständig, überdies auch Familien, Kindertagesstätten und Kindergärten. Also lasst uns hier investieren, dann werden sich die meisten Probleme von selbst lösen, heißt es. Bildung ist hier ein reines Zukunftsbewältigungsinstrument. Kinder gelten als Investitionsobjekte.

Die OECD rechnete in einer ihrer zahlreichen Studien vor, dass die jetzt lebende Schülergeneration durch ein paar Punkte mehr beim PISA-Test im Lauf ihres Berufslebens acht Billionen Dollar mehr erwirtschaften könnte. Bildung = Dollar – platter, kürzer und prägnanter als in dieser OECD-Studie[9] kann man den zur Herrschaft gekommenen Glauben an das Mantra der Bildung nicht mehr auf den Punkt bringen.

Diesem Aberglauben widersprechen wir. In der gegenwärtig herrschenden Bildungsideologie sehen wir das Problem, dessen Lösung zu sein sie vorgibt. Der Notwendigkeit, sich im Wettbewerb gegen Inder und Chinesen zu behaupten, widersprechen wir gar nicht, und wir werden in diesem Buch einiges sagen über den Weg zu diesem Ziel. Am ökonomischen Erfolg unseres Landes sind wir genauso interessiert wie Politiker, Manager und Unternehmer. Aber diesen Erfolg sehen wir gerade durch die beinahe schon zwangsneurotische Fixierung aufs Wirtschaftswachstum gefährdet. Gerade weil ökonomische Ziele oberste Priorität genießen, werden wir sie und eine gute Zukunft für unsere Kinder verfehlen.

Darum möchten wir in diesem Buch die Blickrichtung umdrehen und die Köpfe der Eliten für einen ganz einfachen, ganz selbstverständlichen Gedanken gewinnen: Sorgt euch zuerst um das Wohl der Kinder. Kümmert euch um deren Leib, Geist, Seele und Charakter! Das wird auch der Wirtschaft zugutekommen.

Sie braucht keine angepassten Ja-Sager, sondern starke, widerständige Menschen mit eigenen Ansichten, Werten und Visionen. Sie braucht kreative, originelle Charakterköpfe. Die kann man nicht züchten. Aber man kann die Grundlagen dafür bereitstellen.

Dies muss die Politik tun, dies kann in jeder Familie geschehen. In den letzten zwanzig Jahren war dies häufig fast nur noch mit Hilfe des Bundesverfassungsgerichts, gegen den Staat und die Wirtschaft, durchsetzbar. Das höchste Gericht im Staat musste diesen in der Vergangenheit immer wieder zwingen, Kindern und Familien wenigstens finanziell das Minimum dessen zu gewähren, was Familien zum Überleben brauchen. Andere Lebensnotwendigkeiten, wie etwa Liebe, Zuwendung,

Zeit, Geborgenheit, Spiel, Sport, Musik, echte Bildung oder ein Fernsehen, das die Hirne von Kindern und Jugendlichen nicht vergiftet, sind leider vor keinem Gericht einklagbar und für viele Kinder nicht mehr selbstverständlich.

Je mehr wir aus lauter Sorge um die Wettbewerbsfähigkeit unsere Kinder vernachlässigen, desto mehr Sorgenkinder werden wir bekommen, desto größer werden unsere wirtschaftlichen Probleme sein. Es gilt aber auch: Je mehr wir aus lauter Sorge um die Wettbewerbsfähigkeit unsere Kinder pushen, schon im Kindergarten dem Wettbewerb aussetzen, sie nicht mehr Kind sein lassen, desto schwerer werden sie es haben, sich normal und gesund zu entwickeln.

Wer Kinder und Jugendliche «zukunftssicher» machen will, indem er versucht, sie wettbewerbsfähig zu machen, wird nicht einmal das erreichen, denn wer sich nur ökonomisch behaupten kann, wird unfähig sein, jene anderen Herausforderungen zu bestehen, von denen das Leben voll ist – und manche davon haben ein ganz anderes, persönlicheres Kaliber als der Kampf um Marktanteile.

Auf ökonomischen Erfolg programmierte Eliten werden den Wert unserer Oase mit deren Geldwert verwechseln und daher die wirklichen Innovationen, die nötig sind, um unsere Oase zu erhalten und auszubauen, nicht ersinnen und dem Vordringen der Wüste nichts entgegenzusetzen haben.

Die Gleichung «Bildung gleich Euro» ist nicht nur primitiv und dumm, sie ist auch zutiefst inhuman. Ihre Inhumanität zeigt sich in der scheinbar berechtigten Sorge des ifo-Instituts um die lese- und rechenschwachen Kinder. Denn in Wirklichkeit bereitet dem Institut ja nicht etwa die bedrückende, aussichtslose Situation dieser Kinder Anlass zur Sorge, sondern die Tatsache, dass diese Kinder «Wachstumsbremsen» sind. Es geht nicht um die Probleme der Kinder, sondern um die Probleme der Wirtschaft.

In anderen Zusammenhängen werden Kinder als künftige Rentenzahler, Produzenten und Konsumenten beschrieben, als Kostenfaktoren, als Problemgruppe, als Bildungsprodukte, die der ständigen «Qualitätssicherung» und «Evaluation» bedürfen. Nur um die kindliche Seele, um persönliches Glück und Chancen geht es nie. Staat, Wirtschaft und Gesellschaft entwickeln zu ihrem Nachwuchs ein Verhältnis, das dem Verhältnis des Bauern zu seinem Vieh gleicht. Wir bekommen es, überspitzt gesagt, mit einer ökonomischen Form von Kindesmissbrauch zu tun.

Das ganze von diesem Verwertungsinteresse gesteuerte Denken entlarvt sich schon an seinem Vokabular: Input, Output, Prozessmanagement, Benchmarking, Qualitätssicherung, Standardisierung, Soft Skills, Kompetenzen, Exzellenzcluster, Effizienz. Solches Geschwurbel tropft aus den Mündern unserer tonangebenden Bildungsmanager in Politik, Wirtschaft und Wissenschaft. Wer so spricht, mag kompetent sein für die Produktion von Schrauben, Autos und Computern, in unserem Zusammenhang aber beweisen die Benutzer dieses aus dem zeitgenössischen Wörterbuch des ökonomischen Unmenschen stammenden Vokabulars vor allem ihre Inkompetenz für kindliche Seelen, für Erziehung und Bildung.

Um die Jahrtausendwende hatten wir gegen die Vorstellung von der Schule als Fabrik gekämpft. Wir wollten kein Bildungssystem, in das man vorne ein Kind hineinschiebt und hinten einen Ingenieur oder Betriebswirt herauszieht.[10] Diesen Kampf scheinen wir verloren zu haben. Die Verfechter der Bildungsfabrik, die heutigen Bildungsforscher oder Pädagogen sind nicht mehr automatisch Anwälte und Beschützer unserer Kinder.

Im Gegenteil. Erziehungswissenschaftler wie etwa Jürgen Oelkers, Professor an der Universität Zürich und Experte für Schulreformen, formulieren forsch, worum es «bei Schule» geht: «in erster Linie darum, Abschlüsse zu erwerben und Absolventen für den Arbeitsmarkt zu produzieren. Wir brauchen ein System, das elastisch genug ist, einerseits zum Abitur zu führen, andererseits den Lehrstellenmarkt zu bedienen.»[11] Der Geist, der aus solchen Worten spricht, das Bildungsverständnis, das ihnen zugrunde liegt, das ist derzeit die eigentliche Gefahr für die Zukunft unserer Kinder.

Die tüchtigen Nützlichkeitsautomaten, die unsere Bildungsfabriken ausstoßen sollen, werden den Wert und die geistigen Grundlagen unserer Oase gar nicht erkennen und daher weder willens noch fähig sein, sie zu erhalten. Geschweige denn, sie auszubauen und für die Ausgeschlossenen zu öffnen. Denn dafür bedarf es neben Wissen, Tüchtigkeit, Fleiß und Disziplin auch Verantwortungsgefühl, Haltung, Charakter, Empathie, Herzensbildung, Leidenschaft und ein Gespür für die Rangfolge unterschiedlicher Werte.

Daher wird es einen großen Unterschied machen, ob wir Lehrer zu reinen Wissensvermittlern und emotionslosen Organisatoren von Lernprozessen ausbilden oder ob wir Wert legen auf Lehrerpersönlichkeiten, die über eine innere Haltung verfügen und bemüht sind, so mit ihren Schülern umzugehen, dass sich auch bei ihnen eine innere Haltung bilden kann. Es wird auch einen Unterschied machen, ob wir bei der Auswahl unseres Führungspersonals nur auf dessen fachliche, wirtschaftlich-technische Ausbildung achten oder auch auf eine allgemeine Bildung, charakterliche Eignung und Persönlichkeit.

Verhängnisvoll ist es auch, wenn Eltern sich vor ihrem Erziehungsauftrag drücken und die Charakterbildung an Kindergarten und Schule delegieren. Noch verhängnisvoller ist es allerdings – und das ist bereits Realität und Ansicht vieler Politiker –, wenn Kindergarten und Schule die Aufgabe vollständig an die Eltern zurückdelegieren. Die logische Folge ist, dass sich am Ende niemand mehr verantwortlich fühlt.

Unsere Kinder werden trotzdem erzogen, allerdings von Leuten wie Dieter Bohlen und Heidi Klum, von Marketingmanagern, Werbeagenturen, Computerspiele-Herstellern und Internet-Geschäftemachern. Die Produkte dieser Erziehung werden unsere Oase nicht erhalten, sondern weiter austrocknen lassen.

3. Goethe schützt vor Goebbels nicht

Das Land, das den Idealvorstellungen heutiger Eliten entspricht, hat es schon einmal gegeben, wird aber nie wieder kommen. Es war das Deutschland vor dem Jahr 1933. Bis zu diesem Jahr war Deutschland eine global geachtete Wirtschafts-, Wissenschafts-, Technologie- und Militärmacht und eine bewunderte Kulturnation, deren Kunst, Musik und Literatur international geschätzt wurden. Seit 1945 ist es eine relativ unbedeutende Mittelmacht, die heute nur im Verbund mit den anderen europäischen Klein- und Mittelmächten noch etwas in der Welt erreichen kann.

Während der zwölf Jahre dazwischen hat dieses Land seine größten Geister und kreativsten Menschen ins Ausland getrieben, in Gefängnissen und Konzentrationslagern ermordet oder im Krieg aufgerieben.

Das Verstörende an dieser Selbstzerstörung ist: An «Bildung», wie sie heute von unseren Eliten verstanden und lautstark gefordert wird, hatte es dieser ungeheuer erfolgreichen Wissenschafts- und Kulturnation nicht gefehlt. Ihre Universitäten waren Horte der Gelehrsamkeit, zahlreichen damaligen Fakultäten würde man heute das Label «Exzellenz-Center» aufpappen. Unter «Made in Germany» hatte man im Ausland nicht nur deutsche Wertarbeit, deutschen Fleiß und deutsche Disziplin verstanden, sondern auch eine in der Welt seltene Befruchtung von Geist und Geld, Erfindungsreichtum und Wagemut.

Die deutsche Ingenieurskunst vor 1933 war legendär. Ob Hoch- oder Tiefbau, Elektrotechnik, Chemie, Pharmazie, Maschinenbau, Werkstofftechnik, Optik oder Flugzeugbau – in all diesen Sparten spielten deutsche Ingenieure ganz vorne mit, und Konrad Zuse baute den ersten funktionstüchtigen Computer der Welt. Wo immer auf der Welt ein ehrgeiziges technisches Projekt realisiert wurde, waren deutsche Ingenieure dabei. Das Wort «Innovation» kannten sie nicht, «Schlüsseltechnologien» wurden damals nicht wortreich beschworen und mit staatlicher Hilfe mühsam auf den Weg gebracht, sondern vom gesamten 19. Jahrhundert bis zum ersten Drittel des 20. Jahrhunderts von mutigen Technikern entwickelt und in der ganzen Welt erfolgreich vermarktet.

Oft trug die jeweilige Technik den Namen ihres deutschen Erfinders – wie etwa der Otto-Motor, der Diesel-Motor, das Zeiss-Mikroskop oder die Röntgenstrahlen. Elektrischer Widerstand wird bis heute in Ohm gemessen, benannt nach dem Physiker Georg Simon Ohm (1789 bis 1854). Frequenzen misst man in Hertz, benannt nach dem deutschen Physiker Heinrich Rudolf Hertz (1857 bis 1894).

Überhaupt glänzte die deutsche Naturwissenschaft mit weltberühmten Namen wie Albert Einstein, Otto Hahn, Werner Heisenberg, Lise Meitner, Max Planck oder Wilhelm Conrad Röntgen. Ihnen verdankt die deutsche Grundlagenforschung einen Spitzenplatz in der Welt. Der Ausstoß an Nobelpreisträgern war beachtlich. Um nur ein paar Zahlen zu nennen: Zwischen 1902 und 1933 gingen gerade mal zwei Chemie-Nobelpreise in die USA, die deutschen Chemiker holten vierzehn. Den Physik-Nobelpreis bekamen im gleichen Zeitraum die Amerikaner dreimal, die Deutschen elfmal. Nach 1933 drehte sich dieses Verhältnis um: Fünfzehn deutschen Chemie-Nobelpreisträgern stehen inzwischen vierundfünfzig amerikanische gegenüber, auf sechzehn deutsche Physik-Nobelpreisträger kommen achtundsiebzig amerikanische.

Auch die deutsche Medizin spielte in der Weltliga. Robert Koch hat in Berlin 1882 den Erreger der Tuberkulose entdeckt. Rudolf Virchow entwickelte in Berlin die moderne Pathologie.

Ernst Ferdinand Sauerbruch war einer der bedeutendsten Chirurgen der ersten Hälfte des 20. Jahrhunderts.

In den deutschsprachigen Geisteswissenschaften ist es nicht anders. Ihre große Zeit endete 1933. Bis dahin brachte sie so berühmte Philosophen wie Martin Heidegger, Edmund Husserl oder Max Scheler hervor, und mit den Werken von Theologen wie Karl Barth, Dietrich Bonhoeffer, Rudolf Karl Bultmann, Friedrich Gogarten oder Adolf von Harnack muss sich noch heute jeder Theologiestudent auseinandersetzen.

Der Philosoph und Physiker Max Bense hatte versucht, Naturwissenschaft, Kunst und Philosophie zusammen zu denken. Er war einer der Ersten, die über Kybernetik, Rückkopplung und Information nachdachten und damit zur Entwicklung des Computers beitrugen. Und er war einer der ganz wenigen, die das Verhältnis von Mensch und Maschine philosophisch zu durchdringen versuchten. In seiner Dissertation über «Quantenmechanik und Daseinsrelativität» verteidigte er Albert Einstein gegen die nationalsozialistischen Eiferer der «Deutschen Physik» und verbaute sich damit eine Universitätskarriere. Erst nach dem Krieg durfte er wieder forschen und lehren.

Noch dramatischer ist der Bruch von 1933 auf kulturellem Gebiet zu beobachten. Die deutschsprachigen Schriftsteller produzierten vor Hitler Weltliteratur. Überall bekannt, oft übersetzt waren Bertolt Brecht, Alfred Döblin, Lion Feuchtwanger, Ödön von Horváth, Franz Kafka, Thomas Mann, Heinrich Mann, Robert Musil, Erich Maria Remarque, Rainer Maria Rilke, Joseph Roth, Arthur Schnitzler, Franz Werfel, Stefan Zweig. Dann wurden ihre Bücher von den Nazis öffentlich verbrannt. Ähnliches widerfuhr den Malern. Die Bilder von Künstlern wie Gustav Klimt, Otto Dix, Max Ernst, George Grosz, Ernst Ludwig Kirchner, Paul Klee, August Macke, Franz Marc, Oskar Kokoschka hängen heute in den berühmtesten Museen der Welt, aber die Nazis verboten ihre Kunst und diffamierten sie als «entartet».

Die Musik von Komponisten wie Alban Berg, Gustav Mahler, Arnold Schönberg, Paul Hindemith, Hanns Eisler wird auf der ganzen Welt gespielt, unter den Nazis waren diese Komponisten verfemt, galt ihre Musik als «zersetzend», «entartet», «jüdisch», «unerwünscht».

Die Babelsberger Filmstudios konkurrierten mit Hollywood auf Augenhöhe. Beim Übergang vom Stumm- zum Tonfilm waren die Deutschen führend, hier spielten sich Technik und Kunst gegenseitig in die Hände. In Babelsberg stand vor dem Krieg das modernste Tonstudio der Welt, in dem Filme wie Fritz Langs «Metropolis» oder Josef von Sternbergs «Der blaue Engel» mit Marlene Dietrich entstanden. Fritz Lang emigrierte in die USA, Marlene Dietrich folgte Josef von Sternberg ebenfalls nach Amerika und wurde dort ein Weltstar.

Deutsch war eine Weltsprache. Wer es im Ausland zu etwas bringen wollte, bemühte sich um Deutschkenntnisse. Wer es sehr weit bringen wollte, ging zum Studieren nach Deutschland. Ohne groß zu übertreiben, ließe sich behaupten: Bis 1933 lag «Harvard» nicht an der Ostküste Amerikas, sondern an der Spree in Berlin und nannte sich Kaiser-Wilhelm-Institut. Oder Charité, Berlin-Brandenburgische Akademie der Wissenschaften, Humboldt-Universität.

Dorthin pilgerten Studenten aus aller Welt, dort spielte die Musik. Bis 1933 wurde die Weltkultur in Europa gemacht, und ein sehr großer Teil davon im deutschsprachigen Raum. Heutige Kultusminister, Bildungspolitiker und Universitätspräsidenten würden bersten vor Stolz, wenn sie solch eine Erfolgsbilanz vorlegen könnten.

Aber dieses blühende Geistesleben im deutschen Kulturraum ist unter den Stiefeln der Nazis innerhalb von zwölf Jahren so gründlich zertrampelt worden, dass dieser sich bis heute nicht ganz erholt hat. Unter Jubel war die so überaus tüchtige und gebildete Kulturnation der Deutschen Hitler in den totalen

Krieg gefolgt. Im Namen des Deutschtums wurde Deutschland erledigt. Mit all ihrem «Brain», ihrer Bildung und exzellenten Wissenschaft, ihrer internationalen Wettbewerbsfähigkeit, ihren Schlüsseltechnologien und Innovationen wussten die deutschen Eliten nichts Besseres anzufangen, als ihren eigenen Untergang herbeizuführen, die Welt in Schutt und Asche zu legen und Verbrechen zu begehen, die man auf immer mit Deutschland verbinden wird.

Wie war das möglich? Wie konnte man in Weimar Goethe verehren und zugleich zehn Kilometer nordwestlich in Buchenwald eine Mordmaschine errichten? Wie konnte man Spitzenforschung betreiben, ohne zu fragen, wem man mit seiner Wissenschaft und Kunst dient, für welche Ziele das eigene Wissen und Können benutzt und welche Zukunft damit gemacht wird?

Hatte es an Ethik gemangelt? Fehlten Vorbilder, Autoritäten? Haperte es bei der «Werte-Vermittlung»? Versagten die Religionen? War das Bildungssystem zu einseitig ökonomisch und technokratisch orientiert und zu wenig humanistisch?

Nichts davon trifft zu. Beide christlichen Kirchen erfreuten sich deutlich höherer Mitgliederzahlen als heute, Religionsunterricht wurde fleißig erteilt. Taufe, Kommunion, Firmung, Konfirmation, kirchliche Trauung und kirchliches Begräbnis gehörten zur deutschen Standardbiographie.

Der Reichspropagandaminister Joseph Goebbels wurde auf einem «Gymnasium des Internates der Armen Brüder vom Heiligen Franziskus» christlich erzogen, hat später Literatur und Philosophie studiert und galt als der Schöngeist des Hitler-Regimes. Der SS-Führer und Reichsinnenminister Heinrich Himmler war Absolvent des humanistischen Wilhelmsgymnasiums in München, sein Vater leitete als Rektor das humanistische Wittelsbacher-Gymnasium in München. Hitlers Stellvertreter Rudolf Hess verbrachte seine Schulzeit in einem evangelischen

Internat, der SA-Chef Ernst Röhm im humanistischen Maximiliansgymnasium in München. So könnte man noch viele aufzählen, die christlich-humanistisch erzogen wurden, sich einer erstklassigen Bildung erfreuten und sich trotzdem zu barbarischen Massenmördern entwickelten.

Sie hatten Goethe-Verse auswendig gelernt und Schiller-Gedichte. Sie hatten Dürer-Bilder betrachtet, Bach-Choräle gesungen und Beethoven-Sonaten gehört. Sie hatten Jesusworte auswendig gelernt und in ihrem Leben anschließend das Gegenteil dessen getan, was diese Worte besagten.

Nicht einmal die Bischöfe und Pfarrer, die das Wort Gottes viele Jahre studiert und Griechisch, Hebräisch und Latein gelernt hatten, fühlten sich aufgerufen, dieses Wort Gottes zu beherzigen und gegen Hitler zu kämpfen. Im Gegenteil. Kaum war Hitler an der Macht, hingen die «Deutschen Christen» ihre Kirchen mit Hakenkreuzfahnen voll, warfen die konvertierten Judenchristen aus der Kirche und predigten von der Kanzel, dass Hitler zu gehorchen die erste Christenpflicht sei.

Worin die Gründe für diese deutsche Katastrophe lagen, darüber ist viel nachgedacht und geforscht worden. Eines darf seitdem als gesichert gelten: Bildung schützt vor Dummheit nicht, nicht einmal vor Barbarei. Selbst Ethik, Humanismus, eine christliche Erziehung bieten nicht automatisch Schutz davor. Alles, was sich heutige Politiker, Bildungsforscher, Professoren, Manager und Unternehmer für unser Land erträumen, hatte Deutschland schon einmal gehabt, und es war alles andere als eine Garantie für die Zukunft.

Als ebenso gesichert darf seitdem gelten: Ein Mangel an Bildung verhindert Klugheit und Charakter nicht. Den Beweis liefert der Schreinergeselle Georg Elser. Lange vor der Anti-Hitler-Verschwörung der Wehrmachts-Offiziere um Stauffenberg und lange vor der Organisation des zivilen Widerstands durch Helmut James Graf Moltke und dessen Kreisauer Kreis wusste dieser Georg Elser, was von Hitler zu halten und gegen ihn zu tun sei.

Darum bastelte er ganz allein eine Bombe und deponierte sie im Münchner Bürgerbräukeller. Am 8. November 1939, fünf Jahre vor dem Stauffenberg-Attentat, explodierte sie. Leider hatte Hitler wegen eines dummen Zufalls den Saal schon vorher verlassen. Sonst hätte die Weltgeschichte wahrscheinlich einen völlig anderen Verlauf genommen, sechs Millionen Juden wären nicht ermordet worden, der Zweite Weltkrieg wäre nicht ausgebrochen, und das nur wegen eines einfachen Mannes, des einfachen Schreiners Georg Elser, der lediglich die Volksschule besucht hatte.

Den jahrelangen Anschauungsunterricht, den andere nötig gehabt hatten, um sich – wie etwa der gebildete Stefan-George-Jünger Stauffenberg – angesichts der Verbrechen der deutschen Wehrmacht in Russland allmählich von Hitler abzuwenden und schließlich das NS-Regime zu bekämpfen, hatte Georg Elser nicht gebraucht. Mitverschwörer, komplizierte Generalstabspläne, philosophische Erwägungen und langwierige Diskussionen über viele Jahre, das alles war für diesen Schreiner nicht nötig. Er hatte Hitler gesehen und gehört, er hatte sich durch seine Nähe zum Kommunismus eine politische Meinung gebildet und damit genug gewusst. Elser kam zu dem Schluss, dass ein Tyrannenmord in diesem Fall ethisch geboten sei.

Geboren 1903 im württembergischen Hermaringen, wuchs Georg Elser in Königsbronn in schwierigen Verhältnissen auf. Der Vater trank, die Familie verarmte. In Königsbronn absolvierte er sieben Volksschuljahre. «Ich war ein mittelmäßiger Schüler», hat er später über sich selbst gesagt. Gute Noten hatte er im Zeichnen, Schönschreiben und Rechnen, schlechtere im Diktat, Aufsatz und anderen Fächern, in Religion befriedigend. «Schläge bekam ich nicht mehr als die anderen und immer nur dann, wenn ich meine Hausaufgaben nicht richtig gelernt hatte. … Soviel ich mich erinnern kann, haben sich meine Eltern um die Zeugnisse, die ich aus der Schule heimbrachte, wenig gekümmert. … Dadurch, dass ich bei den landwirtschaftlichen Arbeiten zu Hause mithelfen musste, wurde mir das Lernen ziemlich erschwert.»

Wie ist es möglich, dass so ein einfacher Handwerker zwischen Gut und Böse unterscheiden kann, Millionen weit gebildeterer Deutscher dies aber nicht vermochten? Wie kann es sein, dass so einer mehr politischen Verstand, mehr Mut und Tatkraft beweist als die gesamte akademische Elite?

Es ist ein Rätsel, dessen Lösung wir nicht kennen. Für unsere Bildungsdebatte lässt sich aber daraus zumindest schon mal lernen, dass wir sehr genau fragen müssen, worauf es wirklich ankommt bei der Bildung. Denn wenn die Art von Bildung, die in Deutschland in der ersten Hälfte des 20. Jahrhunderts «state of the art» war, die große Katastrophe nicht verhindern konnte – wie können wir dann sicher sein, dass zweisprachige Kindergärten, G8-Gymnasien, Bologna-Universitäten, Exzellenz-Cluster und MBA-Kaderschmieden die Art von Bildung liefern, die uns in eine gute Zukunft führt?

Diktaturen wie das Dritte Reich scheiden die Geister, teilen die Menschen ein in Täter und Opfer, in Mitläufer und Widerständler, in Gleichgültige und Leidende. Das Interessante daran ist, dass der Bildungsabschluss keine Prognose darüber zulässt, zu welcher dieser Gruppen ein Mensch gehören wird. In allen Diktaturen gibt es unter den Tätern Gebildete und Ungebildete, unter den Opfern auch. Dasselbe gilt für die große Mehrheit der Mitläufer und Gleichgültigen. Es gilt für die Widerständler, die heimlich oder offen gegen Diktaturen rebellieren, ihr Leben riskieren, und es gilt für die Ängstlichen, die beschämt unter dem Unrecht gelitten haben. In jeder dieser Gruppen trifft man Angehörige aller Bildungsschichten.

Bildung ist also keine Garantie gegen Irrtum, Feigheit, Brutalität, Diktatur und Massenmord. Nicht einmal Religion, Ethik, Humanismus scheinen eine Gewähr dafür zu bieten, dass ein Land eine gute Zukunft hat.

Erst wenn man sich dieser Tatsache bewusst wird und sie vor dem Hintergrund unserer Geschichte reflektiert, erkennt man das ganze Ausmaß an Dummheit, das in der Gleichung «Bildung gleich Euro» steckt. Der heute vorherrschende Glaube, dass es genüge, «exzellent» zu sein, damit diese Zukunft exzellent werde, ist falsch, ist eine fatale Ideologie.

4. Schicksal und Charakter

Weltkrieg, Inflation, millionenfacher Tod, millionenfaches Leid – das war die Kollektiv-Erfahrung der Generation unserer Eltern und Großeltern. Ohne Zweifel haben viele gelitten.

«Wir sind von Hitler um unsere Jugend betrogen worden», hat man nach dem Krieg oft gehört. Viele Deutsche fühlten sich selbst als Opfer, Hitler sei ihnen widerfahren wie eine Naturkatastrophe. «Wir sind von ihm verführt worden», «wir sind auf ihn hereingefallen», «hätten wir gewusst, dass …» – so lauteten die gängigen, uns vertrauten Antworten, die wir zu hören bekamen, wenn wir unsere Eltern fragten. Sind das glaubhafte Erklärungen?

Nicht alle haben Hitler gewählt, nicht alle ihm zugejubelt, viele seiner Gegner wurden umgebracht oder sind ins Ausland geflohen. Warum sind diese Menschen nicht auf Hitler hereingefallen? Warum haben sie sich nicht von ihm verführen lassen? Sie sind doch der Beweis, dass man hätte wissen können, wer Hitler war. Sie sind der Beweis, dass man sich auch anders entscheiden konnte.

Niemand hat unsere Eltern und Großeltern zum Nationalsozialismus gezwungen. Dass viele aus Angst geschwiegen, die Hakenkreuzfahne aus dem Fenster gehängt, den Hitlergruß entboten haben, dass viele sich dazu gedrängt fühlten, in die Partei einzutreten, das kann man glauben, nur: Es hatten ja auch demokratische Parteien zur Wahl gestanden.

Das kollektive Schicksal unserer Eltern und Großeltern war selbstgemacht. Man kann trotzdem Mitleid mit ihnen haben, muss dann aber fragen, warum sie kein Mitleid hatten mit den in aller Öffentlichkeit schikanierten, verfolgten, auf den Straßen zusammengetriebenen Juden.

Warum aber hatten sie kein Mitleid? Warum wählten sie lieber die Nazis als die SPD? Warum waren so viele vom «Führer» fasziniert? Wir versuchen hier eine Antwort, um zu erfahren, was daraus für die heutige Bildungsdebatte folgt. Wie müssen wir heute Kinder und Jugendliche bilden und erziehen, damit sie sich nicht das nächste katastrophale Kollektivschicksal selber fabrizieren?

Wer verstehen will, wie es kommen konnte, dass sich ein ganzes Volk ruinierte und dazu auch noch andere Völker und Nationen, und wer fragt, was da bei der Erziehung und Bildung dieses Volkes fundamental schiefgelaufen ist, muss bedenken, was in unseren gegenwarts- und zukunftsbesessenen Debatten über Bildung, Erziehung, Schule und Universität zu wenig bedacht wird: Bildung und Erziehung ereignen sich nicht in abgeschlossenen Schonräumen, in Anstalten und Instituten, sondern finden in einem bestimmten geistigen Klima statt, innerhalb einer bestimmten Großwetterlage. Dieses Klima ist geschichtlich gewachsen. Es kann nicht über Nacht verändert werden, und es herrscht überall, in jeder Wohnung, in jedem Klassenzimmer, jedem Universitäts-Seminar und an jedem Arbeitsplatz.

Es ist unsichtbar, aber wirksam. Es bemächtigt sich der Köpfe, noch ehe diese selbständig denken können. Es ist von Menschen gemacht, aber nur zum Teil bewusst und willentlich. Zum größeren Teil ist es das Resultat langer historischer Prozesse und geistiger Auseinandersetzungen – oder auch das Resultat fehlender oder niveauloser geistiger Prozesse. Dieses Resultat kann bildungsfreundlich, bildungshemmend, aber auch bildungsfeindlich sein. Es kann aufklärerisch sein oder anti-aufklärerisch, friedlich oder kriegerisch, kosmopolitisch oder provinziell, demokratisch oder autoritär. Und es kann denkfaul sein, indolent, utilitaristisch, libertär, infantil, konsumierend. In der

Regel konkurrieren in einer Demokratie all diese verschiedenen Kräfte miteinander, und wenn diese Konkurrenz in weltoffener Atmosphäre und nach fairen Regeln ausgetragen wird, entsteht ein günstiges Bildungsklima, auch dann, wenn eine bestimmte geistige Strömung mal zeitweilig die Oberhand behält.

Bildungsfeindlich und ungünstig wird das Klima, wenn sich einzelne Mächte und Interessen durchsetzen, alles dominieren, die Spielregeln verletzen oder sogar nach Belieben ändern können. Dann entsteht eine Neigung zum kollektiven Wahn.

So war es in Deutschland während jener wilhelminischen Ära, in der ein kleiner Junge namens Claus, wie Millionen anderer kleiner Jungen auch, vom «Heldentod auf dem Feld der Ehre» träumte. Dieser Claus war nicht der Stärkste. Oft krank, aber mutig, balgte er sich gern mit seinen älteren Brüdern und den stärkeren Dorfbuben, und mit viereinhalb erklärte er, er wolle ein Held sein. Mit sieben verblüffte er nach einer Halsoperation die Ärzte und Krankenschwestern durch seine Tapferkeit und erklärte: «Nun war ich doch sehr heldisch und nun kann ich, wenn ich groß bin, als Soldat in jeden Krieg ziehen.» Im gleichen Jahr brach tatsächlich ein Krieg aus, und inmitten der Begeisterung der Erwachsenen klagte Claus schluchzend, die Brüder hätten gesagt, in zehn Jahren dürften sie in den Krieg und er dürfe nicht mit.

In einem Schulaufsatz über die Frage «Was willst du werden?» schrieb er als Sechzehnjähriger: «Des Vaterlandes und des Kampfes fürs Vaterland würdig zu werden und dann sich dem erhabenen Kampf für das Volk zu opfern» – das sei sein Wunsch und Ziel.

Der kleine Junge bekam seinen Krieg, zwar nicht nach zehn Jahren, aber nach fünfundzwanzig. Und der Wunsch des Sechzehnjährigen, sich für sein Volk zu opfern, wurde ebenfalls erfüllt, allerdings in einem ganz anderen Sinn, in einem viel tieferen, besseren und wahren Sinn. Claus wurde berühmt als jener Claus von Stauffenberg, der Hitler ermorden wollte, daran scheiterte und, zusammen mit anderen wirklichen Helden, als Kriegsverbrecher hingerichtet wurde.

Entlang seines Lebens lässt sich erzählen, wie das geistige Klima einer Zeit Menschen beeinflusst, formt und schließlich so tief prägt, dass Umprägungen aus eigener Kraft nur noch den stärksten Charakteren möglich sind, und auch diesen nur unter Mühen und Schmerzen. Stauffenberg oder auch Martin Niemöller, von dem später die Rede sein wird, sind zwei von denen, die es geschafft haben, dem vorherrschenden Geist einer Zeit – treffender müsste man sagen: dem Ungeist einer Zeit – Widerstand entgegenzusetzen und sich zuletzt von ihm zu befreien.

Stauffenberg wie auch alle anderen Widerständler zählen zu jener kleinen Schar von Deutschen, die mit ihrem Leben dafür bezahlten, dass man heute über die Deutschen der Hitlerzeit sagen kann: «Nicht alle waren Mörder»[12]. Ihnen, den Widerständlern, und all denen, die unter Lebensgefahr Juden versteckt, protestiert, sich gegen Hitler engagiert hatten, ist es zu verdanken, dass Deutschland trotz der Schande des Holocaust wieder in die internationale Völkergemeinschaft zurückkehren durfte. Ihr Geist blieb lebendig über den Tod hinaus und hat dazu beigetragen, dass sich aus dem Land, in dem sie aufwuchsen, ein ganz anderes Deutschland entwickeln konnte, eines, in dem die Geschichte des kleinen Claus anmutet wie eine Geschichte über ein Land aus versunkener Zeit.

Träumte heute ein Vier- oder Fünfjähriger von einer Zukunft als Soldat, der sich im Krieg für sein Volk opfert, käme uns dieses Kind absonderlich vor. Unser Land heute will vom Krieg nichts mehr wissen und möchte seine Soldaten aus Afghanistan lieber heute als morgen abziehen sehen. Zwar wurden bis 1989 in der DDR Kinder und Jugendliche bei den Jungen Pionieren und der FDJ militärisch gedrillt, aber das geschah unter Zwang. Die Zahl der «Helden», die sich gerne für den Sozialismus geopfert hätten, war wohl eher gering. Heute beobachten wir eine etwas eigenartige freiwillige Selbstmilitarisierung jener Jugendlichen, die ihre Zeit mit Kriegs- und Egoshooterspielen vor den Computermonitoren verbringen und sich bei LAN-Partys blutige Schlachten liefern – zum Glück nur virtuell. Reale Kriegslüsternheit ist daraus noch nicht erwachsen, allenfalls zu Amokläufen oder zu brutalen Gewalt-Attacken vermag die Aggression aus den Monitoren einige Jugendliche animieren, aber vermutlich nur solche, die auch ohne Computerspiele durch Gewaltbereitschaft auffielen.

Davon abgesehen ist die Lebenswirklichkeit heutiger Jugendlicher eine völlig andere als die des jungen Stauffenberg. In den noch nicht einmal hundert Jahren dazwischen hat sich so etwas wie ein fundamentaler Bildungs-Klimawandel ereignet, und wer heute über Bildung, Erziehung und Charakter nachdenkt, muss über das Klima und die Bedingungen des Wandels nachdenken.

In dem Klima, das in Deutschland vor einem Jahrhundert herrschte, konnte jemand eine exzellente Erziehung und eine erstklassige Ausbildung bekommen und trotzdem ein autoritätsgläubiger, nationalistisch-aristokratischer Militarist mit beschränktem Horizont werden, wie es Stauffenberg und viele andere seiner Zeitgenossen zunächst tatsächlich waren. Die Bildung der Eliten wie des Volkes diente nicht dem Wohl des Einzelnen oder des Volkes, sondern dem Kaiser, einer Ersatzreligion namens Nationalismus, Kolonialismus und Imperialismus sowie wirtschaftlichen Interessen, die mit einer obskuren Idee von nationaler Größe, Ruhm und Ehre verbrämt wurden. Diese Erziehung endete in kollektivem Wahn und zwei katastrophalen Kriegen.

Um das Jahr 1914, zu Beginn des Ersten Weltkriegs, war der Traum des kleinen Stauffenberg eine völlig normale Knabenphantasie. Der Krieg galt als ein Abenteuer, auf das sich so gut wie jeder Junge freute, das jeder einmal erlebt haben musste. Krieg betrachteten die jungen Männer als willkommene Unterbrechung des langweiligen, unheroischen Alltags, als Fest, heilige Handlung und feierlichen Ausnahmezustand. Krieg erschien als ein Kräftemessen der Völker mit dem Ziel, die Stärksten und Tüchtigsten zu ermitteln und die Schwachen auszusondern, auszubeuten, und den Wohlstand der eigenen Nation zu erhöhen. Krieg war zugleich der Initiationsritus, in dem sich der Jüngling bewähren und zum Manne reifen konnte. Der Krieg, so wurde allgemein geglaubt, bringe die besten und stärksten Charaktere hervor.

Auch der Pastorensohn Martin Niemöller hatte das einmal geglaubt. So, wie heute viele Kinder und Jugendliche Krieg führen am Computer, so führte der junge Niemöller Seekriegsschlachten in seiner Phantasie und auf dem Papier. In seinem Zimmer hing ein Werbeposter der Marine, auf dem sämtliche Schiffe der deutschen Flotte verzeichnet waren. Martin Niemöller kannte sie auswendig. Die Wände hatte er von oben bis unten mit Schiffsbildern beklebt.

Zu Weihnachten wünschte er sich Marinekalender und den «Nauticus», das Jahrbuch für Deutschlands See-Interessen. «Sein Bett», schreibt sein Biograph Matthias Schreiber, «war ihm Barke, das Laken Segel, und seine Schwestern mussten ihm Flaggen für imaginäre Schiffe nähen, auch Wimpel für einen Signaldienst, über den er auf seemännische Manier Nachrichten mit seinen Freunden in der Nachbarschaft austauschte. In seinen Schulheften finden sich Skizzen und Zeichnungen von Kriegsschiffen.»[13]

Im Gegensatz zu heutigen Computerkids war es dem jungen Niemöller mit dem Kriegsspiel ernst, todernst. Mit islamischen Dschihadisten, die heute ihren Heiligen Krieg gegen den Westen führen, hatte er mehr gemein als mit der heutigen westlichen Jugend. Im Jahr 1910 wurde er Seekadett in der kaiserlichen

Marine, vier Jahre später stürzte er sich als U-Boot-Kommandant begeistert in den Ersten Weltkrieg. In seinem Tagebuch berichtete er über Kriegserlebnisse so leidenschaftlich wie ein Sportreporter.

Das Ende dieses Krieges erlebten viele, die mit Gesang in den Kampf gezogen waren, nicht mehr. Von Niemöllers dreiundzwanzig Klassenkameraden überlebten nur fünf. Von den heimgekehrten Soldaten waren einige durch ihre Erlebnisse vom Hurrapatriotismus geheilt, andere nicht. Niemöller gehörte zu den anderen.

Er machte sich die Dolchstoßlegende zu eigen: Die Behauptung, nicht ein äußerer Feind habe die Niederlage herbeigeführt, sondern der innere, also Gewerkschafter, Sozialdemokraten, Kommunisten, «vaterlandslose Gesellen». Noch vierzehn Jahre nach Kriegsende hing er dieser Lüge an, bekämpfte er die Weimarer Demokratie, sehnte einen Führer herbei – und bekam ihn. Später bekämpfte er ihn. Um Hitler als Verbrecher zu erkennen und daraus Konsequenzen zu ziehen, hat Niemöller ähnlich lange gebraucht wie Stauffenberg. Aber immerhin: Beide schafften es, sich von ihrer Erziehung und jahrelang verfochtenen Ansichten freizumachen.

Stauffenberg und Niemöller waren Kinder ihrer Zeit. Sie sind zwei typische Beispiele dafür, wie der vorherrschende Geist einer Zeit – im heutigen Jargon: das Bildungsklima – so etwas wie einen gemeinsamen Glauben hervorbringt, der von jungen Menschen vorgefunden und übernommen wird, noch bevor diese Menschen eines eigenen kritischen Urteils fähig sind. Wenn ein noch kaum Fünfjähriger dermaleinst den Heldentod herbeisehnt, und wenn ein Pfarrerssohn im Kinderzimmer Seekriegsschlachten führt, dann zeigt das etwas von der Macht dieses Geistes, der schon mit der Muttermilch eingesogen wird.

Der vorherrschende Geist zeugt auch so etwas wie einen vorherrschenden Charakter, einen dem Bildungsklima entsprechenden Menschentypus, vom dem es gleichwohl viele Varianten gibt, anständige und unanständige. Stauffenberg und Niemöller waren Vertreter der anständigen, außergewöhnlichen Variante. Die massenhaft vorkommende, gewöhnliche und unanständige Variante hat Heinrich Mann noch vor dem Ersten Weltkrieg in seinem Roman «Der Untertan» anhand der Figur des Diederich Heßling beschrieben: Als Kind geprügelt, als Vater prügelnd, obrigkeitshörig, feige, nach oben buckelnd, nach unten tretend, innerlich schwach, aber stark in der Gruppe, glaubt Heßling so fanatisch an die Dogmen seiner Zeit, dass kein Gedanke, keine Tatsache, kein Widerspruch stark genug sein kann, um Zweifel aufkommen zu lassen. Auf solche Menschen konnte der Kaiser bauen und später Hitler.

Gezeugt wurde dieser Typus aus dem Geist des Nationalismus, Militarismus, Antisemitismus und Sozialdarwinismus. An all dies wurde vor hundert Jahren in deutschen Adelsfamilien genauso geglaubt wie in deutschen Pfarrhäusern, besonders in preußisch-protestantischen. Auch in Beamten- und Professorenhaushalten, in Kaufmannsfamilien, auf Bauernhöfen, in Lehrerwohnungen, Anwaltskanzleien und Justizgebäuden wohnte dieser Geist, nicht nur in Deutschland, sondern in der jeweiligen nationalen Variante ebenso in Frankreich, England und anderen Staaten Europas. Aber nirgends war dieser Geist so verbreitet und ideologisch aufgeladen wie in Deutschland. Lange, bevor Hitler mit seiner Gleichschaltungspolitik das Denken verbot und jegliche Opposition beiseiteräumte, waren schon Millionen Hirne gleichgeschaltet. Ohne diese Gleichschaltung hätte Hitler gar nicht agieren können.

Heute ist es leicht, diesen Geist als jenen Ungeist zu identifizieren, der zwei Weltkriege und den Holocaust hervorgebracht hat. Dieser Ungeist war es, der die Menschen gegen Goethe, Jesus und jegliche Form wirklicher Bildung immunisierte. Er bewirkte, dass man in Weimar Goethe verehren und in Buchenwald ein Vernichtungslager bauen konnte, ohne einen Widerspruch darin zu sehen.

Es war gelungen, Goethe, Schiller und all die anderen Repräsentanten eines aufgeklärten Humanismus gegen die Aufklärung und den Humanismus in Stellung zu bringen. Es war gelungen, das gesamte Volksvermögen – seine Kultur- und Ingenieurleistungen, sein Organisationstalent, seine Wissenschaft – in den Dienst eines verbrecherischen Regimes zu stellen. Nur ganz starke Charaktere wie Stauffenberg, Niemöller und andere schafften es, unter solchen Umständen sich von dem zu lösen, was sie einst infiziert und so tief geprägt hatte.

5. Zeitgeist und Charakter

Ein gernzitierter, angeblich aus dem Talmud stammender Spruch suggeriert, dass es mit dem Charakter eigentlich gar nicht so schwierig sei:

> Achte auf Deine Gedanken,
> denn sie werden Deine Worte.
> Achte auf Deine Worte,
> denn sie werden Deine Handlungen.
> Achte auf Deine Handlungen,
> denn sie werden Deine Gewohnheiten.
> Achte auf Deine Gewohnheiten,
> denn sie werden Dein Charakter.
> Achte auf Deinen Charakter,
> denn er wird Dein Schicksal.[14]

Man achte also auf seine Gedanken, dann wird sich alles Weitere bis zum Charakter und Schicksal schon fügen. Ganz so einfach ist es aber auch wieder nicht, wie wir gleich noch sehen werden. Aber zunächst einmal steckt doch Wahrheit in diesem Spruch, denn es stimmt ja: Worte können zu Entscheidungen führen und in Handlungen münden, diese können zur Gewohnheit werden, und wie ein Mensch gewohnheitsmäßig handelt, das sagt viel über seinen Charakter aus und lässt womöglich auch Prognosen über sein Schicksal zu.

Das Problem jedoch sind die Gedanken. Sind sie nicht frei? Warum sollte man seine eigenen Gedanken zensieren, denn das wäre doch gemeint mit «achte auf deine Gedanken»? Aber haben wir überhaupt Kontrolle über sie? Woher kommen sie denn eigentlich?

Einen Teil der Gedanken machen wir uns selbst, indem wir nachdenken, schreiben, mit anderen sprechen. Ein anderer Teil entsteht aber oft ohne unser Zutun. Solche Gedanken sind ganz plötzlich da, und nicht immer sind sie angenehm, sondern eher so, dass man sie lieber für sich behält oder gleich wieder verdrängt und sie lieber nie gedacht hätte. Gedanken können aus Stimmungen und Gefühlen resultieren, und diese sind schon da, noch bevor wir denken, sprechen, lesen und schreiben können.

Jeder Mensch wird in bestimmte Zusammenhänge hineingeboren, in geistige und materielle Verhältnisse, und diese wirken auf ihn ein, von Anfang an. Daher kommt der Ausdruck, dieses oder jenes habe der Mensch schon mit der Muttermilch eingesogen, ein bestimmtes Gedankengut, Standesbewusstsein, den sogenannten Stallgeruch der Familie oder Klasse. Das alles zusammen führt zu einer Art von Vorprägung. Was er später denken, sagen und wie er handeln wird, ist ein Stück weit schon durch die Verhältnisse vorbestimmt, in die er geworfen wird.

Frühe Erfahrungen strukturieren spätere Gedanken vor. Frühe Gefühle, frühes Leid oder Glück verändern den Kopf so, dass dieser später für manche Ideen schon verschlossen, für andere offen sein kann. Es ist also gar nicht so leicht, auf seine Gedanken zu achten, denn wenn man dazu in der Lage ist, kann es für manches schon zu spät sein, wie etwa für den kleinen Claus von Stauffenberg.

Es konnte kein Handwerker, kein Kaufmann und auch sonst nichts Bürgerliches aus ihm werden, denn er wurde am 15. November 1907 im bayerischen Jettingen in ein adliges Haus und die entsprechenden Verhältnisse hineingeboren. Damit war über den weiteren Weg des Claus von Stauffenberg schon viel entschieden.

Dabei hatte er noch Glück. Sein Elternhaus war keine dünkelhafte, dumpfbackig-nationalistische Kaderschmiede, die deutschen Untertanengeist und Herrenmenschentum pflegte. Bildung hatte einen hohen Wert. Man las viel in der Familie Stauffenberg, diskutierte, musizierte, die Mutter unterhielt einen Briefwechsel mit dem Dichter Rainer Maria Rilke und erzog die Kinder in einer Atmosphäre der Liebe und des Vertrauens. Darin unterschied sich das Haus Stauffenberg deutlich vom deutschen Durchschnittsadel, und damit waren schon gute Voraussetzungen vorhanden, um Menschen heranreifen zu lassen, die einem Hitler nicht auf den Leim gingen. Dennoch war Stauffenberg zunächst mit Hitler einverstanden, und mit Charaktermangel kann man das nicht erklären.

Der kleine Claus war nicht nur ein Haudrauf und Rabauke, sondern auch ein frommes, musizierendes, für Gedichte und Balladen empfängliches Kind. Als er alt genug war, um zu begreifen, dass er zusammen mit einem Zwillingsbruder geboren wurde, der nur einen Tag gelebt hatte, trauerte er um ihn. Seiner Mutter brachte er danach eine Zeitlang jeden Tag frische Blumen für das Grab seines Bruders, und wo er ein Kreuz sah, kniete er nieder, betete und sagte, er habe an sein Brüderchen gedacht.

Als Zehnjähriger begann er mit großem Eifer Cello zu spielen, seine älteren Brüder Berthold und Alexander spielten Klavier und Violine, und schon bald gaben die drei Hauskonzerte. Als Zwölfjähriger hat er für seine achtjährige Cousine Elisabeth einen Altar gebaut, weil sie noch so wenig von der heiligen Messe wisse.

Es war also ein frommes, vornehmes, ehrgeiziges und bildungsfreundliches Haus, in dem Stauffenberg zu einem anständigen, aufrechten Charakter heranwuchs. Warum diente dieser Mann Hitler anfangs gerne? Weil das Haus Stauffenberg eben doch auch, wie andere Adelsfamilien, zutiefst undemokratisch und politisch unkritisch dachte.

Als nach dem Ersten Weltkrieg der Kaiser abdanken musste und erstmals eine demokratisch gewählte Regierung Deutschland führte, bezeichnete der Vater Alfred Graf Stauffenberg diese Regierung als «Lumpenpack». Wie so viele gerade in den höheren Ständen glaubten auch die Stauffenbergs, die Demokratie sei ein Übel, «undeutsch», «jüdisch», «verdorben» und unbrauchbar für eine «gesunde deutsche Volksgemeinschaft».

Solche Gedanken hörte der elfjährige Claus aus dem Munde der väterlichen Autorität, und er musste sie für die Wahrheit halten. So zu denken war normal, denn über viele Jahrhunderte hatten die Stauffenbergs treu ihren jeweiligen Königen, Fürsten oder Fürstbischöfen gedient. Die Monarchie musste ihnen zwangsläufig als natürliche wie gottgewollte Weltordnung erscheinen – der Gedanke, dass das Volk regiere, dagegen als eine Verrücktheit. Auch die meisten Bürgerlichen und sogar Arbeiter dachten so und fremdelten in der Demokratie.

Engländer und Franzosen waren da freier, sie hatten ja auch schon viel früher und leichter den Weg in die Demokratie gefunden. Während das Volk in Frankreich 1789 die Totalherrschaft des Königs und seines Bündnisses mit der Kirche beendete, konnte man in einem deutschen Gesangbuch noch Verse wie diesen lesen:

> Jeder Bürger sich bewusst,
> dass er nicht regieren kann,
> sei ein treuer Untertan.
> Schaue Jesum Christum an,
> Er war auch ein Untertan.
> Tu wie er ohne alle Not
> deiner Obrigkeit Gebot.

Noch zu Beginn des 20. Jahrhunderts bestimmte ebendieser Geist das Denken des deutschen Adels, der Mehrheit des Bürgertums und der unteren Volksschichten. Die Kinder waren ihm wehrlos ausgesetzt.

Nach der Abdankung des Kaisers war die demokratische «Verrücktheit» da und die göttliche Ordnung weg, aber was blieb, war der dem Adel verinnerlichte Gedanke, zum Dienst am König und zur Herrschaft über das Volk berufen zu sein. Denn man konnte zwar den Dienstadel von einem Tag auf den anderen abschaffen, nicht aber das in Jahrhunderten gewachsene Standesbewusstsein dieser Schicht, nicht deren Haltungen und Prägungen, Weltanschauung und blinde Flecken in ihrer Sicht auf die Wirklichkeit. Deshalb ist zunächst nicht verwunderlich, dass die Stauffenberg-Söhne Alexander, Berthold und Claus allesamt ganz selbstverständlich Führungspositionen beanspruchten und dass sie ganz und gar unreflektiert von dem Gedanken durchdrungen waren, etwas qualitativ anderes, Besseres zu sein als ihre Stallknechte, Dienstboten und das übrige Volk. Aristokraten sind nun mal keine Demokraten.

Sie waren gebildet, die Stauffenbergs, und doch zugleich auch verbildet durch ihre adlige Prägung. Theoretisch hätten sie sich trotzdem von ihrer prägenden Herkunft befreien und sich zu Demokraten entwickeln können. Das kam vor. Waldemar von Knoeringen zum Beispiel entstammte wie die Stauffenbergs einem uralten schwäbischen Adelsgeschlecht, was ihn nicht daran hinderte, mit zwanzig in die Sozialistische Arbeiterjugend einzutreten und von 1933 an gegen Hitler zu kämpfen. Nach dem Krieg wurde er eine Führungsfigur in der bayerischen SPD. Aber Knoeringen war eine rare Ausnahme. Aristokratie und Demokratie, gar Sozialdemokratie, das vertrug sich nicht.

Aber warum eigentlich nicht? Hier kommen wieder die Gedanken ins Spiel. Die Gedanken, die einen Adligen in der Weimarer Demokratie zum Sozialdemokraten oder Pazifisten hätten werden lassen können, waren ja in der Welt. Die literarisch und poetisch interessierten Stauffenberg-Brüder hätten mit Werken von Bert Brecht in Berührung kommen können, mit Texten von Kurt Tucholsky, Carl von Ossietzky, Klaus Mann, Heinrich Mann, Lion Feuchtwanger, Erich Maria Remarque, Bertha von Suttner und all den Literaten, deren Bücher von den Nazis öffentlich verbrannt wurden. Sie hätten sich jederzeit Antikriegsliteratur und Bücher gegen den Militarismus verschaffen können oder Zeitschriften wie die linksintellektuelle «Weltbühne» oder den satirischen «Simplicissimus». Aber offenbar hat niemand den Adel und das konservative Bürgertum an diesen ganz anderen Geist und diese neue Literatur heranführen können oder wollen.

In aristokratischen oder großbürgerlichen Häusern, in denen Menschen wie die Stauffenbergs aufwuchsen, gab es nur eine ganz bestimmte Literatur. Man führte sich solche Texte zu Gemüte, welche die eigene Weltsicht bestätigten, die eigenen Urteile bestärkten, den eigenen Glauben festigten. Was diese Weltsicht hätte relativieren oder gar in Frage stellen können, ignorierte man.

Vorprägungen der Kindheit und Jugend sind mächtig und verfestigen sich oft zu endgültigen Prägungen. Aber eben nicht immer. Manchen gelingt es, sich seiner Vorprägungen zu entledigen, und den Stauffenbergs gelang es, wenn auch spät. Noch um das Jahr 1940, so heißt es über Claus von Stauffenberg, habe dieser zu einem Wuppertaler Buchhändler gemeint, Deutschland sei bei Hitler in guten Händen, die Nähe des Führers rege zu schöpferischem Denken an. Im Jahr 1941 hörte Stauffenberg erstmals von Putsch-Plänen im Generalstab gegen Hitler. Er beteiligte sich nicht daran, aber er meldete auch nicht nach oben, was er gehört hatte. Das wäre soldatische Pflicht gewesen, und diese Pflicht war ihm eigentlich heilig, zudem bedeutete allein dieses Schweigen schon schwersten Vaterlandsverrat.

Noch einen Schritt weiter ging Stauffenberg, als er in Russland die Verbrechen der SS mitbekam. Ab Sommer 1941 sammelte er Belastungsmaterial gegen dieses Treiben, und ein Jahr später beschloss er: Hitler muss weg.

Wie kam es zu diesem radikalen Meinungswechsel? Gewiss lag es an seinen Erfahrungen in Russland. Dass SS-Leute in einem ukrainischen Ort sämtliche Juden zusammengetrieben und sie gezwungen hatten, ihr eigenes Massengrab auszuheben, bevor sie erschossen wurden, hat ihn schockiert. Auch, wie sich die politische Führung bereicherte und jedes Gefühl für Sitte, Ehre und Anstand vermissen ließ im Umgang mit den unterworfenen Völkern, Kriegsgefangenen und Zivilisten. Das alles passte nicht zu jenem edlen, gerechten, vorbildlichen Deutschland, das eine hochkünstlerische Umgebung in Stauffenbergs Jugend idealisiert hatte.

Aber andere Offiziere hatten das Gleiche und noch Schlimmeres gehört, gesehen und erlebt – und hielten weiter treu zu Hitler. Warum? Und warum Stauffenberg nicht mehr? Die einzig mögliche Erklärung lautet: In Stauffenbergs Kopf führten andere Gedanken zu anderen Worten und Taten. Das waren einerseits Gedanken aus der Kindheit, die das sensible Kind Stauffenberg für sein totes Brüderchen hatten beten lassen, und andererseits Gedanken eines tiefverehrten, geistig einflussreichen Mannes: Stefan George.

Der Dichter Stefan George muss eine charismatische Persönlichkeit gewesen sein, der es gelang, Jünger um sich zu scharen, die ihn als «Meister» anerkannten und sich ihm in Ehrfurcht näherten. Die Brüder Claus und Berthold Stauffenberg gelangten für einige Zeit in den engen Kreis um George, und das war ein Ergebnis ihrer Vorprägung. Dass sie sich für Dichtung interessierten, einen Sinn für Poesie entwickelten, sich einem Dichter näherten, mit ihm Freundschaft schlossen, hatte selbstverständlich mit ihrem gebildeten Elternhaus und ihrer Rilke-verehrenden Mutter zu tun. Dass sie ausgerechnet an George gerieten und nicht etwa an Brecht, hat mit den ernsten, romantischen, mystisch-religiösen Gedanken ihrer Jugend zu tun, denn Ideen von Adel, Elite, Auserwähltheit, Tugend, Pflicht, Reinheit, Deutschland, Volk, Nation, Heldentod galten auch im George-Kreis als höchste Werte.

In seinem Spätwerk «Das neue Reich» (1928) propagierte George eine geistig-seelische Aristokratie, die ein neues, ein «heiliges Deutschland» schaffen und regieren sollte. Manche Gedanken darin lassen auf den ersten Blick durchaus eine gewisse Nähe zur NS-Ideologie erkennen, bei genauerem Hinsehen sind sie jedoch viel zu mehrdeutig, klug und reflektiert für die Nazis, mit denen sich George nie gemein gemacht hat, obwohl diese heftig um ihn geworben und ihm sogar die Präsidentschaft einer neuen deutschen Akademie für Dichtung angetragen hatten. Dieses Angebot lehnte der zeitlebens arme Künstler George ab, seine innere Haltung bewahrte ihn davor, Nazi zu werden.

George hatte kein politisches Reich im Sinn, sondern ein geistiges, und mit dieser Idee wie mit allem anderen, was er dichtete und dachte, übte er einen großen Einfluss auf die Brüder Stauffenberg aus. Ihr später Widerstand gegen Hitler kann darauf zurückgeführt werden. Als die beiden Brüder sahen, dass Hitler-Deutschland ziemlich genau das Gegenteil dessen war, was sie oder George unter Deutschland verstanden, konnten sie Widerstand leisten.

Stauffenbergs berühmtes Attentat auf Hitler scheiterte wie der geplante Putsch, die Widerständler wurden festgenommen und zur sofortigen Erschießung aufgestellt. Als Stauffenberg dran war, soll er in die Gewehrsalven hineingerufen haben: «Es lebe das heilige Deutschland.» Vielleicht hat er aber auch gerufen: «Es lebe das geheime Deutschland.» Man weiß es nicht genau, die Zeugenberichte sind widersprüchlich, Stauffenbergs Stimme muss im Lärm der Gewehrsalven fast untergegangen sein. Aber zwischen seinem historischen Schicksal und seinen flüchtigen Gedanken besteht tatsächlich jene Verbindung, die der eingangs zitierte Sinnspruch behauptet.

Gedanken können zu Prägungen werden, bei hochgebildeten wie bei einfachen und ungebildeten Menschen. Lange waren sie indoktriniert worden, mit schwärmerischer Nationalromantik, deutscher Blut-und-Boden-Mystik, Kriegsverherrlichung, Heldenverehrung wie auch Antisemitismus und Rassismus. Von diesen Gedanken waren zu viele deutsche Köpfe verseucht, sie haben deutsche Hirne gegen Goethe und Jesus immunisiert, sodass sie bereit wurden für Goebbels und Hitler. Da hatten Heerscharen von deutschen Studienräten, Professoren, Offiziersausbildern, Kadettenanstalts-Direktoren, Pfarrern, Bischöfen und Schulaufsichtsbehörden ganze Arbeit geleistet.

Das Gegengift wurde zu spät und in zu geringen Mengen entwickelt. Erst nach 1918, als Dichter, Maler und Schriftsteller ernüchtert und traumatisiert als Verlierer aus dem Ersten Weltkrieg zurückkehrten, in den sie sich mit Begeisterung gestürzt hatten, entstand Antikriegsliteratur.

Jetzt hagelte es Hohn und Spott über preußischen Drill, deutsche Großmannssucht und die Selbstüberschätzung deutscher Spießbürger. Jetzt wurde die Hohlheit des wilhelminischen Pathos entlarvt und die dummdreiste Beschränktheit schnarrender Kasino-Offiziere. Die Monarchie wurde hinterfragt, der deutsche Untertanengeist und die Erziehung zum blinden Gehorsam wurden kritisiert. George Grosz karikierte in den zwanziger Jahren den preußischen Militarismus mit so beißender Schärfe, dass Kurt Tucholsky sagte: «Wenn Zeichnungen töten könnten: Das preußische Militär wäre sicherlich tot.»

Dieses aber ignorierte George Grosz oder bezeichnete ihn als einen abartigen oder verrückten Geist, der «verderbliche» und «zersetzende» Kunst hervorbrachte. Nur eine kleine intellektuelle, künstlerische und schreibende Minderheit rückte der deutschen Vorgeschichte zu Leibe, doch wenige Jahre später hatte Hitler ihre Bücher verbrannt und ihre Urheber verfolgt.

In jener kurzen Zeit, in der die Gedanken noch frei waren, hätte sich der für Deutschland dringend nötige Bildungs-Klimawandel vollziehen können. Aber diese Zeit war zu kurz, es lagen nur fünfzehn Jahre zwischen dem Sturz des Kaiserreichs und der Machtübergabe an Hitler, fünfzehn kurze Jahre voller Aufruhr und Not, mit Inflation und Weltwirtschaftskrise, Arbeitslosigkeit, bürgerkriegsähnlichen Zuständen und demokratischer Unerfahrenheit. Zu wenig Zeit für neue, frische Gedanken, die durch die Mauern der Paläste und Bürgerhäuser hätten dringen können. So erfror alles, was einst geblüht hatte. Obwohl das Bildungssystem dieses Landes weltweit bewundert wurde.

6. Ein Wort, das den Geheimdienstmann hysterisch macht. Und ein Interview mit der Nobelpreisträgerin Herta Müller

Sie arbeitete als Übersetzerin in einer Maschinenbaufabrik. Um fünf Uhr in der Früh stand sie auf, um halb sieben fing die Arbeit an. Morgens die Hymne aus den Lautsprechern, in der Mittagspause Arbeiterchöre – so verliefen zwei Jahre «im Trott der Alltäglichkeit, ein Tag glich dem anderen», erzählt sie Jahrzehnte später. So sollte es nicht bleiben.

«Im dritten Jahr war es mit der Gleichheit der Tage vorbei.» Ein «riesengroßer dickknochiger Mann mit funkelnd blauen Augen, ein Koloss vom Geheimdienst», kam innerhalb einer Woche dreimal frühmorgens in ihr Büro. Das erste Mal beschimpfte er sie «im Stehen und ging. Das zweite Mal zog er seine Windjacke aus, hängte sie an den Schrankschlüssel und setzte sich. Ich hatte an diesem Morgen von zu Hause Tulpen mitgebracht und arrangierte sie in der Vase. Er schaute mir zu und lobte mich für meine ungewöhnliche Menschenkenntnis. … Ich bestritt das Lob und versicherte, dass ich mich in Tulpen auskenne, aber nicht in Menschen. Da sagte er maliziös, dass er mich besser kenne als ich die Tulpen … und ging».

Beim dritten Mal hatte der Koloss seine Meinung plötzlich geändert und beschimpfte die zierliche Frau «als stockdumm, arbeitsfaul, als Flittchen, so verdorben wie eine streunende Hündin. Die Tulpen schob er knapp an den Tischrand, auf die Tischmitte legte er ein leeres Blatt Papier und einen Stift. Er brüllte: schreiben». Schreiben sollte sie, «dass ich unabhängig von Nähe oder Verwandtschaft niemandem sage, dass ich … jetzt kam das schreckliche Wort: colaborez, dass ich kollaboriere».

Sie schrieb das Wort nicht. Sie legte den Stift hin, den sie schon genommen hatte, ging zum Fenster, sah auf die staubige Straße hinaus und sagte: «N-am caracterul, ich hab nicht diesen Charakter.» Was nun passierte, nach dieser kurzen, aber entschiedenen Entgegnung, war völlig unerwartet.

«Das Wort Charakter machte den Geheimdienstmann hysterisch. In seiner Niederlage warf er die Blumenvase mit den Tulpen an die Wand. Sie zerschellte, und es knirschte, als wären Zähne in der Luft. Mit der Aktentasche unterm Arm sagte er leis: Dir wird es noch leidtun, wir ersäufen dich im Fluss. Ich sagte wie zu mir selbst: Wenn ich das unterschreibe, kann ich nicht mehr mit mir leben, dann muss ich es selber tun. Besser Sie machen es.»

Den Einschüchterungsversuchen folgten offene Todesdrohungen, von nun an wurde sie systematisch schikaniert. Ab jetzt lebte sie in der Gefahr, verschleppt, misshandelt, beseitigt zu werden.

Die kleine, zierliche junge Frau, die sich in den 1970er Jahren lieber im Fluss ersäufen lassen wollte als mit den Schergen der rumänischen Securitate zu kollaborieren, ist die deutsch-rumänische Schriftstellerin Herta Müller. Erzählt hat sie diese Geschichte in ihrer Vorlesung zum Literaturnobelpreis in der Schwedischen Akademie in Stockholm am 7. Dezember 2009.[15] Für ihr literarisches Werk, das die FAZ-Literaturredakteurin Felicitas von Lovenberg «charakterbildend» nannte, war Herta Müller in Stockholm bewundert und gefeiert worden.

Die Familie Müller zählte zu den Banater Schwaben, einer deutschen Minderheit in Rumänien. Dort wurde Herta Müller 1953 im deutschsprachigen Nitzkydorf geboren. Von 1973 bis 1976 studierte sie in Temesvár deutsche und rumänische Philologie, danach arbeitete sie als Übersetzerin in jener Maschinenbaufabrik, aus der sie nach ihrer verweigerten Zusammenarbeit mit dem Geheimdienst entlassen wurde.

In den folgenden Jahren verdiente Müller ihren Lebensunterhalt mit privatem Deutschunterricht und begann zu schreiben. In Temesvár wurde sie Mitglied einer Gruppe junger Schriftsteller um den Dichter und Zeitungsherausgeber Nikolaus Berwanger. Ihr erstes Buch «Niederungen» lag vier Jahre beim Verlag und wurde 1982 nur zensiert veröffentlicht, erst 1984 erschien es ungekürzt in Deutschland. Danach konnte Herta Müller in Rumänien nichts mehr veröffentlichen und war immer wieder Verhören, Hausdurchsuchungen und Bedrohungen durch die Securitate ausgesetzt, bis sie 1987 nach Deutschland ausreisen durfte.

Am selben Tag, an dem Herta Müller in Stockholm ihre Geschichte erzählte, hat der Lyriker Werner Söllner, der ebenfalls zur rumänischen Berwanger-Gruppe gehört hatte und die Nobelpreisträgerin seit damals kennt, in München ebenfalls eine Geschichte erzählt, aber eine ganz andere.[16] Auch bei ihm erschien eines Tages die Securitate. Auch er wurde zur Zusammenarbeit aufgefordert, und – er machte mit. Er hatte einen anderen Charakter als Herta Müller.

Schleichend sei das vor sich gegangen, erzählte Söllner an jenem Tag im Münchner Haus der Sudetendeutschen Stiftung während einer Tagung über «Deutsche Literatur in Rumänien im Spiegel und Zerrspiegel ihrer Securitate-Akten». Zweimal habe die Securitate erfolglos versucht, ihn anzuwerben, ihn dann bedroht, und schließlich habe er dem Drängen nachgegeben.

Die Securitate erkundigte sich bei ihm nach Freunden und Kollegen, deren Ansichten, Überzeugungen und Zusammenkünften. Und Söllner gab Auskunft. Die Männer von der Geheimpolizei legten ihm Gedichte und Prosatexte seiner schreibenden Bekannten vor, damit er sie ihnen erkläre und deute. Und Söllner leistete Interpretationshilfe, entschlüsselte die Verse, erklärte seinen Führungsoffizieren, worauf die Texte sich bezogen, welche Anspielungen in ihnen verborgen waren.

«Ich bin also jemand, der sich gegen Einschüchterungsversuche der Securitate nicht genug gewehrt hat», sagte er vier Jahrzehnte später in München. Und er sagte das erst, nachdem er wohl erfahren hatte, dass seine damaligen Freunde Akteneinsicht bekommen und alles über den Verrat erfahren hatten. Seitdem wissen sie, wer mit dem Geheimdienst über sie geredet hat.

Es wäre billig und wohlfeil, als westdeutscher Nachkriegsgeborener den Stab über Werner Söllner zu brechen. Er war zwanzig Jahre alt, als die Securitate erstmals bei ihm aufkreuzte. Keiner, der das Glück hatte, in einer rechtsstaatlichen Demokratie aufzuwachsen, kann sagen, ob er sich damals wie Söllner oder eher wie Herta Müller verhalten hätte. Alle geschichtliche Erfahrung mit Diktaturen legt die Vermutung nahe: Die große Mehrheit hätte sich verhalten wie Söllner.

Noch immer hat die große Mehrheit sich eher dem Druck gebeugt, sich eher für den leichten Weg entschieden. Immer hat es zu wenige gegeben, die zu sagen wagten: «Ich habe nicht diesen Charakter.» Es wird auch immer zu wenige davon geben, denn wäre es anders, hätten Diktaturen noch nie eine Chance gehabt. Sie haben immer eine.

Sie leben davon, dass der Mehrheitscharakter ängstlich und daher empfänglich für Einschüchterungen ist. Sie können sich darauf verlassen, dass die Mehrheit aus Bequemlichkeit kuscht, schweigt, wegsieht, sich von Gehorsam oder gar Denunziation Belohnungen erhofft, sich aktiv beteiligt, Vorteile für sich herausschlägt. Das ist das Normale.

Abgesehen von begeisterten Mitmachern und zielstrebigen Profiteuren eines Regimes kann man den Durchschnittscharakteren keine großen moralischen Vorhaltungen machen. Denn wenn das eigene Leben oder die Existenz der Familie bedroht ist, dann verhält sich der normale Charakter pragmatisch. Darauf können Diktaturen bauen. Auch in Demokratien, wo widerständiges, charakterstarkes Verhalten schlimmstenfalls mit

Sympathieverlust oder Karriere-Nachteilen geahndet wird, ist Anpassung die Regel und Widerstand die Ausnahme.

Daher hat Imre Kertész recht, der einmal meinte: «Das wirklich Irrationale und tatsächlich Unerklärbare ist nicht das Böse, im Gegenteil: Es ist das Gute.» Nicht die KZ-Wächter, SS-Männer, Judensau-Brüller und Hitler-Jubler sind erstaunlich. Nicht die Karrieristen, Opportunisten und Korrupten geben uns Rätsel auf, sie sind leicht erklärbar und berechenbar. Erstaunlich sind die Ausnahmen.

Erstaunlich sind die Gegner der Nazis, die oft mit dem Leben für ihre Haltung bezahlten. Erstaunlich sind Mahatma Gandhi, Nelson Mandela und Martin Luther King, die sich Morddrohungen aussetzten, Gefängnisaufenthalte in Kauf nahmen und der Staatsgewalt trotzten um der Idee der Freiheit und Gleichheit willen. In solchen Menschen loderte der Gedanke: Ihr könnt uns umbringen, aber das, woran wir glauben und wofür wir stehen, das könnt ihr nicht umbringen.

Solch Unberechenbare, solch Mutige, die sich von keiner Gestapo, keinem KGB, keiner Stasi, keiner Securitate, keiner Kolonialmacht und keiner Herrenrasse einschüchtern lassen, sind die wirklich interessanten Menschen. An diesen wenigen, die sagen, «mit mir nicht, es gibt etwas, das mein eigenes kleines Leben übersteigt, es gibt bestimmte Gesetze, die unbedingt gelten müssen, und koste es mein Leben» – an solchen Menschen zeigt sich die reinste und am höchsten entwickelte Form von Charakter.

Solche Charaktere sind wundersam und rätselhaft, und wir werden sie nie ganz erklären können. Auch können wir Stauffenberg, Mahatma Gandhi oder Martin Luther King nicht fragen, warum sie so gehandelt haben, wie sie es taten, was ihnen Mut und Stärke gab. Das ist schade, denn aus ihren Antworten könnte man sehr viel lernen, was die wahre Bildung betrifft. Aber wir haben gesehen, dass all diese Menschen etwas gemeinsam haben. Innere Stärke, Leidenschaft, Widerstand und Treue zu sich selbst. Es ist diese Treue zu sich selbst, die Herta Müller sagen lässt: «Wenn ich das unterschreibe, kann ich nicht mehr mit mir leben.» Martin Luther King und Gandhi sind nicht mehr am Leben, aber Herta Müller gelang es, die Drohungen zu überstehen, aus Rumänien wegzugehen, in Deutschland weiterzuschreiben, wofür sie 2009 den Literatur-Nobelpreis erhielt. Mit der mutigen Herta Müller haben wir deshalb am 31. Mai 2010 ein Gespräch führen dürfen, in dem sie erklärt, was ihren Charakter formte. Es ist der seltene, glückliche Fall, dass ein starker, mutiger Mensch darüber Auskunft gibt, was ihn geprägt hat. Wir drucken dieses Gespräch hier ab.

Petra Gerster, Christian Nürnberger: Als Sie noch in Rumänien als Übersetzerin in einem Betrieb arbeiteten, wollte Sie einmal der Geheimdienst anwerben. Sie haben das abgelehnt mit einem unglaublich einfachen und mutigen Satz: «Ich habe nicht diesen Charakter», gaben Sie dem Agenten zur Antwort. Seine darauf folgende hysterische Reaktion und die Drohung, Sie im Fluss zu ersäufen, ließen Sie unbeeindruckt. Da fragen wir uns: Woher kommt so ein Charakter bei einer jungen Frau, die Sie damals waren?

Herta Müller: Das habe ich mich auch immer gefragt. Warum sind Menschen derart verschieden, wenn ihre Lebensumstände fast gleich oder doch sehr ähnlich sind? Da kommt wohl ganz Unterschiedliches zusammen: Zufälle und persönliche Erlebnisse und wie man dann damit umgeht. Und auf lange Sicht ergibt das bei dem einen, dass er eben so wird – und bei dem anderen etwas anderes.

Von den Eltern kam das bei mir jedenfalls nicht. Das waren ganz einfache Leute, die Angst um mich hatten und mir immer in den Ohren lagen, ich solle aufhören, mich dauernd mit denen anzulegen. «Du wirst eines Tages tot im Graben liegen», hat meine Mutter gewarnt; unterstützt hat sie mich nicht.

Und wenn ich mir die Geschichte meiner Eltern und Großeltern anschaute: Der Vater war in der SS, und schon der Großvater hatte sich seinerzeit den jeweiligen Regimes perfekt angepasst – von der k.u.k.-Herrschaft Österreich-Ungarn, zu dem unser Teil Rumäniens damals gehörte, bis zur Ceaușescu-Diktatur. Er hat sogar seinen Namen geändert. Da kam ich irgendwann zu dem Schluss, dass ich von denen lieber nichts lerne.

Das Leben hat ja einen Rückspiegel, in den muss man manchmal hineinschauen. Und als ich siebzehn war – genauso alt wie mein Vater, als er zur SS ging –, da habe ich mir vorgenommen, darauf zu achten, dass man mir später niemals vorwerfen können soll, ich hätte mich mit einer Diktatur eingelassen, so wie er. Niemand sollte mir je solche Fragen stellen müssen, wie ich sie meinem Vater gestellt habe.

Ich glaube, der Einfluss der Eltern wird oft überschätzt. Man erzieht sich ja eigentlich selbst. Sobald man Teenager ist, wechselt man aus dem Elternhaus in offenes Gelände und sucht sich selbst die Menschen aus, mit denen man verkehrt.

Petra Gerster, Christian Nürnberger: Aber wenn es die Eltern nicht waren, woher hatten Sie dann den Mut dazu, in einer Diktatur?

Herta Müller: Ich glaube, das war kein Mut. Ich kannte ja diese Gesellschaft. Ich wusste, dass wir in einer Diktatur leben, was der Geheimdienst tat und dass wir von einer Verbrecherbande regiert werden. Deshalb habe ich gar nicht besonders darüber nachgedacht, wie ich mich verhalte. Ich dachte eher an meinen Vater und seine Verstrickung und wusste, dass so etwas für mich auf gar keinen Fall in Frage kam. Mut war das aber nicht, denn selbstverständlich hatte ich Angst, eine Riesenangst. Jeder hatte Angst.

Wenn man das Wort Mut hier gelten lassen will, dann ist Mut nicht das Gegenteil von Angst, sondern komplementär dazu zu verstehen, als notwendige Ergänzung: Ohne Angst, ohne Gefährdung braucht man ja gar keinen Mut. Nur zusammen mit der Angst kann ich das Wort Mut akzeptieren.

Petra Gerster, Christian Nürnberger: Haben Sie sich die Gefahr denn nicht konkret vorgestellt: Was passiert, wenn ich nicht kooperiere? Was machen die mit mir, wenn ich nein sage? Ist es nicht so, dass das die meisten Menschen dann vor Angst lähmt?

Herta Müller: Nein, das habe ich mir nicht vorgestellt. Wenn ich mir überhaupt etwas vorgestellt habe, dann die Lage, in die ich käme, wenn ich mitmachen würde. Und das war so schrecklich, dass ich sofort wusste: Das geht gar nicht. Mitmachen kommt überhaupt nicht in Frage, weil ich damit nicht leben könnte. Undenkbar! Wie kann man denn etwas tun, was einem schon körperlich zuwider ist, was einen physisch ekelt – denn das System war ja nichts Abstraktes, das waren ja Menschen, Vertreter der Macht, die ich persönlich kannte. Ich wusste ja, wie die aussehen, wie sie reden und was sie tun. Wenn einem die alle unerträglich sind, dann kann man ihnen doch nicht zu Diensten sein. Nein, das war unmöglich, das hätte ich nicht über mich gebracht.

Petra Gerster, Christian Nürnberger: Hatten Sie denn nie die Idee, die Leute von der Securitate ein bisschen an der Nase herumführen zu können?

Herta Müller: Gerade weil meine Angst so groß war, habe ich mir das nicht vorgestellt. Es wäre unrealistisch gewesen, darüber nachzudenken, wie ich die führen kann anstatt sie mich. Ein paar haben das ja probiert, aber es hat eben nicht hingehauen. Denn dazu muss man sehr, sehr schlau sein und ständig taktieren. So was hätte mich viel mehr angestrengt als einfach nein zu sagen.

Das Mitmachen war mir immer als das Allerzerstörendste und Komplizierteste vorgekommen, auch für mich selbst – weil ich ja damit hätte leben müssen. Sogar, wenn überhaupt niemand davon erführe, dass ich mitmache – ich muss ja damit leben, dass ich Menschen in meiner Umgebung aushorche, dass ich sie in Gespräche verwickele, um etwas Bestimmtes herauszulocken, dass ich nicht mehr authentisch bin. Dann hätte ich ja meine Seele verkauft.

Petra Gerster, Christian Nürnberger: Können Sie sich Umstände vorstellen, die Sie kompromissbereiter gemacht hätten – etwa, wenn Sie Kinder gehabt hätten?

Herta Müller: Das hätte die Situation nicht verändert, im Gegenteil, ich hätte ja eine Mutter sein wollen, die ihrem Kind ins Gesicht sehen kann. Und ich hätte meinen Kindern gewünscht, dass sich das Land und die Gesellschaft verändern, damit sie anders leben können. Ich wollte doch, dass diese Diktatur zu Ende geht, dass dieser Diktator krepiert – ich habe ihm jeden Tag den Tod gewünscht! Da kann man doch erst recht nicht mitmachen! Und der Geheimdienst kann ja immer drohen, so wie mir: «Wir ersäufen dich im Fluss.» Die haben ja auch meine Mutter zur Polizei geschleppt und einen ganzen Tag lang eingesperrt, die haben andere Menschen, die mir nahestanden, erpresst. Aber das konnte ich nicht ändern. Damit muss man leben, wenn man in einer perversen Welt lebt. Bloß, deswegen darf ja nicht das eigene Wertesystem umkippen. Meine Werte, die können sie mir ja nicht umdrehen!

Petra Gerster, Christian Nürnberger: Und doch würde genau das bei wahrscheinlich 99,5 Prozent aller Menschen in einer solchen Situation passieren, die würden einfach einknicken und mitmachen.

Herta Müller: Ich kann nicht verstehen, wie man mitmachen kann. Dass man nicht mitmacht, das halte ich für normal. Und dass die, die mitgemacht und rücksichtslos jahrelang für den Geheimdienst gearbeitet haben, sich sogar noch dafür haben bezahlen lassen – das begreife ich nicht. Wenn ich mir heute vorstelle, was ich mit diesem Geld hätte machen sollen – ich hätte mir doch davon nichts zum Essen oder zum Anziehen kaufen können. Dann hätte ich doch ständig gedacht: Ich esse meinen Verrat, ich ziehe meinen Verrat an, ich reise mit meinem Verrat, mit dem Schaden, den ich anderen angetan habe. Ich weiß nicht, wie man es im Kopf anstellt, sich darüber keine Gedanken zu machen. Für mich bleibt das Mitmachen das Rätsel.

Petra Gerster, Christian Nürnberger: Wenn es nicht die Eltern waren, was hat Ihnen dann die Kraft zum Widerstand gegeben?

Herta Müller: Die Freunde und die Bücher. Da war die Aktionsgruppe Banat, ein Kreis von Studenten, die fast alle aus deutschen Dörfern kamen – lauter Leute, die als Staatsfeinde galten. Integre Menschen, die das verkörperten und taten, was verboten war: zum Beispiel bestimmte Bücher lesen, über die Vergangenheit, den Nationalsozialismus und die Verstrickung unserer deutschen Minderheit in Rumänien zu diskutieren. Und die schlossen daraus auf die Gegenwart und analysierten, wie so eine Diktatur zustande kommt, wie ein entgleister Familienclan ein ganzes Land enteignen und terrorisieren kann. Stundenlang haben wir über solche Themen gesprochen. Was sollten wir auch sonst tun, wir mussten ja über die Dinge sprechen, die uns umgaben.

Die Freunde in der Gruppe hatten schon viel früher Schwierigkeiten als ich. Viele wurden verhört und verhaftet. Schon die Gruppenbildung war ja verboten! Mit solchen Leuten wollte ich befreundet sein, so wollte ich auch sein und leben, deshalb bin ich zu ihnen gestoßen. Bei denen konnte ich auch selbst so sein, wie ich war, konnte das aussprechen, was ich dachte. Die Verantwortung des Einzelnen war zum Beispiel ein wichtiges Thema, das uns Halt gab. Und die Freundschaft selbst natürlich: Wir wussten, wir sind zwar nur eine Handvoll Freunde und alle in derselben Situation – das heißt, keiner kann den anderen wirklich beschützen –, aber trotzdem haben mir diese Freunde sehr viel Halt gegeben.

Und dann waren da die Bücher, die wir lasen – es gab ja das Goethe-Institut in Bukarest, das Ceauşescu mal in einer schwachen Stunde in den siebziger Jahren genehmigt hatte. Dort konnten wir die aktuellen deutschen Zeitungen lesen – die ZEIT, die FAZ, die Frankfurter Rundschau, den SPIEGEL. Und wir bekamen dort die Bücher, die uns wichtig waren, die Aufsätze der 68er, Bücher über den Nationalsozialismus. Enzensberger oder Thomas Bernhard mit seiner stringent antinazistischen Haltung, Canettis «Masse und Macht», Klemperers «Lingua Tertii Imperii». Wir lasen sehr viel und sprachen darüber. Jedes Buch ist ja wie ein Mensch, der einem etwas beibringt.

Petra Gerster, Christian Nürnberger: Wie kann man ein Kind zu einem anständigen Menschen machen, es zu einem charakterstarken Menschen erziehen?

Herta Müller: Ich war ja eine Zeitlang Lehrerin. Und ich fand, man müsse mit Kindern über alles reden und ständig alles diskutieren und bewerten, auch die einfachsten Dinge des Alltags. Wir müssen ihnen sagen, was man tut und was man nicht tut, was sich gehört und was sich nicht gehört.

Meine Mutter hat mir zum Beispiel immer gesagt, dass wir alle gleich viel wert seien, dass ich nicht besser als andere sei. Und dass man sich um die Schwächeren kümmern solle. Mein Vater sagte mir, als ich in der Fabrik arbeitete, dass man sich mit den kleinen Leuten befreunden müsse, nicht mit den Chefs. Und generell galt bei uns die Regel, dass ein guter Nachbar wichtiger sei als Besitz. Das sind solche Alltagsregeln, die viel aussagen über das moralische Klima. Schon wie man sich im Alltag verhält – das sind immer auch moralische Entscheidungen. Oder eben unmoralische. Und das lässt sich auf alle Ebenen im Leben übertragen.

Mir war es als Lehrerin immer wichtiger, über solche Sachen zu sprechen als darüber, in welchem Jahr Goethe oder Brecht geboren ist. Also über Dinge zu sprechen, die junge Menschen formen. Statt sie irgendetwas auswendig lernen zu lassen, was sie ja doch vergessen. Wir müssen den Kindern vorleben, was uns wichtig ist.

7. Haydns Schädel und Sokrates' Nase

In einer Juninacht im Jahr 1809 schritt eine dunkle Gestalt auf dem Hundsturmer Friedhof in Wien zielstrebig auf ein ganz bestimmtes Grab zu, begann zu graben und schaufelte so lange, bis eine frischbeerdigte Leiche zum Vorschein kam. Die dunkle Gestalt trennte den Kopf des Toten ab, steckte diesen in ein Behältnis, schaufelte das Grab wieder zu, machte sich rasch davon und übergab den Kopf an zwei Herren, die dafür eine Summe auszahlten, über deren Höhe nichts bekannt ist.

Bekannt ist aber: Was der gedungene Leichenschänder da übergab, war der Kopf des eine Woche zuvor beerdigten großen Komponisten Joseph Haydn. Und die zwei Herren, die den Kopf in Empfang nahmen, waren Joseph Karl Rosenbaum, Sekretär des Fürsten Nikolaus II. Esterhazy, und Johann Nepomuk Peter, Gefängnisdirektor in Wien. Bei der dunklen Gestalt, die das Geld in Empfang nahm, handelte es sich um den Totengräber Jakob Demuth.[17]

Der Sekretär Rosenbaum und der Gefängnisdirektor Peter hatten ein gemeinsames, damals in Mode gekommenes Hobby: Schädel sammeln. Ein, wie sie glaubten, wissenschaftliches Hobby, denn es beruhte auf der Phrenologie, der Schädellehre des schwäbischen Arztes und Anatomen Franz Joseph Gall. Dieser behauptete, die charakteristischen Eigenschaften eines Menschen an dessen Kopfform ablesen zu können. So zeuge etwa eine Wölbung über dem Auge von Ortssinn, ein langer Hinterkopf von Anhänglichkeit. Rosenbaum und Peter wollten nun anhand von Haydns Schädel herausfinden, wie sich musikalisches Genie auf die Kopfform auswirkt.

Der Gedanke, vom Äußeren aufs Innere schließen zu können, hatte damals, um die Wende vom 18. ins 19. Jahrhundert, viele fasziniert. Man war überzeugt, dass es zwischen der Gestalt eines Menschen und seiner Seele einen Zusammenhang geben müsse. So schrieb Friedrich Schiller in seinem Aufsatz «Über Anmut und Würde» von 1793: Die «festen Züge waren ursprünglich nichts als Bewegungen, die endlich bei oftmaliger Erneuerung [gewohnheitsmäßig] wurden und bleibende Spuren eindrückten. ... Endlich bildet sich der Geist sogar seinen Körper, und der Bau selbst muss dem Spiele folgen, sodass sich die Anmut zuletzt nicht selten in architektonische Schönheit verwandelt.»

Der Geist, die Seele, der Charakter, die Persönlichkeit eines Menschen forme sich den Leib, das Gesicht, die Mimik, die Gestik, glaubte man, nur wusste man nicht genau, welche Gestalt und welche Physiognomie zu welchem Charakter gehörten. Das herauszufinden sei aber nur eine Frage der Zeit, dachten viele.

Wenn nun einer daherkam und behauptete, den Zusammenhang zwischen Gestalt und Charakter entschlüsselt zu haben, konnte er sich der Aufmerksamkeit seiner Zeitgenossen sicher sein. Einer der bekanntesten von denen, die das sagten, war der Schweizer Pfarrer und Philosoph Johann Caspar Lavater, der zwischen 1775 und 1778 vier Bände über «Physiognomische Fragmente zur Beförderung der Menschenkenntnis und Menschenliebe» veröffentlichte und schnell berühmt wurde. Lavater versuchte anhand zahlreicher Beispiele zu belegen, dass es möglich sei, etwa an der Nasenform, der Stirn, den Augen usw. festzustellen, ob jemand zum Genie oder zum Verbrecher bestimmt sei.

Lavater hatte sich bei seinen Forschungen eines umfangreichen Bildarchivs von Silhouetten und Porträtzeichnungen von Adligen, Bürgern, Handwerkern, ja sogar Abbildungen von Tierköpfen bedient. Dies führte zu einem Aufschwung der Porträtkunst, und plötzlich kamen Profilbilder ebenso in Mode wie

Schattenrisse und Scherenschnitte. Die Porträtmaler begannen daraufhin, auf Idealisierungen zu verzichten und Menschen detailgenau und betont natürlich darzustellen.[18]

Der Wiener Bildhauer Franz Xaver Messerschmidt wurde für seine «Charakterköpfe» berühmt. Das waren bis zum Schlüsselbein dargestellte Büsten, die er teilweise höchst realistisch, teilweise mit extremer Mimik darstellte. Diese Charakterköpfe sollten Lavaters Physignomik entsprechen, Messerschmidts Zeitgenossen betrachteten sie aber als Spott und Satire.

Tatsächlich handelt es sich bei diesen Porträts, die er mit «Erzbösewicht», «Satiricus», «ein mürrischer alter Soldat» oder «Einfalt im höchsten Grad» betitelte, um Überzeichnungen. Doch erkennen heutige Kunstgeschichtler in Messerschmidts außergewöhnlichen Bildwerken vor allem den «Ausdruck eines künstlerischen Traditionsbruchs und die Konterkarierung der Normen zeitgenössischer Kunsttheorie, die damit einen ganz eigenständigen künstlerischen Beitrag zur damaligen Physiognomiedebatte darstellen».[19]

Der Körper als Spiegel der Seele, dieser Gedanke fand damals besonders in Wien eine hohe Aufmerksamkeit. Die Hauptstadt der Donaumonarchie war im letzten Drittel des 18. Jahrhunderts nicht nur eine politische Metropole, sondern auch ein Brennpunkt der Aufklärung. Hier wurden Debatten über den anatomischen Ort der Seele, die materielle Beschaffenheit der Nerven und den Zusammenhang von Leib und Seele geführt. Hier experimentierte der vom Bodensee stammende Arzt Franz Anton Mesmer mit Magneten und meinte, eine zentrale Substanz des menschlichen Organismus entdeckt zu haben, welche Nerven, Muskeln und Körpersäfte steuere und durch Magnetfelder zu beeinflussen sei. Bürger, Wissenschaftler und Künstler saugten auf, was die Aufklärung der Kirche entgegenzusetzen hatte. Die Idee, die Seele im Gehirn zu verorten, widersprach der kirchlichen Lehre eklatant und barg revolutionäres Potenzial.

Es ist daher wohl kein Zufall, dass ausgerechnet in Wien angesehene Bürger nicht davor zurückschreckten, Haydns Kopf für Studien der Schädellehre des Franz Joseph Gall zu rauben. Gall selbst hatte sich in Wien als Arzt niedergelassen.

Über einen physiognomischen Zusammenhang hatte er schon lange spekuliert, sehr wahrscheinlich hat er sich auch von den Theorien Lavaters inspirieren lassen. So war Gall schon während des Studiums aufgefallen: Viele Studenten, die mühelos Latein lernten, hatten große, vorquellende Augen. Drückt deren großes Wortgedächtnis vielleicht die Augen aus dem Schädel? Nehmen vielleicht überhaupt die verschiedenen Eigenschaften und Fähigkeiten des Menschen verschiedene Räume im Gehirn ein und formen so den Schädel?

Als Arzt in Wien wollte Gall dem nachforschen. Er suchte sich «Freiwillige» – Fiaker, Laufburschen, Kriminelle, Irre, Tierquäler, Brandstifter –, untersuchte und verglich deren Schädel und kam beispielsweise zu der Erkenntnis, «dass alle Stänkerer unmittelbar hinter und im Niveau der Ohren den Kopf viel breiter hatten als die Feiglinge».[20]

Immer mehr Köpfe untersuchte Gall, auch Leichen obduzierte er und sammelte ihre Schädel, im Lauf der Jahre und Jahrzehnte mehr als dreihundert, und je mehr er verglich, desto sicherer glaubte er an seine Herleitung des Charakters aus der Schädelform. Insgesamt siebenundzwanzig «Hirnorgane», von der Weisheit bis zum Fortpflanzungstrieb, und sogar einem «Organ der Gottesverehrung» meinte er erkannt zu haben. Damit wurde Gall international berühmt, nicht nur in Fachkreisen, sondern auch im Volk. Dazu trug er selbst bei, indem er ab 1805 zweieinhalb Jahre durch Europa reiste und vor Schaulustigen öffentlich Gehirne sezierte, Schädelformen interpretierte und die Zuschauer selbst untersuchte. Er steckte deren Köpfe in einen Apparat, der nach der Kopfform ein Profil auf Papier zeichnete, woraus Gall den Charakter bestimmte.

Bis an den Hof des preußischen Königs drang die Kunde vom Schädelforscher Gall. Der skeptische Friedrich Wilhelm III. unterzog Gall jedoch einer Prüfung. Er lud ihn zu einem Militärbankett – an dessen Tischen jedoch nicht Offiziere, sondern verkleidete Sträflinge saßen. Er möge, bat der König den ahnungslosen Gall, sich doch den Kopf eines der Offiziere anschauen und dessen Charakter analysieren. Gall tastete einen Schädel ab und entdeckte statt eines edlen Charakters reine Angriffslust und Zerstörungswut. Das beeindruckte den König derart, dass er dem Arzt die Wahrheit gestand und ihm einen Brillantring schenkte.[21] Hat Gall wirklich an der Kopfform die Aggression des Mannes erkannt? Man darf wohl annehmen, dass der weltgewandte Arzt auch an anderen Merkmalen einen Sträfling von einem gedrillten Offizier unterscheiden konnte.

Die Geschichte sprach sich herum und machte den Schädelforscher noch berühmter. Auch in Weimar diskutierte man seine Thesen. Dorthin reiste er kurz nach Schillers Tod, um in gelehrten Weimarer Kreisen seine Phrenologie vorzustellen. Es gilt als wahrscheinlich, dass er in Weimar den Schädelsammler Ludwig Friedrich von Froriep kennenlernte, der ihm möglicherweise seine 1500 Totenköpfe umfassende Sammlung zeigte. War darunter womöglich auch der verschwundene Kopf von Friedrich Schiller?

Froriep habe «Zeit, Motiv und Gelegenheit gehabt», sich Schillers Schädel zu besorgen, sagt der Genealoge Ralf G. Jahn. Irgendwann zwischen 1805 und 1826 könnte Froriep den Kopf vom Jacobskirchhof, wo Schiller ursprünglich begraben lag, entwendet und durch einen ähnlichen ersetzt haben.[22] Hatte Froriep sein bestes Stück an Gall verkauft?

Eigentlich wähnte sich der Geheimrat Goethe im Besitz des Schiller'schen Schädels. Auch er hatte natürlich von Gall gehört, Lavater sogar kennengelernt, und er war, wie seine Zeitgenossen, fasziniert von der Vorstellung einer geheimnisvollen Beziehung zwischen Geist und Form. Daher konnte er einundzwanzig Jahre nach dem Tod seines Freundes Schiller einer großen Versuchung nicht widerstehen: Als wegen Aufräumungsarbeiten auf dem Jacobsfriedhof Schillers Gebeine entnommen wurden, um sie in die Fürstengruft umzubetten, wurde das, was man für Schillers Reste hielt, in der Herzogin Anna Amalia Bibliothek zwischengelagert. Von dort «entlieh» sich Goethe heimlich den Schädel. Nur wenige Freunde weihte er ein, etwa Wilhelm von Humboldt, der es in einem Brief an seine Frau weitererzählte: «Heute Nachmittag habe ich bei Goethe Schillers Schädel gesehen. Goethe und ich – Riemer war noch dabei – haben lange davor gesessen, und der Anblick bewegt einen gar wunderlich. Was man lebend so groß, so teilnehmend, so in Gedanken und Empfindungen bewegt vor sich gesehen hat, das liegt nun so starr und tot wie ein steinernes Bild da. Goethe hat den Kopf in seiner Verwahrung, er zeigt ihn niemand. Ich bin der einzige, der ihn bisher gesehen, und er hat mich gebeten, es nicht zu erzählen.»[23]

Von 1826 stammt Goethes Gedicht «Bei Betrachtung von Schillers Schädel», in dem es heißt: «... niemand kann die dürre Schale lieben, welch herrlich edlen Kern sie auch bewahrte ...» Aber dennoch regt die «dürre Schale» Goethe an, seine Gedanken über die besondere Beziehung zwischen Geist, Form und Materie in Worte zu fassen:

Wie mich geheimnisvoll die Form entzückte!
Die gottgedachte Spur, die sich erhalten!
Was kann der Mensch im Leben mehr gewinnen,
Als dass sich Gott-Natur ihm offenbare?
Wie sie das Feste lässt zu Geist verrinnen,
Wie sie das Geisterzeugte fest bewahre.

Freilich wurde bald bezweifelt, dass das «Feste», was Goethe da betrachtet und bedichtet hatte, wirklich Schillers Schädel war, und ob in der Fürstengruft wirklich Schillers Gebeine liegen. 1911 wurde ein Schädel entdeckt, den einige Experten für den echten hielten, doch der Streit geht bis heute weiter. Die Wahrheit über Schillers Schädel haben möglicherweise Gall und Froriep mit ins Grab genommen.

Mochten sie auch Schillers Kopf haben, die Wahrheit über die Phrenologie erfuhren sie nicht mehr. Als die beiden starben, genoss diese Lehre eine ähnliche Popularität wie heute die Hirnforschung. Und so, wie heute Psychologen für Personalchefs Bewerber testen und begutachten, schrieben damals Phrenologen Gutachten über Offiziersanwärter, Beförderungskandidaten und sogar Heiratswillige.

Diese Gutachten stellten sich als wertloser heraus, als man damals glaubte. Spätere Wissenschaftler schritten rasch über Galls Lehre hinweg, als sie begannen, Hirnverletzungen und deren Auswirkungen zu untersuchen. Dabei fanden sie heraus: Es stimmt zwar, dass Funktionen wie Sprache oder Motorik ein bestimmter Ort im Gehirn zugeordnet werden kann – hier war Galls Idee wegweisend –, aber ein Rückschluss von der äußeren Form des Schädels auf den Charakter lässt sich keineswegs ziehen.

Es gehört zur Geschichte der Wissenschaft, dass auch falsche Antworten auf richtige Fragen fruchtbar sind. Lavater und Gall hatten etwas thematisiert, an dem man vor dem 18. Jahrhundert nicht sonderlich interessiert war: das Individuum, die Person, das Subjekt und seinen Charakter. Dessen wissenschaftliche Erforschung begann in der jüngeren Geschichte mit Lavater und Gall. Die Ersten waren sie jedoch nicht. Sie knüpften nur an die Antworten derer an, die als Erste schon alle Fragen gestellt hatten und die natürlich auch über Geist, Form und Materie nachgedacht hatten: die Griechen.

Sie sind in Europa die Erfinder der Idee, dass das Denken, Fühlen und Erleben eines Menschen diesem ins Gesicht geschrieben sei. Und daraus ergibt sich fast von alleine der Wunsch, durch die äußere Hülle auch die Seele, das Wesen, den wahren Charakter zu erkennen.

Die griechischen Physiognomiker teilten das Gesicht in drei Bereiche: An der Stirn lasen sie die geistige Potenz eines Menschen ab, an den Augen und dem Mund sein Gemüt, an der Größe und Form des Kinns seine Vitalität und physische Kraft.

Zu den Physiognomikern gesellten sich die Humoralpathologen, deren bedeutendster der Arzt Hippokrates war (ca. 460 bis 370 v. Chr.). Er vermutete einen Zusammenhang zwischen Körperbau und Charakter, aber darüber hinaus sprach er den Körpersäften eine entscheidende Wirkung auf das Gemüt zu. Diese Säfte orientieren sich an der Vier-Elementen-Lehre, der zufolge die Welt aus Feuer, Erde, Wasser, Luft und deren Vermischungen bestehe. Weil das folglich auch im Körper so sein müsste, ging Hippokrates von vier Körpersäften aus, deren Mischungsverhältnis über das vorherrschende Temperament eines Menschen entscheidet.

Der Luft entspricht das Blut (sanguis), das Feuer der gelben Galle (cholera), die Erde der schwarzen Galle (melancholia) und das Wasser dem Schleim oder Rotz (phlegma). Der jeweils dominante Anteil im individuellen Mischungsverhältnis der vier Säfte, die grundsätzlich in jedem Menschen vorhanden sind, entscheidet darüber, ob eine Person ein Sanguiniker, Choleriker, Melancholiker oder Phlegmatiker ist. Und ob er gesund oder krank ist. Beim Gesunden befinden sich die vier Säfte im Körper in einem harmonischen Verhältnis. Nimmt aber ein Körpersaft überhand, wird der Mensch krank, wobei die Art der Krankheit wiederum von der Art des Saftes abhängt.

Den Sanguiniker beschrieben die Griechen entsprechend der analogen Verwandtschaft von Blut und Luft als leichtblütigen Menschen, heiter, lebhaft, phantasievoll, gesprächig und optimistisch. Dominiert das Blut aber zu sehr, dann entwickelt sich der Sanguiniker zu einem Luftikus, der zu Leichtsinn, Skrupellosigkeit und zu Exzessen neigt.

Ganz anders der Choleriker. Er wird zunächst durch auffallend negative Eigenschaften beschrieben: leicht erregbar, unausgeglichen, jähzornig. Wird die gelbe Galle aber halbwegs von den anderen Säften im Zaum gehalten, so macht sie den Choleriker willensstark, furchtlos und entschlossen. Und zum feurigen Liebhaber.

Der Melancholiker steht unter dem Einfluss der schwarzen Galle und neigt zu Schwermut, Trübsinn, Misstrauen und Kritik. Freilich macht die schwarze Galle ihn auch verlässlich und beherrscht, und einige besonders gelungene Exemplare können sogar tiefgründigen Humor aus ihrer Melancholie schöpfen.

Der Phlegmatiker überzeugt im günstigen Fall durch Zuverlässigkeit und Ruhe. Der Schleim macht ihn tolerant, friedliebend, ordentlich und diplomatisch, nur ein Zuviel an Schleim lässt langsam, schwerfällig und apathisch werden – was dem Phlegmatiker selbst jedoch egal ist.

Das wirklich Spannende an dieser Vier-Temperamente-Lehre aber ist, was die großen Philosophen daraus gemacht haben. Aristoteles baute ihre Grundsätze in seine Nikomachische Ethik ein und leitete daraus die Weisheit ab, dass die ganze Kunst des Lebens darin besteht, für sich selbst das richtige Maß zu finden. Dieses richtige Maß entspricht aber nicht einer geometrischen Mitte, einer für alle geltenden Norm, sondern ist individuell verschieden. Jeder Einzelne muss sein Maß für sich selbst austarieren – und ob er dabei an Körpersäfte glaubt oder heutige Begriffe wie «psychische Ausgeglichenheit» im Sinn hat, spielt keine so große Rolle. Entscheidend ist, dass Aristoteles' Regel den Einzelnen selbst zur Verantwortung für seinen Charakter zieht – und das gilt bis heute.

Man kann nicht jedem Einzelnen vorschreiben, wo, nur um ein Beispiel zu geben, das rechte Maß zwischen Geiz und Verschwendung liegt. Der von Natur aus Geizige muss seinen Geiz zügeln, dann ist er ein sparsamer, aber nicht knickriger Mensch. Wer von Natur aus zur Verschwendung neigt, muss sich darin mäßigen, dann wird er ein großzügiger Mensch sein. Aber der Großzügige wird vermutlich nie sparsam, und der Sparsame nie freigebig werden, auch würden die beiden, müssten sie zusammen wirtschaften, sich wohl nie auf eine gemeinsame Mitte zwischen Sparsamkeit und Großzügigkeit einigen können. Das wäre aber auch gar nicht nötig – wichtig ist nur, sich von den schädlichen Extremen weg- und auf ein rechtes Maß hinzubewegen.

In der Schwierigkeit jedes Menschen, das für ihn richtige Maß zu finden, wurzeln die menschlichen Schwächen und kleinen Mängel bis hin zu schweren Charakterfehlern. Daher kann man einen Menschen oft leichter durch seine auffälligsten Schwächen charakterisieren als durch seine Stärken.

Von dieser Möglichkeit, sich auf hervorstechende Merkmale zu konzentrieren und sie durch wenige Worte oder Federstriche übertreibend hervorzuheben, leben Satiriker, Parodisten und Karikaturisten bis heute. Auch Franz Xaver Messerschmidt hatte sich dieser Möglichkeit bei der Gestaltung seiner «Charakterköpfe» bedient.

Einer der Ersten, der das erkannte, war der Grieche Theophrast, ein Schüler des Aristoteles. Er ist es, dem die europäischen Sprachen das Wort Charakter verdanken, denn er hat den Begriff in seiner kurzen Schrift «Charaktere» eingeführt und beschrieben. Dazu hat ihn einst vermutlich angeregt, dass der Besitzer einer Schafherde jedem seiner Tiere ein Zeichen, einen «Charakter» in die Haut ritzt. Das Wort «Charakter» leitet sich ab aus dem Verb «charassein», das so viel bedeutet wie schärfen, spitzen, ritzen, einprägen.

Und wie der Schäfer seine Schafe markierte, um sie wiederzuerkennen, so markierte Theophrast die Menschen, indem er sie so beschrieb, dass jeder sagte: Den Typ kenne ich! Da aber dem Schäfer ein einziges Zeichen genügte, wollte auch Theophrast die Menschen mit möglichst wenigen Strichen kennzeichnen. Dafür wählte er einen schlauen Weg: Er beschränkte sich auf dreißig typische Schwächen, die er karikierte und personalisierte. So beschreibt er unter anderem den Schmeichler, den Redseligen, Gefallsüchtigen, Gerüchtemacher, Nörgler, Selbstgefälligen, Eitlen, Prahler, Überheblichen, Feigling, Geizigen oder den Verleumder.

Unfreiwillig Modell gestanden haben ihm seine Athener Zeitgenossen – sie skizziert Theophrast mit solch einer Treffsicherheit, dass ein mittelalterlicher Mönch beim Abschreiben der Theophrast'schen Schrift seine eigenen Klosterbrüder wiedererkannte. Und auch wer heute, 2300 Jahre später, die Charaktere des Theophrast liest, wird sich wundern, dass manche Typen, die wir heute für unverkennbare Figuren unserer modernen Zeit halten, schon im antiken Athen herumgelaufen sind, der «Spätgebildete» zum Beispiel.

Über ihn lästert Theophrast, der Spätgebildete sei einer, «der im Alter von sechzig Jahren Verse auswendig lernt und, wenn er sie beim Gelage vorträgt, steckenbleibt. … Für die Heroenfeste zahlt er einen Beitrag, um mit den jungen Leuten am Fackellauf teilnehmen zu können. … Er geht in die Ringschulen und trainiert einige Runden. … Wird er in die Sabaziosriten eingeweiht, ist er eifrig bedacht, vor dem Priester als der Schönste zu erscheinen. Liebt er ein Mädchen, geht er mit dem Brecheisen gegen die Tür los, wird vom Nebenbuhler verprügelt und vor Gericht gezogen.»[24] Beschreibt er hier nicht genau den eitlen alten Stenz von heute, der sich krampfhaft fit hält für die jugendliche Freundin an seiner Seite? Theophrast war der Erste, der mit dem Wort Charakter jene Summe menschlicher Eigenschaften auf den Begriff brachte, die den Typus und das erwartbare Verhalten eines Menschen bestimmen: seine Gewohnheiten, seine

Tugenden, seine Laster, Stärken und Schwächen, seine Art sich auszudrücken, zu handeln, zu denken und sich zu bewegen.

Wenn Theophrast also den Begriff Charakter verwendet, meint er das dem Menschen Eingeprägte, das Profil seines Wesens. Wer aber schneidet dieses Profil in die menschliche Seele, wer prägt den Geist, das Wesen, die wiedererkennbaren Muster, und wie geht es dabei zu? Hier zeigt sich Theophrast als gelehriger Schüler seines Meisters Aristoteles, welcher von drei Kräften ausgeht, die den Menschen in unterschiedlichem Maße dauerhaft prägen: seine angeborene Natur, dann persönliche Gewöhnung und Übung, schließlich äußere Einwirkung und Belehrung.

Den geringsten Einfluss schreibt Theophrast den mitgebrachten Anlagen zu, die er «Samen der Tugenden» nennt. Das heißt: Es ist etwas da, das sich zu Tugenden, zu einem guten Charakter heranbilden kann, sogar will – ein Samenkorn wartet ja nur darauf, endlich wachsen zu dürfen. In seinem schönen Bild steckt also ein ungeheuer moderner Gedanke voller Erziehungsoptimismus. Denn heutige Hirnforscher sagen im Prinzip nichts anderes, wenn sie das Gehirn als ein Organ beschreiben, das geradezu auf Einflüsse und Anstöße von außen wartet, um die bereits in ihm angelegten Möglichkeiten zur vollen Entfaltung zu bringen.

Auch Theophrast bezeichnet diese Anstöße und Einflüsse von außen als Erziehung, Bildung, Veredelung. Und er erkennt bereits, dass das Gehirn offenbar nicht ewig auf diese Einflüsse wartet, sondern irgendwann träge und plötzlich unwillig wird, wenn sie ausbleiben. So, als hätte das Gehirn sich dann eben ans Nichtstun gewöhnt und im Faulsein gebildet. Daher erkennt der Grieche auch, wie wichtig die frühen Jahre sind, in denen der Mensch noch weich und formbar und bildungsfähig ist.

Theophrast formuliert es bloß anders, da er ja von der Hirnforschung noch nichts wissen kann. Wenn in den frühen Jahren die Erziehung unterbleibt, sagt er, kommt es zu «Wildwuchs». Aus dem «Samen» schießen also die ungezügelten Triebe des Menschen hervor, und diese verhärten sich, sie «verholzen» mit der Zeit, werden zur Gewohnheit und zu seinem Wesenskern, der ab einem gewissen Zeitpunkt «ausgehärtet», also nicht mehr veränderbar ist, auch nicht durch die dritte Kraft: Einwirkung und Belehrung. Diese funktioniert nur beim erzogenen Menschen – bei dem, der gelernt hat, auf sich selbst einzuwirken und seinen Charakter weiter zu formen und zu «veredeln». Er verfügt über wahre Freiheit – die, sein Leben selbst zu gestalten.

Von dieser Freiheit erzählt auch eine der vielen Anekdoten um den Philosophen Sokrates. Dessen Schüler haben, als ihr Meister noch unbekannt war, Zopyros, den bekanntesten Gesichtsdeuter Athens, zu Sokrates geführt, auf dass er dessen Charakter aus seinen Zügen lese. Zopyros las aus dem fremden Gesicht, Sokrates sei «stumpfsinnig und dumm» und außerdem «hinter den Weibern her».

Sokrates war aber keinesfalls beleidigt, sondern konterte mit der Intelligenz und Gelassenheit des Philosophen, Zopyros sehe durchaus richtig: Die Neigungen und Laster seien vorhanden – allerdings seien sie seinem Geiste unterworfen.[25] Was wir über Sokrates' Leben und Wirken wissen, bestätigt die Anekdote, die lehrt, dass wir zwar alle mit angeborenen Schwächen und unseligen Neigungen geschlagen, aber nicht gezwungen sind, sie als unser Schicksal anzunehmen. Wir können uns darüber erheben, wir können Herr im eigenen Haus unseres Ich werden durch unsere Geisteskraft. Jeder kann sich seiner charakterlichen Problemzonen bewusst werden und versuchen, sie in den Griff zu kriegen. Darum lautet die Parole: Erkenne dich selbst – und du findest in allem das für dich jeweils richtige Maß. Und dann arbeite an dir.

Modern formuliert: Nicht das Schicksal, nicht die Gene, nicht deine Familie oder deine Umwelt sind es, die über dich bestimmen, sondern du bist es, der deinen Charakter formt und dadurch sein Schicksal bestimmt. Darum: Nimm dein Leben in deine Hand. Du allein hast dafür die Verantwortung. Du bist deines eigenen Glückes Schmied – falls, ja falls du das Glück einer guten Erziehung und Bildung genossen hast.

8. Die Vermessung des Charakters

Die Griechen haben die entscheidenden Fragen gestellt. Sie haben auch Antworten gegeben, konnten diese aber nicht wissenschaftlich begründen, sondern nur aus höheren Prinzipien ableiten, die auch wieder auf Spekulation beruhten. Systematisch erforscht, gemessen und experimentiert haben sie weniger. Daher erscheinen uns heute viele ihrer Antworten – etwa, dass aus vier Elementen die ganze Welt besteht, dass aus vier Säften der Charakter entsteht – als überholt.

Aber sie wirkten sehr lange fort, blieben fruchtbar und sind im Kern oft erstaunlich richtig. Auch wir gehen heute davon aus, dass sich die gesamte materielle Welt aus einer begrenzten Anzahl von Grundstoffen zusammensetzt. Die alte Elementenlehre lebt im chemischen Periodensystem der Elemente weiter. Keines der vier von den Griechen genannten kommt darin vor, es sind auch ein bisschen mehr als vier, und doch stimmt es immer noch, dass die komplexe Fülle der materiellen Erscheinungen dieser Welt aus relativ wenigen Grundbausteinen besteht.

Derzeit kennen wir rund siebzehn Millionen chemischer Verbindungen. Diese unübersehbare Vielfalt speist sich aus nur achtzig chemischen Elementen.[26] Und davon sind es vor allem vier, nämlich Wasser-, Kohlen-, Sauer- und Stickstoff, aus denen mit kleinen Beimengungen von Schwefel und Phosphor das Interessanteste aufgebaut ist, was diese Welt zu bieten hat: das Leben. Und die Doppelhelix, jene DNS-Spirale, die als «Buch des Lebens» die Erbinformation aller Lebewesen speichert, ist mit vier Buchstaben geschrieben, den Basen Adenin, Thymin, Guanin und Cytosin.

So fruchtbar, wie sich die griechische Vier-Elemente-Lehre auf die neuzeitliche Physik und Chemie auswirkte, so fruchtbar wirkte sich die Vier-Säfte-Lehre und die Idee vom Gesicht als Spiegel der Seele auf die moderne Wissenschaft vom Menschen aus.

Aufbauend auf der Vier-Säfte-Lehre wurden seit der Renaissance zu Beginn der europäischen Neuzeit die alten griechischen Fragen neu gestellt: Was ist der Mensch? Das Ebenbild Gottes oder ein maschinenartiger Reiz-Reaktions-Mechanismus? Gottgewolltes Geschöpf oder zufälliges Produkt der Evolution? Ein freies Wesen oder ein Getriebener, der seinen unbewussten oder biologischen Anlagen – Trieben, Genen, Wünschen – blind gehorcht? Ist er von Natur aus sündhaft und böse, oder ist er gut und wird erst durch die Verhältnisse böse? Wie wird einer, was er ist? Was treibt ihn an? Was bestimmt sein Schicksal? Worin besteht sein Sinn, worin das gute, das «richtige» Leben?

Eine Folge dieses systematischen Fragens war die Entdeckung des Individuums. Zu der Zeit, in der Nikolaus Kopernikus die Erde aus dem Mittelpunkt des Weltalls katapultierte und Christoph Kolumbus Europa aus dem Mittelpunkt der Welt, indem er Amerika entdeckte, entdeckten die Maler den Menschen und rückten seinen Körper und sein Wesen in den Mittelpunkt ihrer Kunst.

Plötzlich malten sie nicht mehr nur Heiligenbilder und biblische Szenen, sondern, wie Albrecht Dürer in Nürnberg, ganz normale Bürger aus ihrer Stadt, ihre eigene Mutter und sogar sich selbst. Solche Bilder schufen ein Bewusstsein dafür, dass jeder Mensch einmalig und etwas Besonderes ist. Offensichtlich bildeten solche aufwendigen Gemälde nicht nur die äußere, körperliche Hülle ab – hier musste es noch um etwas anderes gehen, das zum Vorschein kam. So ergab sich wie von allein die Frage: Was ist Individualität, Persönlichkeit, Charakter?

Auch anderswo veränderte sich um das Jahr 1500 der Blick auf den Menschen, auf die Welt und die alten Autoritäten. Martin Luther stellte das persönliche Gewissen und die individuelle Wahrheitserkenntnis über die Dogmen und über den Gehorsam gegen den Papst und beseitigte den Priester als Vermittlungsinstanz zwischen Mensch und Gott. Isaac Newton klärte die Welt darüber auf, dass nicht göttliche Kräfte die Planeten in ihre Bahn um die Sonne zwingen, sondern das Naturgesetz der Gravitation. So wurde eine Entwicklung eingeleitet, welche die Kirche als Alleininhaberin der Wahrheit entthronte und an deren Ende die Forderung des Horaz stand, die Immanuel Kant so übersetzte: «Habe Mut, dich deines eigenen Verstandes zu bedienen.»

Es war eine geistige Revolution. Alles wurde nun auf den Prüfstand gestellt, die Wirklichkeit systematisch erforscht. Die «Wissenschaft vom Menschen», so forderte der französische Philosoph und Enzyklopädist Denis Diderot, habe im Zentrum aller Bemühungen um Erkenntnis zu stehen. Philosophie und Naturwissenschaften sollten nur abzweigende Äste ebenjener gleichen Menschenwissenschaft sein, und: Der ganze Mensch als untrennbare Einheit von Empfinden und Erkennen, Leib und Seele, Sinnlichkeit und Vernunft, Natur und Kultur, Determination und Freiheit solle erforscht und erkannt werden.

Diese Erforschung begann, wie bei Lavater und Gall, ziemlich amateurhaft und wurde schon damals kritisiert, sehr heftig von Georg Christoph Lichtenberg zum Beispiel, der von der Physiognomik überhaupt nichts hielt und etwa zur Zopyros-Sokrates-Anekdote meinte: Wenn dieser Zopyros aus Sokrates' Gesicht angeblich dessen Laster herauslesen konnte, «warum sah er denn die stärkere Kraft nicht, jene zu verbessern und sein eigner Schöpfer zu werden»?[27]

Das hat andere indes nicht davon abgehalten, auf Lavaters und Galls Weg weiterzugehen und deren Ansätze zu verwissenschaftlichen. So baute Carl Huter (1861 bis 1912) deren Lehre zu seiner Psycho-Physiognomik aus und schuf eine Theorie der menschlichen Konstitutionstypen, denen bestimmte Charaktere entsprechen sollten. Julius Bahnsen (1830 bis 1881) führte in Deutschland den Begriff Charakterologie ein und versuchte, dieser ein philosophisches Fundament aus der Hegel'schen Dialektik und der Philosophie Schopenhauers zu bauen. An seine «Beiträge zur Charakterologie» (1867) knüpfte 1926 Ludwig Klages (1872 bis 1956) in seinem Werk über «Die Grundlagen der Charakterkunde» an. Klages entwarf auch die Graphologie. Aus der individuellen Handschrift – die er als Ausdruck der menschlichen Seele verstand – glaubte er, Psyche und Charakter herauslesen zu können.

In die Fußspuren von Huter, Gall und Lavater trat im ersten Drittel des 20. Jahrhunderts der schwäbische Psychiater Ernst Kretschmer (1888 bis 1964), der eine hübsche Begründung für seinen Glauben an einen Zusammenhang zwischen Aussehen und Charakter liefert: «Der Teufel des gemeinen Volkes ist zumeist hager und hat einen dünnen Spitzbart am schmalen Kinn, während die Dickteufel einen Einschlag von gutmütiger Dummheit haben. Der Intrigant hat einen Buckel und hüstelt. Die alte Hexe zeigt ein dürres Vogelgesicht. … Kurz und gut: Die Tugend und der Teufel müssen eine spitze Nase haben und der Humor eine dicke.»[28] Noch zu Beginn des 20. Jahrhunderts frönte man also dem ganz gewöhnlichen Vorurteil, dass einer so ist, wie er aussieht – ein Vorurteil, das allerdings von höchsten Autoritäten in die Welt gesetzt worden war: schwarze Augen als ein Indiz für Feigheit, Haupthaare, die sich kräuseln wie beim Löwen, als Beleg für besonderen Mut – solche merkwürdigen Ideen hatte schon Aristoteles verbreitet. Ob er selbst der Urheber ist oder nur landläufige Vorstellungen wiedergab, ist nicht mehr zu klären, aber jedenfalls steht er am Anfang jener Theorien über Aussehen und Charakter, die eine eigene Ikonographie für Götter, Helden, Engel, Hexen, Teufel, Heilige, Huren, Intriganten, Geizkragen schufen, stets im allgemeinen Bewusstsein blieben und noch im 20. Jahrhundert von Wissenschaftlern wie Ernst Kretschmer ernst genommen wurden.

Dass die Griechen von damals oder das gemeine Volk seiner Zeit etwas Richtiges zumindest ahnten, wollte Kretschmer erstmals mit umfassenden empirisch-statistischen Methoden beweisen. Um einen Beleg über den Zusammenhang zwischen Charakter und Körperbau und zwischen Geisteskrankheiten und Körperbau zu bringen, vermaß er Tausende von Menschen nach Körpergröße, Gewicht, Bauchumfang, Länge der Gliedmaßen und Gesichtsform und untersuchte diese gleichzeitig psychologisch. So unterschied er am Ende drei Grundtypen: den Leptosomen, den Pykniker und den Athletiker.

Den Leptosomen beschrieb Kretschmer als hager, blass, drahtig, flachbrüstig, eher knochig und mit relativ langem Hals. Er sei körperlich und geistig empfindlich, kompliziert, sprunghaft, neige zu abstraktem Denken, befasse sich gerne mit Details und denke viel nach. Der geisteskranke Leptosome sei oft schizophren, habe Wahnvorstellungen, unangebrachte Affekte und leide an bizarren Vorstellungs- und Bewegungsmustern.

Den Pykniker beschrieb Kretschmer als mittelgroß, dick oder gedrungen, mit kurzem Hals, breitem, rundem Gesicht, aber dünnen Gliedmaßen und einer Neigung zu Bauch und Fettansatz. Er esse gern, wirke behäbig, gemütlich, gutherzig, gesellig, heiter und eher phlegmatisch, allerdings sei er auch anfällig für Stimmungsschwankungen und -trübungen. Daher könne er sowohl lebhaft bis hitzig sein als auch still und weich. Entsprechend neige er, falls er geisteskrank werde, zum manisch-depressiven Verhalten.

Den Athletiker beschrieb Kretschmer als sportlich und darum muskulös mit starken Schultern und breiter Brust. Er wirke im Allgemeinen heiter, forsch und aktiv, stark und durchsetzungsfähig, dabei aber wenig innovativ. Er sei leicht zu überrumpeln und handle nicht so durchdacht wie der Leptosome. Werde er krank, dann neige er typischerweise zur Epilepsie.

Zu ähnlichen Ergebnissen wie Kretschmer kam in den USA der Psychologe William Herbert Sheldon (1899 bis 1977). Auch er identifizierte drei Körpertypen, denen sich drei verschiedene Charaktere zuordnen lassen. Er unterschied endomorphe, mesomorphe und ektomorphe Körperformen, die im Grunde Kretschmers pyknischen, athletischen und leptosomen Typen entsprechen. Aber während Kretschmer seine Messungen hauptsächlich an Kranken vorgenommen hatte, erstreckten sich Sheldons Untersuchungen auf Gesunde. Seine Methoden der Messung waren ausgefeilter, seine empirische Datenbasis war größer, doch der wissenschaftliche Ertrag war kaum ergiebiger. Auch bei Sheldon war der endomorphe Pykniker wie zu erwarten von Bequemlichkeit, Esslust und Geselligkeit geprägt.

Sowohl Kretschmers wie Sheldons Untersuchungen hatten gegenüber ihren Vorläufern Huter, Gall, Lavater einen großen Vorzug: Ihre Erkenntnisse wurden durch wissenschaftlich vergleichende Methoden gewonnen und als überprüfbare Hypothese über den Zusammenhang zwischen Charakter und Körperbau formuliert. Wobei spätere Nachprüfungen dann aber ergaben, dass sich diese Hypothesen eben nicht bestätigen ließen. Daher sind sie heute – wie die griechische Körpersaft-Lehre, die Lavater'sche Physiognomik und die Gall'sche Phrenologie – nur noch von historischem Interesse. Tatsächlich kann man Kretschmers und Sheldons Hypothesen leicht kritisieren: Denn so mancher offensichtliche Zusammenhang zwischen Körperbau und Charakter beweist schließlich noch gar nichts. Es ist ziemlich erwartbar, dass ein athletischer Mensch zu Aktivität und Bewegungslust neigt, während ein rundlicher, dicker Mensch Freude an Essen und Geselligkeit findet. Die Konstitutionspsychologen wollten aber beweisen, dass solche

Zusammenhänge eine schicksalhafte Veranlagung sind, der der Mensch nicht entkommt, und dass der Körper die Ursache des Charakters ist. Wir wissen heute, Menschen sind nicht zu ihrer Figur verurteilt. In Wahrheit verhält es sich wohl eher umgekehrt: Wer gern bequem und gemütlich lebt, der wird auch schneller rundlich werden. Der Charakter beeinflusst also den Körper – das ist aber keine große Überraschung.

Verhängnisvoll aber war, dass sich die Schädel- und Körpervermesserei gut mit sozialdarwinistischen Vorstellungen verbinden ließ und von den Nationalsozialisten benutzt wurde, um ihre rassistische Ideologie zu beweisen. Kretschmer hatte dabei selbst fleißig mitgeholfen. Schon 1933 wurde er förderndes Mitglied der SS und gehörte zu den Unterzeichnern des «Bekenntnisses der Professoren an den deutschen Universitäten und Hochschulen zu Adolf Hitler und dem nationalsozialistischen Staat». So machte er Karriere im Nazi-Staat, wurde Richter am sogenannten Erbgesundheitsgericht Marburg und befürwortete 1934 in einem Beitrag über «Erblehre und Rassenhygiene» die Sterilisation psychisch Kranker, die er menschenverachtend als «Schwachsinnige» abtat. Geschadet hatte ihm das nach dem Krieg nicht. Schon 1946 wurde er als Ordinarius an die Universität Tübingen berufen und Direktor der dortigen Universitätsnervenklinik. Er behielt diese Ämter bis zu seiner Emeritierung im Jahr 1959.

Diese Vergangenheit zeigt, wie sehr die Konstitutionspsychologie missbraucht werden konnte. Aber eine Lehre, die anhand grober Typologien ein so kompliziertes Wesen wie die menschliche Seele erfassen will, war wohl von Anfang an zum Scheitern verurteilt. Dennoch hat diese Forschung natürlich ihren Teil zur weiteren Entwicklung der Psychologie beigetragen, vor allem zu der Frage: Wenn es nicht der Leib ist, der so etwas wie die Seele, Wesensart, Persönlichkeit, den Charakter oder das Temperament eines Menschen formt (oder umgekehrt) – was ist es dann? Seine individuelle Vergangenheit? Sein Unbewusstes? Seine soziale Herkunft? Seine Triebe? Seine Gene? Die Umwelt?

Jede dieser Möglichkeiten ist im Lauf der Zeit von der Wissenschaft als richtig bejaht, dann verworfen und wieder revidiert worden, hat neue Fragen generiert, neue Antworten vorgeschlagen, die auch wieder verworfen wurden. Entsprechend wurden auch neue Charaktertypen beschrieben, zum Beispiel sprach Sigmund Freud vom oralen, analen und phallischen Charakter. Carl Gustav Jung teilte die Menschen in Intro- und Extravertierte auf, die es in je vier Ausprägungen – Denken, Fühlen, Empfinden, Intuition – gebe, sodass am Ende acht Typen unterschieden werden können.

Kretschmer, Sheldon, Klages, Freud, Adler, Jung und vielen anderen Psychologen und Geisteswissenschaftlern wurde in der zweiten Hälfte des 20. Jahrhunderts von Vertretern des «Kritischen Rationalismus» wie dem Philosophen Karl Raimund Popper vorgeworfen, mit unscharfen Begriffen zu operieren und keine empirisch nachprüfbaren Hypothesen zu liefern. Darum seien ihre ganzen Lehren insgesamt unwissenschaftlich.

Immer mehr Psychologen, Pädagogen und andere Geisteswissenschaftler nahmen sich diese Kritik zu Herzen. So setzte sich in diesen Disziplinen die Forderung durch, auch die Wissenschaft vom Menschen müsse mit «sauberen», exakt definierten Begriffen arbeiten, die eine Entsprechung in der Realität haben, sich experimentell oder zumindest empirisch nachweisen und möglichst zählen, messen, wiegen lassen wie in den Naturwissenschaften.

Das hatte zur Folge, dass den Psychologen und Pädagogen alte Begriffe wie Seele, Ich, Selbst, Haltung, Charakter oder Wesen abhandenkamen. All dies galt jetzt plötzlich nur noch als un- und vorwissenschaftliches «Konstrukt», mit dem sich in der streng empirischen Forschung nicht mehr viel anfangen ließ. Statt von Haltung spricht man nun von «Verhalten», statt von

Charakter von «psychischer Disposition der Persönlichkeit», und was früher einmal das Ich war, hat sich in eine Reihe verschiedenster «Rollen» und Funktionen aufgesplittet.

Was uns dieses Bemühen um Exaktheit gebracht hat, sind Wissens- und Datengebirge, die aus unzähligen, meist einander widersprechenden Studien über unser Verhalten bestehen. Aber was genau ist ihr Ertrag? Vermag denn noch jemand zu sagen, welche Wahrheit oder Erkenntnis in solch täglich wachsenden Datenbergen steckt und wie essenziell diese tatsächlich ist? Wissenschaftler ziehen sich heute immer mehr in ihre Spezialgebiete zurück, allgemeine Aussagen treffen sie nur noch selten. Wissen wir heute wirklich mehr über den Menschen als vor fünfzig oder vor zweitausend Jahren? Was kann eine Wissenschaft überhaupt Wesentliches über den Menschen wissen, wenn sie das Nachdenken über sein Wesen, seine Seele und seinen Charakter vermeidet?

Wir sind Laien, deshalb stellen wir diese laienhaften Fragen. Doch zugleich wollen wir damit unserem Unbehagen an der Herrschaft der Empirie Ausdruck verleihen. Wir glauben nicht an die Möglichkeit, den Menschen vermessen zu können wie die Erdoberfläche, die Atome oder die DNS. Eine Wissenschaft, die um der Nachprüfbarkeit willen auf angeblich unscharfe Begriffe wie Seele oder Wesen des Menschen verzichtet, mag durch diesen Verzicht zu exakten Aussagen über einzelne Verhaltensmuster kommen – aber wie relevant kann das für Mütter, Väter, Erzieher, Lehrer sein, die es täglich mit Kindern und eben nicht nur mit einzelnen Verhaltensweisen zu tun haben?

Exakte Definitionen, Theorien und Arbeit an den Begriffen mögen für Wissenschaftler wichtig sein. Für die an der Erziehungsfront stehenden Eltern, Lehrer und Erzieher spielen sie eher keine oder allenfalls eine Nebenrolle. Praktiker müssen in ihrem Alltag auch ohne einen weitverzweigten Theoriebaum auskommen. Sie müssen täglich innerhalb von Augenblicken zahlreiche Entscheidungen treffen und haben nicht die Zeit, jedes Mal vorher den Baum hinauf- und wieder hinunterzuklettern. Und wenn sie es trotzdem versuchten, würden sie rasch merken, dass ihnen die Kenntnis der zweitausendjährigen Begriffsgeschichte von Typologie, Persönlichkeit und Charakter im Umgang mit Kindern und Jugendlichen so wenig hilft, wie einem Koch am Herd die Kenntnis der Geschichte des Kochtopfs helfen würde.

Hinzu kommt: Freie Menschen mögen es nicht, definiert und auf bestimmte Wesensmuster festgelegt zu werden. Es widerspricht ihrer Natur, und es widerspricht auch einigen philosophischen Theorien, die die Freiheit des Menschen betonen, anstatt ihn als Sklaven eines vorbestimmten Schicksals zu sehen. Definitionen vom Menschen haftet immer etwas Technokratisches, Instrumentalisierendes an. Sie sind statisch, aber Menschen sind dynamische, veränderliche Wesen, die ihre eigene Geschichte schreiben, ihr Leben in die Hand nehmen können. Was heute am Individuum gemessen wird, kann morgen schon wieder anders sein, und unter Beobachtung im wissenschaftlichen Käfig verhält sich der Mensch sowieso anders als «in Freiheit».

Sobald es um Menschen geht – und nicht bloß um einen Sternhaufen am Himmel oder ein paar Chemikalien im Erlenmeyer-Kolben –, werden die Dinge meistens zu kompliziert, als dass sie sich in Formeln beschreiben und definieren ließen. Der Anspruch, möglichst allgemeingültig zu formulieren und von allen Widersprüchen zu abstrahieren, führt meistens ins Nichtssagende oder in Tautologien der Art: «Als Erziehung haben alle Kommunikationen zu gelten, die in der Absicht des Erziehens in Interaktionen aktualisiert werden.»[29]

Zählen, Messen, Wiegen, Beobachten – all das ist wichtig, gewiss. Es ist gut und richtig, Hypothesen empirisch zu überprüfen, aber der Mensch ist mehr als das, was man messen kann.

Weil sein Wesen gerade in dem steckt, was sich der Messung entzieht.

Draußen in der Welt, an der Erziehungsfront, müssen Kinder zu Persönlichkeiten erzogen und zu Liebe, Freiheit, Mündigkeit, Solidarität und Verantwortungsbewusstsein befähigt werden. Was können die «Befähiger» von einer Wissenschaft lernen, die alle wesentlichen Begriffe als «unwissenschaftlich» ausscheidet? Wer alles wirklich Wesentliche – Geist, Seele, Liebe, Freiheit, Glaube usw. – außen vor lässt, weil es nicht gemessen werden kann, gleicht dem Mann, der nachts seinen Schlüssel verliert und dann nur dort sucht, wo das Licht der Laterne hinfällt.

Auch das Wort Charakter ist mangels Exaktheit und Überprüfbarkeit aus der Psychologie verschwunden, obwohl es allen, die zu Erkenntnissen über den Menschen kommen wollten, mehr als zwei Jahrtausende lang als unentbehrlich galt. Theophrast hatte den Begriff geprägt, und seit La Bruyère 1678 dessen Schrift über die «Charaktere» ins Französische übersetzte, ist der Begriff in ganz Europa in Gebrauch. Kant bezeichnete als Charakter einen Menschen, der sein Handeln an ethischen Maximen ausrichtet, und damit hat er etwas Klügeres und Wichtigeres über den Charakter gesagt als die vielen Charakterologen, die, wie wir sahen, im 20. Jahrhundert Unfug damit trieben.

Interessant in dieser Geschichte ist eine 1938 veröffentlichte Schrift des ebenfalls dem Nationalsozialismus verbundenen Psychologen Philipp Lersch, nämlich das Buch «Aufbau des Charakters». Interessant deshalb, weil Lersch es 1951 flugs in «Aufbau der Person» umbetitelte. Damit lag er im Trend. Der von den Nazis sozialdarwinistisch kontaminierte Charakter-Begriff wurde seit den fünfziger Jahren des letzten Jahrhunderts durch den Begriff Persönlichkeit ersetzt.

Deshalb stellen wir die Fragen: Was ist Persönlichkeit? Was ist Charakter? Wie verhalten sich die Begriffe zueinander, und warum brauchen wir sie heute so dringlich? Vielleicht, weil von

Diderots Programm – den ganzen Menschen als untrennbare Einheit von Empfinden und Erkennen, Leib und Seele, Sinnlichkeit und Vernunft, Natur und Kultur, Determination und Freiheit zu erforschen – heute nicht mehr viel übrig ist. Im nächsten Kapitel wollen wir beantworten, was man unter dem Begriff Charakter heute verstehen kann.

9. Was ist Charakter?

Wären wir Wissenschaftler, würden wir diese Frage mit einer Begriffsgeschichte zu beantworten versuchen, die mit der aristotelischen Idee vom «einheitlichen, sich selbst treuen Charakter» begänne. Natürlich wäre es Pflicht, nachzusehen, was Platon und Sokrates zu der Sache beizusteuern haben. Hätten wir viel Zeit, würden wir an das Philosophenreferat noch Kunstbetrachtungen anschließen und anhand griechischer Skulpturen zu beweisen versuchen, dass deren Schöpfer keine historischen Individuen, sondern bereits bekannte Charaktere in Stein gemeißelt haben: den typischen Feldherrn, Alexander zum Beispiel; den Helden wie Achilles; den sinnenden Dichter Homer; die stets nachdenkenden Philosophen, Sokrates, Platon, Aristoteles – allesamt Charakterköpfe.

Nach einigen Anmerkungen zu den griechischen Vorstellungen von Geist und Gestalt würden wir dazu übergehen, das Feld von Augustinus über Thomas von Aquin bis Martin Luther und Immanuel Kant zu beackern und könnten Kant zustimmen, der unter «Charakter» einen Menschen verstand, der sein Handeln an ethischen Maximen ausrichtet. Dann würden wir uns über Goethe, Schiller, Humboldt, Schopenhauer, Hegel und Schelling allmählich ins 20. Jahrhundert vorarbeiten und uns über eine Definition aus einem Lexikon von heute freuen, die besagt, Charakter bedeute «in der Psychologie vor allem im deutschsprachigen Raum das Gesamtgefüge der die individuelle Besonderheit eines Menschen kennzeichnenden Eigenschaften; die Wissenschaft davon, die Charakterologie, ging in der Persönlichkeitspsychologie auf».[30]

Immerhin kommt hier der aus der Mode geratene Begriff Charakter überhaupt noch vor und ist noch nicht ganz vom Persönlichkeitsbegriff verdrängt. Dass man heute fast nur noch von Persönlichkeit spricht, hat auch mit einem Wissenschaftler zu tun, an dem wir in unserer Begriffsgeschichte nicht vorbeikämen: Hans Jürgen Eysenck (1916 bis 1997).

Der deutsch-britische Psychologe war einer der Begründer der Verhaltenstherapie, ein Kritiker der Psychoanalyse und ein energischer Verfechter empirischer Methoden. Im letzten Drittel des 20. Jahrhunderts spielte er international eine wichtige Rolle in der Intelligenz- und Persönlichkeitsforschung. Nicht zuletzt durch ihn verlagerte sich das Interesse der Psychologen vom Charakter auf die Persönlichkeit, daher müssten wir ihn fragen, was es denn nun mit diesen beiden Begriffen auf sich hat. Meinen sie im Grunde das Gleiche, oder unterscheiden sie sich?

Darauf erhielten wir zwei Antworten, eine frühere und eine spätere. Der frühere Eysenck schrieb 1953: «Im gegenwärtigen Zusammenhang definieren wir Persönlichkeit ganz allgemein als die integrierte Totalität von Charakter, Temperament, Intellekt und Körperbau. In dieser Definition wird unter Charakter die mehr oder weniger dauerhafte und gesetzmäßige Art des Strebens (conation) einer Person verstanden, Temperament als seine mehr oder weniger dauerhafte und gesetzmäßige Weise, affektiv zu agieren (affection), Intelligenz als seine mehr oder weniger dauerhafte und gesetzmäßige Ausstattung kognitiver Funktionen, und Körperbau als seine mehr oder weniger dauerhafte und gesetzmäßige Konstellation physikalischer und neurohormonaler Bedingungen.»[31] Daraus ließ sich vorerst ableiten: Charakter ist offenbar nicht dasselbe wie Persönlichkeit, sondern nur ein Teil von ihr, und zwar jener Teil, der die Person mehr oder weniger dauerhaft nach irgendetwas streben lässt.

Doch der spätere Eysenck schrieb 1976: «Unsere Persönlichkeitstheorie behauptet, dass sich Persönlichkeit am besten als eine große Menge von Eigenschaften (Soziabilität, Impulsivität, Aktivität, Launenhaftigkeit usw.) beschreiben lässt, und dass diese Eigenschaften in gewissen Bündeln (clusters) miteinander zusammenhängen; diese Bündel sind die empirische Basis für Konzepte höherer Ordnung, die man als ‹Typen› oder, wie ich es vorziehen wurde, als Dimensionen der Persönlichkeit bezeichnen kann»[32]. Hier ist also keine Rede mehr von Charakter.

Von «Konzepten höherer Ordnung» und von «Dimensionen» oder auch «Faktoren» der Persönlichkeit musste sprechen, wer in den 1970er Jahren wissenschaftlich up to date sein wollte. Deshalb kann man hier (wie auch anderswo) erleben, dass Forscher zwar nichts besonders Neues herausgefunden hatten, aber das Altbekannte wenigstens in mehrere Dimensionen zerlegten und mit klug klingenden neuen Begriffen schmückten.

Es ist in diesem Fall angebracht, auf eine bestimmte Dimension der Persönlichkeit Eysencks zu sprechen zu kommen, die ihn auf seltsame Weise mit seinen Kollegen Kretschmer, Klages und Lersch verbindet: eine politisch rechte Schlagseite. Eysenck hing dem Glauben an, dass nicht die Umwelt, die Familie, Kultur und Sozialisation, sondern das genetische Erbe den Menschen determiniere. Deshalb erachtete er zum Beispiel Förderprogramme für benachteiligte Randgruppen als nutzlos. Intelligenz sei erblich, behauptete er, und daher gäbe es zwischen schwarzen und weißen US-Bürgern erhebliche Intelligenzunterschiede, die nur durch das unterschiedliche biologische Erbe begründet werden könnten. Und er war überzeugt: Gegen die Biologie komme kein politisches Erziehungsprogramm an.

Das trug Eysenck den Vorwurf des Rassismus ein und machte ihn bei politisch rechten Gruppierungen beliebt. Eysenck veröffentlichte sogar in der rechtsradikalen National-Zeitung, aber der Vorwurf des Rassismus bekümmerte ihn möglicherweise deshalb nicht besonders, weil er selbst mit achtzehn Jahren aus

Nazi-Deutschland über Frankreich nach England geflohen war, denn seine Mutter hatte einen Juden geheiratet.

Diese Persönlichkeitsmerkmale Eysencks regen zu der Frage an, inwieweit die politischen Vorurteile eines Wissenschaftlers die Ergebnisse seiner Forschung beeinflussen und wie das mit seinem Charakter und mit seinem Wahrheits-Ethos zusammenhängt. Das wäre zwar ein anderes Thema, das uns aber zu Adorno und Fromm und deren Bestimmung des «autoritären Charakters» von dort wieder zurückführte: auf die Geschichte des Begriffs Charakter und den Unterschied zur Persönlichkeit.

Nun ging es in der zweiten Hälfte des 20. Jahrhunderts erst richtig los mit der Psychologie, ihren verschiedenen Schulen und Denkrichtungen und deren Begrifflichkeiten – davon auch nur einen Überblick zu vermitteln, würde schon ein dickes Buch füllen.

Aber diese ganze Arbeit, die bei Aristoteles begänne und den Nachfolgern Freuds aufhörte, würde sich dann doch nicht so richtig lohnen, denn die Wissenschaftler können immer noch nicht genau sagen, was Persönlichkeit und was Charakter eigentlich ist und wie sich beide unterscheiden. «Nach häufigem wortgeschichtlichem Bedeutungswandel sind in der heutigen Psychologie eine Reihe unterschiedlicher, theorieabhängiger Persönlichkeitstheorien auffindbar. … Mehrheitlich herrscht jedoch Übereinstimmung darüber, dass Persönlichkeit ein bei jedem Menschen einzigartiges, relativ stabiles und zeitlich überdauerndes Verhaltenskorrelat darstellt.»[33] Dieser Erklärung zufolge ist Persönlichkeit auch nichts anderes als das, was so lange Charakter genannt wurde. Und letztlich, so scheint es, schmiedet sich jeder Wissenschaftler, der etwas auf sich hält, seine eigene Definition. Schon 1937 hat der amerikanische Psychologe Gordon W. Allport fünfzig Bedeutungskomponenten des Begriffs Persönlichkeit gezählt, seither hat deren Zahl sich deutlich erhöht.[34]

Einer, der sich jüngst durch diese Vielzahl gekämpft hat, kam zu dem mageren Ergebnis: «Was speziell das Konstrukt Persönlichkeit angeht, so haben sich die Theoretiker nicht geeinigt auf einen exakt umschriebenen Bedeutungshof. Die Phänomene, denen sie begegneten, waren zu vielgestaltig.»[35] Und weiter: «Empirisch-psychologisch kann Persönlichkeit erforscht und dargestellt werden aufgrund sehr verschiedener Methoden – Methoden, die sich ergänzen, einander jedoch auch ausschließen können. Darum bestimmt die Methodenwahl … darüber mit, wie Persönlichkeit definiert und theoretisch interpretiert wird. Schon wegen der Vielfalt der Methodenwahlen gibt es in der Psychologie keine allgemein angenommene Definition der Persönlichkeit»[36] – und auch nicht von Charakter, wäre noch hinzuzufügen.

Wären wir Wissenschaftler, würden wir es bei diesem Ergebnis aber nicht belassen, sondern natürlich den gefühlten einhundertdreiundsiebzig Versuchen, Charakter und Persönlichkeit zu definieren, unseren eigenen, einhundertvierundsiebzigsten Versuch hinzufügen.

Da wir aber keine Wissenschaftler sind, verzichten wir auf diesen Versuch und das ganze Begriffsgewirr, das dafür nötig wäre. Deshalb ersparen wir uns die Tour durch die Bedeutungshöfe von Charakter und Persönlichkeit. Allerdings sind wir überzeugt, dass man die wirklich wesentlichen Dinge des Lebens sowieso nicht definieren kann, schon gar nicht «exakt».

Wir wissen, was Leben ist, und wir wissen, was der Tod ist, aber nicht einmal die exakte Grenze zwischen Leben und Tod können wir seit dem Einsatz der modernen Apparatemedizin noch genau bestimmen. Jeder hat eine ungefähre Vorstellung davon, was Gesundheit ist, und doch kann kein Arzt exakt sagen, wo die Gesundheit aufhört und die Krankheit beginnt. Romane, Theaterstücke und Gedichte erzählen in abertausend Varianten, was Liebe ist und was Glück, aber kein Literaturwissenschaftler kann Liebe oder Glück definieren. Wir wissen, was gut und böse ist, aber kein Theologe und kein Philosoph vermag diese Begriffe allgemeingültig für alle Menschen und alle Zeiten zu formulieren.

Liebe, Wahrheit, Freiheit, Gesundheit, Glück – das alles sind große und zugleich unscharfe Worte. Dass sie unscharf sind, macht sie nicht weniger wichtig. Es gehört interessanterweise zum Kern unserer politischen Kultur, immer wieder über genau diese Dinge – Freiheit, Wahrheit, Gesundheit – zu streiten. Charakter, Persönlichkeit und Individualität gehören ebenfalls in diese Kategorie. Undefinierbarkeit und Unschärfe sind ein Teil ihres Wesens, und deshalb kann man sie nicht messen. Aber man kann etwas anderes tun: Man kann davon reden. Das wurde immer und zu allen Zeiten getan, und darum erfährt man über sie in der Literatur mehr als in der Wissenschaft, denn was man nicht definieren kann, davon muss man erzählen. Genau das leistet Literatur.

Schon Theophrast hat das gewusst und sich deshalb gar nicht erst an abstrakten Definitionen versucht, sondern einfach dreißig Charaktere beschrieben. An diese Methode halten wir uns auch, und darum erzählen wir in den nächsten Kapiteln einfach eine Geschichte und stellen zwei moderne Charaktere vor, die Theophrast noch nicht kennen konnte.

10. Kommt Charakter aus dem Chaos?

Wer Theophrast liest, staunt über die Konstanz menschlicher Verhaltensweisen: Schmeichler, Redselige, Schwätzer, Kleinliche, Flegel, Übereifrige, Selbstgefällige, Nörgler, Taktlose, Eitle, Prahler, Verleumder, Geizige – es gibt sie alle auch heute noch. Es sind überzeitliche Charaktere, die Theophrast sich vor 2300 Jahren vorgeknöpft hatte.

Wir kennen aber auch Charaktere, von denen Theophrast damals nichts wusste, zeit- oder zeitgeist-geprägte Typen, die natürlich, als einzelne Menschen, auch geschwätzig, flegelhaft, geizig und dergleichen sein können, dabei aber vom Geist der Zeit oder gemeinsamen Grunderfahrungen überformt sind und als sichtbare Gruppe hervortreten. In den Anfangskapiteln dieses Buches streiften wir schon den Typus des Untertanen im Kaiserreich, den Nationalisten, den Rassisten und Antisemiten – eine Familie von Typen, die im Faschisten kulminierte. Diese Figuren zeigen zunächst einzelne Attribute und Denkweisen, die oft auch schwach ausgeprägt auftreten. Nicht selten aber wurden diese so stark, dass sie den ganzen Menschen bestimmten und in jedem Wort und jeder seiner Handlungen zum Vorschein kamen. Dann wird ein Zug, eine Eigenschaft charakterprägend, und sie prägt einen flachen, eindimensionalen Charakter. Große, komplexe, erfahrungsreiche Charaktere werden nie von nur einer Eigenschaft bestimmt.

Was der fanatische Typus in der Geschichte angerichtet hat, wissen wir. Weniger bewusst ist uns, was auf diese Charakterbilder später für andere zeitgeprägte Typen folgten. Da war zum Beispiel die «Flakhelfer-Generation», bestehend aus jenen, die fast noch als Kinder während der letzten Jahre des Zweiten Weltkriegs rekrutiert wurden, um mit Fliegerabwehrkanonen (Flak) die feindlichen Luftwaffenangriffe abzuwehren. Papst Benedikt, Helmut Kohl und Günter Grass gehören dieser Generation an. Trümmerfrauen, Spätheimkehrer, Heimatvertriebene, Flüchtlinge waren weitere Gruppen, deren gemeinsame Schicksale für deren Mitglieder prägend wurden.

Deren Entwicklung nach dem Krieg zur «Skeptischen Generation» hatte der Soziologe Helmut Schelsky beschrieben. Er meinte damit eine Generation, die genug hatte von den Ideologien des 20. Jahrhunderts. Sie war skeptisch gegenüber großen Ideen, skeptisch auch gegen politische Parteien, und deshalb hat sie sich beim Wiederaufbau der Bundesrepublik von Pragmatismus und privaten Zielen leiten lassen.

Davon haben sich später die «68er» abgesetzt, jene Studentenbewegung, die in den Jahren zwischen 1968 und 1974 als Außerparlamentarische Opposition (APO) auf die Straße ging, gegen den Krieg in Vietnam demonstrierte und gegen die alten Nazis, die immer noch ihre Ämter innehatten, gegen die verklemmte Sexualmoral, gegen die Pressemacht des Verlagshauses Springer, gegen die autoritäre Erziehung, gegen den Konsumterror. Diese Leute traten ein für die Emanzipation, für mehr Demokratie, mehr soziale Gerechtigkeit, für die Dritte Welt, viele auch für Sozialismus und Kommunismus. Es war eine weltweite Bewegung, die tatsächlich vieles bewegte und umkrempelte, sich unentwegt spaltete und oft in eine Sackgasse geriet.

Den 68ern folgten deren Kinder, die unpolitische, konsumorientierte, modebewusste «Generation Golf» (Florian Illies), die ihre Eltern praktisch mit einem einzigen Satz erledigte: «Wie seht ihr denn aus?» Heute machen sich Jugendliche einen Spaß daraus, jedes kleine Phänomen gleich zum Generationen-Motto zu hypen. So hat man mittlerweile von der «Generation Twitter und Facebook» gehört, und von der «Generation

2.0», «Generation Flatrate», «Generation HauptschulePlus», «Generation Migrationshintergrund», «Generation Ritalin», «Generation Billigflieger», «Generation NEON», «Generation Krise», «Generation Turbo», «Generation Topmodel» und der «Generation Supertalent».

Solche Generationen-Überschriften sind einerseits ein Reflex auf die stetig wachsende Differenzierung und Individualisierung wie auch finanzielle Ungleichheit in marktgesteuerten Gesellschaften und andererseits ein ironischer Protest gegen das von Soziologen und Marketingspezialisten gepflegte Zielgruppen- und Schubladendenken. Damit wollen die jungen Leute sagen: Ich bin ich. Ich passe in keine Schublade und will mich auch in keine stecken lassen, und wenn ihr schon meint, uns in eine stecken zu müssen, dann schreibt drauf: Generation Nichtgeneration. Ich lasse mir kein Leben vorschreiben, und wenn mir mein selbstbestimmter Lebensentwurf irgendwann nicht mehr gefallen sollte, nehme ich einen anderen.

Diese Haltung ist sympathisch, jung und deshalb auch mit etlichen Illusionen behaftet. Und letztlich ist sie auch stark konsumgeprägt, was denen, die so eine Haltung haben, aber kaum bewusst ist. Davon künden die Markennamen, die in den Generationentiteln stecken, und davon kündet die Vorstellung, man könne seinen Generationentyp wählen wie eine Joghurtsorte im Supermarkt. Der Konsum kommt auch in der Ironie noch zum Vorschein. Dem Geist seiner Zeit entkommt so leicht keiner.

«Ich bin ich» – bevor einer das sagen kann, ist schon ganz viel Nicht-Ich in ihn hineingeflossen, sind bereits sehr viele, das Leben prägende Vorentscheidungen gefallen, meist durch ein Zusammenspiel aus Zufall und Notwendigkeit. Schon das, was einer als Glück betrachtet, welchen Lebensentwurf er plant und wie er ihn ausführen will, wird bereits im Moment der Geburt durch Kultur und Klasse sowie durch Familie determiniert und dann immer enger geschnürt.

Die Geburt in einem Dorf in Anatolien strukturiert einen anderen Lebenslauf als eine Geburt in einer Villa in Hamburg-Blankenese. Wer zwischen 1950 und 1980 im nördlichsten Bayern geboren wurde, bekam ein Leben West, nur ein paar Kilometer weiter nördlich bekam man ein Leben Ost, und im Fünfzig-Einwohner-Dorf Mödlareuth teilten sich die Schicksale entlang eines kaum zwei Meter breiten Baches. Ob einer links oder rechts des Flusslaufs geboren wurde, entschied über Bundeswehr oder NVA, Volkswagen oder Trabi, Konsumwerbung oder Politpropaganda, Freiheit und Risiko oder Sicherheit und Stasi-Bespitzelung. Wer im westlichen System politisch eine eigene Meinung hatte und dafür eintrat, hatte im schlimmsten Fall Karriere-Nachteile zu befürchten und brachte es im günstigsten Fall, wie Schröder und Fischer, zum Kanzler und Außenminister. Wer im östlichen System eine eigene Meinung hatte, landete im schlimmsten Fall in Bautzen. Es macht für jeden Einzelnen einen großen Unterschied, wo und wann er geboren wird, ob er mit weißer Hautfarbe und männlichem Geschlecht auf die Welt kommt oder mit schwarzer Haut und weiblichem Geschlecht, ob er als Kind geliebt wurde oder gehasst, ob er eine robuste Konstitution mitbekommen hat oder eine schwache. Natürlich spielen auch ererbte Gene eine Rolle, aber viel größeren Einfluss haben die Bildung und das Einkommen seiner Eltern, daneben Geschwister, Verwandte, Sandkastenfreundschaften, Tagesmütter, Kindergärtnerinnen, Lehrer, Pfarrer, Mitschüler, Professoren, Freunde. Was aus einem wird, hängt von den Büchern ab, die man zu lesen oder nicht zu lesen bekommt, von den Filmen, von seiner Zeitungslektüre, seinem Informationsverhalten und von tausend anderen Einflüssen, die sich untereinander verschränken, rückkoppeln, verstärken, abschwächen.

Das «Eigene», die Eigenarten und Eigenschaften eines Menschen – all das ist zum größten Teil Verliehenes, Geschenktes, Zugefallenes, Zufälliges.

Die griechischen Forderungen «Erkenne dich selbst», «Werde, der du bist» lassen sich vom Einzelnen allein also gar nicht erfüllen. Deshalb sagte Theophrast, der Mensch muss erzogen werden, sonst entsteht «Wildwuchs». Das Wirken der großen Philosophen – Sokrates, Platon, Aristoteles – war immer auch ein großes Plädoyer für Erziehung und Bildung. Was sie aber noch nicht so deutlich gesehen haben, war die Tatsache, dass auch die Erzieher Kinder ihrer Zeit sind und es daher ungeheuer schwierig für den Lehrer wie den Zögling ist, sich über diese Zeitbedingtheit zu erheben und sich aus dem Gefängnis der herrschenden Irrtümer zu befreien.

Deshalb machen alle Eltern in bester Absicht Fehler, die ihre Kinder später erkennen und ihnen womöglich vorwerfen – um dann bei ihren eigenen Kindern zwar nicht mehr diese Fehler, aber garantiert andere zu machen.

Was aus einem wird, hängt also von zahlreichen mehr oder weniger zufälligen Faktoren ab. Sie relativieren unsere Leistung, aber auch unser eigenes Versagen.

Um zu skizzieren, wie schwer es ist, einem einzelnen Menschen gerecht zu werden und die Entstehung seines Charakters zu begreifen, nehmen wir eine große Persönlichkeit, über die viel geschrieben, deren Leben erforscht und gedeutet ist: Willy Brandt.

Man könnte, wenn man sich damit auseinandersetzt, schnell zu dem Schluss kommen: Dass Willy Brandt der wurde, der er war, hat er vor allem seinem Großvater und dem Milieu zu verdanken, in dem er aufwuchs. Dieser Großvater, Ludwig Heinrich Carl Frahm, war ein einfacher Arbeiter in Lübeck. Und ein gläubiger Sozialdemokrat. Man muss es so formulieren, weil der Sozialismus damals für den politisch wachen Teil der Arbeiter tatsächlich eine Erlösungsreligion war – auch wenn sie ihn für das Gegenteil von Religion hielten, nämlich für die Verbindung von Wissenschaft, Aufklärung und Fortschritt.

Die Anhänger dieser «Religion» hatten sich überall, auch in Lübeck, ihre eigene Welt geschaffen, ein Milieu, eine Gemeinde, in der es alles zum Leben Notwendige gab: die Arbeiter-Wohlfahrt und den Arbeiter-Samariterbund, den Verein zur «Pflege des Esperanto», den Arbeiter-Turn- und Sportbund, mit dem man Rad fahren, angeln, kegeln, segeln, Schach spielen und Briefmarken sammeln konnte. Mehr als zwanzig künstlerische Arbeitervereine kümmerten sich um Musik, Gesang und Literatur. Genossenschaften bildeten eine Marktmacht, um Lebensmittel und Gegenstände des täglichen Gebrauchs billiger einkaufen und an ihre Mitglieder weitergeben zu können.

Bildung stand hoch im Kurs, man debattierte und las viel, denn natürlich gab es auch eine Arbeiterbibliothek. Deren Literaturauswahl war vermutlich einseitig, denn jedes Milieu, ob nun katholisch, protestantisch, sozialistisch, adlig oder großbürgerlich-kapitalistisch, hat seine Grenzen, sonst wäre es ja keins.

Für sozial benachteiligte Kinder aber ist so ein Milieu wie ein Biotop, das ihnen gibt, was sie zum Heranwachsen brauchen: Anregungen, Nestwärme, Vertrautheit und eine Identität. Der kleine Herbert Frahm, der sich später als Exilant den Decknamen Willy Brandt zulegte, war den Leuten im Milieu bekannt. Und das Milieu erzog immer mit. Was man tut und nicht tut, gemeinsame Wertvorstellungen und Haltungen vermitteln sich an so einem Ort wie von selbst und geben dem Einzelnen Orientierung.

Im Lübecker Arbeiterviertel lernte man, was Solidarität ist. Man lernte, dass die Schwachen mächtig und stark werden können, wenn sie sich zusammenschließen und organisieren. Man lernte den Wert von Bildung gerade für die Unterprivilegierten schätzen, man bekam von seinem Milieu Klassenbewusstsein und damit Selbstbewusstsein eingeimpft. Man hatte seinen «Arbeiterstolz».

Davon hat Willy Brandt selber erzählt. In seinen Kindheitserinnerungen gibt es eine Szene, da ist der Junge acht Jahre alt. Sein Großvater bestreikte die Fabrik, in der er arbeitete. Der Direktor dieser Fabrik sah den Achtjährigen auf der Straße und fragte ihn, ob er zu Hause genug zu essen habe. Als der Junge schamhaft herumdruckste, nahm ihn der Direktor einfach an der Hand, führte ihn in eine Bäckerei und kaufte ihm zwei frischgebackene Laibe Brot, die der kleine Herbert stolz nach Hause trug. Aber welche Enttäuschung! Statt allgemeine Freude auszulösen, erhielt er eine Standpauke vom Großvater und musste die Brote zurückbringen, denn ein streikender Arbeiter nehme keine Geschenke vom Arbeitgeber an. «Wir lassen uns nicht vom Feind bestechen. Wir sind keine Bettler, die man mit Almosen abspeist. Wir wollen unser Recht, keine Geschenke.»[37]

Der Großvater hätte hinzufügen können: ‹Die Herren sollen ehrliche Arbeit ordentlich bezahlen, dann können wir uns unser Brot selber kaufen›, oder: ‹Der Herr Direktor verschafft sich mit so einer Geste auf billige Weise das Gefühl, etwas Gutes getan zu haben, erwartet vielleicht sogar noch Dankbarkeit und meint, ein fürsorglicher Mensch zu sein. Das wäre er jedoch viel eher, wenn er uns gerecht entlohnte. Das aber käme ihn teurer zu stehen als zwei Laibe Brot. So viel will er sich sein Gutsein dann doch nicht kosten lassen.› Diese Worte blieben ungesagt, der kleine Herbert hatte seine Lektion aber auch ohne sie gelernt. Sie gehörte zu den Erlebnissen, die einen Mann bildeten und prägten, der später als Bundeskanzler auf Aussöhnung bedacht war und dafür 1971 den Friedensnobelpreis erhielt. Also verdankt sich Willy Brandt tatsächlich seinem Großvater und dem Arbeitermilieu? Ist seine Persönlichkeit gar kein eigenes Verdienst?

Das wäre auch wieder zu einfach. Im Lübecker Arbeitermilieu wuchsen viele Menschen auf. Aber nur einer, Willy Brandt, ging ins Exil, als Hitler an die Macht kam. Die anderen blieben daheim, waren vielleicht innerlich dagegen und schwiegen oder liefen gar zu den Nazis über. Das hat es alles gegeben. Das Milieu ist also keineswegs ein Korsett, das jedem dieselbe Haltung verpasst und nur eine Sorte von Charakter hervorbringt, sondern lässt jedem einen Spielraum, den er individuell zu gestalten vermag.

Aber erwägen wir einen letzten Aspekt: War nicht die soziale Benachteiligung des Kindes Herbert Frahm eine eher günstige Voraussetzung für die spätere Emigration und alles Weitere? Als uneheliches Kind einer berufstätigen, alleinerziehenden Mutter in ärmliche Verhältnisse hineingeboren, spürte er, dass seine Herkunft und die «Unehelichkeit» wie ein Makel an ihm hafteten. Seine Mutter hatte kaum Zeit für ihn: Sechs Tage in der Woche musste sie als Verkäuferin im «Konsum», einer genossenschaftlichen Warenhauskette, von morgens bis abends den Lebensunterhalt für sich und ihren Sohn verdienen, dann noch kochen, waschen, putzen, Strümpfe stopfen, Hosen flicken – ohne Waschmaschine, Trockner, Kühlschrank, Gas- oder Elektroherd. Den kleinen Herbert gibt die Mutter bei einer Nachbarin in Pflege, später kümmert sich der Großvater um ihn. Die Liebe, Zuwendung und Geborgenheit, die jedes Kind braucht, hat Herbert wohl kaum in dem Ausmaß bekommen, wie es wünschenswert und ideal gewesen wäre. Fällt so einem der Abschied von der Heimatstadt, dem Ort der frühen Kränkungen, nicht leicht? Ist so einer nicht offener für die Zukunft und ergreift leichter die Chancen, die sich ihm bieten?

Einerseits ja. Andererseits wird man aber auch konstatieren müssen, dass umso bewundernswerter ist, was Brandt aus diesen Startbedingungen gemacht hat. Wiederum muss man daran erinnern: Andere hatten eine ähnliche Ausgangsposition, viele weit bessere Bedingungen, und sie sind trotzdem ein Leben lang nicht über die Grenzen ihres Milieus hinausgekommen.

Der eine zerbricht an ungünstigen Bedingungen, der andere

wächst gerade daran und wächst über sich hinaus – eine Erfahrung, die der Politiker und Hitler-Gegner Julius Leber einst aussprach. Willy Brandt zitiert ihn: «Große Führer kommen fast immer aus dem Chaos, aus der richtigen Ordnung kommen sie selten, aus der Ochsentour nie.» Und Brandt fügt über den von Nazis ermordeten Leber hinzu: «Er selbst wäre, hätte er überlebt, ein großer Führer geworden, und aus dem Chaos kam er allemal: Ein Tagelöhner hatte ihn, der sich mühsam durchzubeißen zu hatte, an Kindes Statt angenommen; was sonst noch in ihm steckte, blieb selbst den folternden Nazis verborgen.»[38]

Fazit: Wir wissen zwar, was alles die Bildung eines Charakters beeinflusst. Welche Kräfte aber letztlich den Ausschlag geben und einen Menschen zu dem machen, was er dann tatsächlich wird, das wissen wir schon nicht mehr so genau. Und aufgrund der Kenntnis dieser Bedingungen die Zukunft eines Menschen vorhersagen oder beeinflussen, das kann man schon gar nicht.

11. Soll Pofalla sich dafür entschuldigen, dass er nicht in Stalingrad war?

«Keiner trägt Mickey-Mouse-Ohren mit so viel Beiläufigkeit und Würde wie er. Und auch das hier kann in diesem Land eigentlich nur einer: einem sich außerordentlich unentbehrlich und wichtig fühlenden Publikum … einen Satz sagen, der fast den Tatbestand der Beleidigung erfüllt»[39] – der aber von den Beleidigten nicht so empfunden wird. Im Gegenteil. Sie gehen vor diesem Mann in die Knie, indem sie aufstehen und begeistert klatschen.

Die Szene, die hier beschrieben ist, trug sich im Frühjahr 2010 im Hamburger Schauspielhaus zu, und bei dem Beleidiger handelt es sich um Helmut Schmidt, Altbundeskanzler und «Zeit»-Herausgeber. Ihm wurde an jenem Tag der Henri-Nannen-Preis für sein publizistisches Lebenswerk verliehen, und das Theater war naturgemäß voller Journalisten.

Schmidt saß im Rollstuhl auf der Bühne, fast taub, darum mit überdimensionierten Kopfhörern ausgestattet – den Mickey-Mouse-Ohren. Und nun fragte ihn der «Zeit»-Chefredakteur Giovanni di Lorenzo, ob er sich, nach einem Vierteljahrhundert als Herausgeber der Wochenzeitung, für die er mehr als 500 große Artikel und Essays geschrieben hat, nicht auch ein wenig als Journalist fühle? Und da kam nun wie aus der Pistole geschossen die Beleidigung, vorgebracht in typisch Schmidt'scher Schlagfertigkeit und mit typisch Schmidt'scher Treffsicherheit. Als er mit hanseatisch-mundartlicher Färbung antwortete, nein, als «Jornalist» empfinde er sich gar nicht, denn für einen «Jornalisten» fühle er sich nicht oberflächlich genug – da riss es die versammelten Journalisten vor Begeisterung von den Stühlen.

Unpathetisch, cool, kurz und knapp – so drückt Helmut Schmidt sich immer aus. Er erzählt keine Anekdoten, sondern spricht in Maximen. Darin teilt er uns die Quintessenz seiner Überlegungen, die Summe seiner Erfahrungen mit. Wenn er spricht, spricht ein Weiser. Wer ihn hört, hört gebannt zu.

Helmut Schmidt gilt derzeit wohl vielen Deutschen als größter deutscher Politiker, obwohl er unter den deutschen Kanzlern nicht der größte war. Willy Brandt haben wir in Erinnerung als den Kanzler, der sich in den Fußstapfen Konrad Adenauers fortbewegt. Hatte dieser Deutschland mit dem Westen versöhnt, so tat Brandt dies mit dem Osten. Helmut Kohl ist als Kanzler der deutschen Einheit in die Geschichte eingegangen.

Mit welchen Attributen aber werden die Geschichtsbücher Helmut Schmidt versehen? Kanzler des Nato-Doppelbeschlusses?[40] Und dafür gibt es so viel Verehrung?

Es ist wohl kaum seine durchaus ordentliche Leistung als Kanzler, die zur heutigen Schmidt-Verehrung geführt hat, sondern vielmehr das Gefühl der Deutschen, in Helmut Schmidt einen der letzten großen Charakterköpfe der Bundesrepublik zu erleben. Helmut Schmidt ist ein Trost gegen das seit Jahren anschwellende Jammern, es gebe keine großen Männer mehr.

In dieser Jammerei wird Ronald Pofalla mit Konrad Adenauer verglichen, Guido Westerwelle mit Theodor Heuss, Sigmar Gabriel mit Willy Brandt. Auch die «Urgesteine» Kurt Biedenkopf, Erhard Eppler, Heiner Geißler und Hans-Jochen Vogel dienen den Medien dazu, die heutige Politikergeneration so schwach aussehen zu lassen, dass man fast Mitleid haben muss mit ihr. Diesen Jungen verzeiht man offenbar so gut wie nichts mehr.

Dagegen wird den letzten großen alten Männern – Helmut Schmidt, Richard von Weizsäcker oder dem Literaturkritiker Marcel Reich-Ranicki – eine fast kultische Verehrung entgegengebracht. Ihnen verzeiht man vieles.

Selbstverständlich hat Helmut Schmidt wieder geraucht, als

er im Hamburger Schauspielhaus interviewt wurde. Das stößt zwar bei einigen militanten Nichtrauchern und Gesetzestreuen auf erbitterte Kritik – auch ein Helmut Schmidt steht schließlich nicht über dem Gesetz –, aber die Mehrheit findet gerade die souveräne Übertretung des Rauchverbots irgendwie gut, ohne vernünftig begründen zu können, warum.

Als jemand wegen einer früheren Missachtung des öffentlichen Rauchverbots durch Helmut Schmidt den Staatsanwalt einschaltete, hat sich sogar mancher Nichtraucher eine Helmut-Schmidt-Solidaritätszigarette angezündet, um der Ansicht Ausdruck zu verleihen: Helmut Schmidt darf das. Er soll öffentlich rauchen dürfen, weil er Helmut Schmidt ist. Und weil es einfach zu ihm gehört, wie es auch zu ihm gehört, dass er «Jornalisten» sagt, mit «J» wie in «Januar» und mit «o».

Er kennt natürlich die korrekte Aussprache des Wortes, aber zu einem Charakter gehört, dass er nicht einsieht, warum ein Hanseat seine Herkunft und Verwurzelung verleugnen soll. Ein landsmannschaftlicher Akzent der Sprache verleiht dem Menschen Farbe, sie verrät seinen kulturellen Hintergrund, und auch an solchen Details und Eigenheiten ist einer als Charakter erkennbar.

Das «Aussterben großer Persönlichkeiten» wie Helmut Schmidt – auch Herbert Wehner und Franz Josef Strauß werden gern genannt – wird immer wieder damit begründet, dass es eben mit der durch den Krieg geprägten Generation zu Ende gehe. Und es stimmt ja: Die Generation der Alten hatte fundamental andere Biograpien als wir Jüngeren. Diese Generation teilt ähnliche dramatische Erfahrungen wie Lebensgefahr, den Tod junger Verwandter und Freunde, Hunger, Not, Verwundung, Ausgebombtsein, Flucht, Vergewaltigung, Kampf ums Überleben, und zuletzt, als der Holocaust offenbar wurde, auch Schuld und Scham. Diese Generation hatte tatsächlich andere Herausforderungen zu bestehen als unsere verwöhnte Hätschelkohorte. Und aus solchen Herausforderungen, so heißt es nun, wüchsen eben Charaktere, die aus anderem Holz geschnitzt seien als ehrgeizige Mittelstandssprösslinge und Karrierekinder.

Die Weltgeschichte, der Krieg, brüchige Lebensläufe – aus solch durchs Leben gehärteten, abenteuerlichen Biographien wurden die Brandts, Schmidts, Weizsäckers geformt, mit all den zugehörigen, unvermeidlichen Ecken und Kanten. Heutige Berufspolitiker dagegen haben glatte Karrierewege, daher erscheinen sie uns auch als glatt. Die Einzigen, die noch Brüche vorzuweisen haben, sind Politiker mit DDR-Vergangenheit wie Angela Merkel oder Wolfgang Thierse und Alt-68er wie Joschka Fischer und Gerhard Schröder, die nun auch schon im Rentenalter angekommen sind. Die noch jüngeren Politiker aber kennen nichts weiter als Abitur, Studium, Erfahrung in Partei-PR und Plakatekleben schon in jungen Jahren, Erwerb von Sitzfleisch in ungezählten Sitzungen der Jugendorganisationen samt nahtlosem Übergang in die Berufspolitiker-Laufbahn, für die es Anpassungsfähigkeit, Professionalität und Cleverness braucht.

Darum, so heißt es, gingen unserem Land die beeindruckenden Persönlichkeiten aus. Um zum großen Charakter zu reifen, braucht es ein großes Schicksal.

Was von dieser Hypothese zu halten ist, hat Harald Schmidt – übrigens auch ein Charakterkopf und selbst der Gegenbeweis für die These, dass es solche heute nicht mehr gebe – in seiner ihm eigenen Prägnanz auf den Begriff gebracht: «Geblubber» der Chef-Quatscher vom Dienst seien die Geschichten vom hartmachenden Krieg, der tolle Männer hervorbringt. «Soll Pofalla sich dafür entschuldigen, dass er nicht in Stalingrad war?»[41]

Nein, es braucht keine großen Katastrophen, damit sich große Charaktere wie Helmut Schmidt oder Willy Brandt entwickeln können. Zwar war der Krieg für ihre Generation eine prägende Erfahrung, aber Willy Brandt musste schon vorher eine starke Persönlichkeit gewesen sein, sonst wäre er nicht in die Emigration gegangen und hätte nicht gegen Hitler gekämpft – wofür der fünf Jahre jüngere Helmut Schmidt möglicherweise einfach zu jung war. Sophie Scholl war zweiundzwanzig, als sie wegen ihres Widerstands gegen Hitler ermordet wurde. Im gleichen Alter hat Herta Müller unter Lebensgefahr die Zusammenarbeit mit der rumänischen Diktatur verweigert.

Charakterbildung bedarf weder des Krieges noch der Diktatur. Manche Menschen verfügen schon in jungen Jahren über ausgeprägte Charakterzüge, andere erarbeiten diese sich erst im Lauf eines ganzen Lebens. Aber im Krieg oder in der Diktatur fallen die wirklich starken Charaktere deutlicher auf, heben sich plastischer von den Normal-Charakteren ab, und weil sie so stark sind, trotzen sie totalitären Mächten und geraten dabei nicht selten in die Helden- oder Märtyrerrolle. In Friedenszeiten und in der Demokratie braucht es keine Helden und Märtyrer, da genügen Zivilcourage, Gewissen und die Überzeugung von ein paar unumstößlichen Grundwerten.

Menschen mit solchen Zügen fallen in friedlichen Demokratien nicht besonders auf, zumindest nicht, so lange viele andere ebenfalls darüber verfügen. Aber wenn es davon immer weniger gibt, spürt man plötzlich den Mangel, und dann fallen die vielen Pofallas, die überall führende Rollen spielen, auf einmal als farblos auf. Gegen sie spricht ja nicht, dass sie nicht im Krieg waren. Gegen sie spricht nur, dass sie uns so ähneln, dass sie auch nicht besser sind als wir, aber uns regieren wollen. Sollte, wer uns führen und regieren will, uns nicht etwas voraushaben? Sollte, wer Führung beansprucht, nicht etwas mehr sein als nur ein Funktionär, Verkäufer politischer Botschaften, Karrierist, Opportunist, Laufbahnpolitiker, Laufbahnmanager?

Zahlreiche unserer Erfolgstypen scheinen wie geklont und von jeder Persönlichkeit entkernt, farblos und blutleer wie ihre Plastik-Botschaften und ihre Plastik-Sprache. Das gilt nicht nur für Manager und Politiker, sondern auch für die vielen Kunstprodukte des Showbusiness, das doch danach trachtet, unsere Sehnsucht nach Charakteren zu befriedigen.

Aber Charaktere sind nicht beliebig verfügbar und schon gar nicht vermarktbar. Deshalb entwirft das Showbusiness oft einfach nur ein «Image» für meist gutaussehende junge Menschen, pappt es ihnen auf und verkauft sie als «Marke». Image und Marke werden so designt, dass sie einem möglichst großen Massenpublikum gefallen. Und obwohl das Massenpublikum zugreift, sehnt es sich in der Regel doch nach echten «Typen», die sich nicht nur selbst verkaufen, die lieber mit ihrer Kunst und ihrem Können als mit ihrem Image erfolgreich sein wollen. Und die sich für den Erfolg auch nicht beliebig verbiegen lassen.

Darin lag wohl das Geheimnis von Lena Meyer-Landrut beim Eurovision Song Contest in Oslo 2010. Sie war einfach auf die Bühne gegangen, sang ihr kleines Lied im schlichten schwarzen Kleid und gewann, weil sie ohne den üblichen Budenzauber auskam, kein Feuerwerk im Hintergrund abbrannte und sie nicht halbnackt durch Nebelschwaden turnte. Belohnt wurde ihr Anschein von Wahrhaftigkeit.

Belohnt wurden auch die Haltung und Leichtigkeit, mit der sie und ihr Mentor Stefan Raab den Wettbewerb durchgezogen und schließlich in Oslo zum größtmöglichen Erfolg gebracht haben. Sie betrachte den Wettbewerb als «Spiel», hatte sie zu Beginn gesagt, als Experiment, das ihr Spaß bereite, egal, wie's ausgehen würde. Das Spielerische und Leichte durchzuhalten bis zu jenem Moment, in dem es auf der Bühne in Oslo wirklich Ernst wurde, war vielleicht das Schwerste an diesem Spiel. Denn natürlich möchte man, wenn man es fast wider Erwarten bis nach Oslo geschafft hat, gewinnen. Aber auch dann muss weiterhin der Spaß die Anstrengung überwiegen, wenn man nicht verbissen irgendwelche Gegner niederringen, sondern nur seine eigenen Grenzen austesten will.

«Ich spiele niemals gegen andere, sondern immer nur für mich. Oder immer nur mit anderen für uns. Wir sind nicht gegen Griechenland oder Norwegen angetreten, sondern mit anderen – aber für Deutschland und für uns», so hat Stefan Raab nach dem Wettbewerb die Haltung beschrieben, in der er, Lena und das Team die Sache angegangen sind. Wie weit man es damit bringen kann, wissen wir jetzt.

Quatsch aber wäre es, diese Haltung nachahmen zu wollen. So etwas lässt sich nicht abkupfern. Haltung und Person müssen zusammenpassen, denn Haltung entwickelt sich aus dem ganzen Menschen mit seiner persönlichen Geschichte, seinem Erleben und seinem Charakter. Wo der fehlt, kann sich auch nichts entwickeln.

Die Lena-Haltung ist nicht die einzig mögliche, sondern eine von vielen, zwar eine besonders sympathische, aber nicht eine, die jedem abzuverlangen wäre. Und auch in anderen Bereichen – Politik, Wirtschaft, Kultur – sind wieder andere Haltungen und Charaktere gefragt. Aber über alle Unterschiede hinweg, ist allen starken Charakteren eine Eigenschaft gemein: Widerständigkeit.

Menschen mit Haltung und Charakter sind daher meistens nicht sehr pflegeleicht. Widerständigkeit ist ohne die berühmten Ecken und Kanten, an denen sich mancher auch stoßen und verletzen kann, nicht zu haben. Starke Charaktere müssen uns daher nicht unbedingt gefallen in allem, was sie tun und sagen. Aber Respekt nötigen sie einem ab und die Einsicht, dass das Anstößige, Befremdliche, die Ecken und Kanten oft einfach nötig sind, um sich durchzusetzen und aufrecht zu bleiben.

Diese Einsicht scheint in Deutschland gerade zu wachsen, denn wir haben den Eindruck, dass sich die Deutschen nach starken, widerständigen Typen geradezu sehnen, dass sie «süchtig» sind «nach Personen, die ihnen dabei helfen, Dinge zu ordnen. Die Popularität von Menschen wie Helmut Schmidt oder Uli Wickert erklärt sich so. Vaterfiguren sind das, und dass sie bisweilen Strenge versprühen, die arrogant wirkt, schmälert ihre Beliebtheit nicht in Zeiten, in denen politisches Personal ölig und hemdsärmelig daherkommt».[42]

Von zwei ungewöhnlichen Beispielen solcher Vaterfiguren erzählen wir im nächsten Kapitel.

12. Der Patron und die eiserne Tulpe

Im Sommer 2009 wurde in der Säbener Straße in München wieder einmal alles ganz anders gemacht. Ständig wird dort alles ganz anders gemacht, es sei denn, man hat Erfolg. Dann wird alles so gemacht, wie es schon immer gemacht wurde, so lange, bis man keinen Erfolg mehr hat. Dann muss ein Neuer kommen und alles wieder ganz anders machen.

Einmal war einer gekommen, der Buddha-Figuren aufstellen ließ. Sie sollten für «einen guten Energiefluss» sorgen. Dann sorgten sie aber nur für einen Fluss aus Ärger und Niederlagen. Die Buddhas mussten wieder gehen, und mit ihnen der, der sie auf dem Dach des Leistungszentrums des FC Bayern München in der Säbener Straße hatte aufstellen lassen: Jürgen Klinsmann, der Trainer. Mit ihm und dem Energiefluss der Buddhas war die Fußballmannschaft des FC Bayern in der Bundesliga-Tabelle auf Plätze gefallen, die man bis dahin in der Säbener Straße überhaupt nicht gekannt hatte.

Klinsmann ist aber nicht der Charakter, von dem wir jetzt erzählen wollen, der wäre zwar auch interessant, aber diese Geschichte ist jetzt Geschichte in der Säbener Straße. Darum erzählen wir von einem Charakter, der aus der Vergangenheit zu kommen, aber zum Erstaunen aller noch viel Zukunft zu haben scheint, von einem, der das Gegenprogramm zu Klinsmann verkörpert: Louis van Gaal.

Der stellte keine Buddhas auf, sondern Regeln, glasklare Regeln, auf deren Einhaltung er strikt pochte. Insofern sich die Regeln auf das Fußballspielen bezogen, war das relativ normal, nur seine energische Art verwunderte die Spieler etwas. Dass sich aber van Gaals Regelwut auch auf das Leben der jungen Sportler außerhalb des Spielfelds im sonstigen Trainingsalltag ausdehnte, das verblüffte sie sehr. Der neue Trainer erließ Kleidervorschriften, bestimmte, bevor ein Foto gemacht wurde, wer auf dem Mannschaftsbild wo steht, legte die Sitzordnung beim Essen fest und brachte seinen Spielern Tischmanieren bei: Gegessen wird erst, wenn alle am Tisch sitzen, Zeitunglesen ist verboten, und wenn ein Büfett aufgebaut ist, dann stürzen nicht alle gleichzeitig hin, sondern gehen, auf ein Zeichen des Trainers, gesittet ans Büfett.

Für jede Anordnung hatte van Gaal auch immer eine Begründung parat. Für das Herumgeschiebe der Spieler beim Gruppenbild hatte er das einleuchtende Argument, so ein Mannschaftsbild werde von Millionen auf der ganzen Welt betrachtet, und daher gehe es einfach nicht, dass ein Langer neben einem Kurzen steht oder die Großen die Kleinen verdecken.

Seit seiner Zeit als Trainer in Barcelona wird der Holländer wegen solcher Eigenheiten «Die eiserne Tulpe» genannt. Er ist von einem strenggläubigen Vater, der starb, als der Sohn elf war, als Katholik erzogen worden. In seiner Familie ist es üblich, dass die Kinder die Eltern siezen.

Journalisten, die das alles sehr befremdlich fanden und Luis van Gaal als komischen Querkopf porträtieren wollten, kamen verwundert von Interviews zurück und berichteten, der Trainer sei ein Kraftpaket an Persönlichkeit. Er blicke einem geradewegs und durchdringend in die Augen, dieser Blick sei fast eine Frechheit[43], doch wer ihm nicht standhalte, habe schon verloren.

Der Erfolg dieses Kraftpakets und dieser Regulierungswut blieb jedoch aus. Oder sagen wir besser: Er ließ auf sich warten. Der FC Bayern fiel immer noch weiter in der Bundesliga-Tabelle, bis auf Rang vierzehn, so tief wie noch nie, und eigentlich wäre das der Zeitpunkt gewesen, das Kraftpaket zu verabschieden und einen anderen zu holen, der wieder alles ganz anders machen würde. Aber das geschah nicht.

Die Nerven der Bayern-Manager waren durch die Klinsmann-Misserfolge längst an der Zerreißgrenze angelangt. Warum sahen diese sonst so kühlen Geschäftsleute van Gaal und ihrer Mannschaft immer noch weiter beim Verlieren zu und riskierten Nervenrisse?

Die Antwort müssen wir in den beiden Charakteren suchen, die da in der Säbener Straße aufeinandertrafen und unvermeidlich aneinandergerieten, ein Holländer und ein Bayer, Louis van Gaal und Uli Hoeneß. Wie es zwischen ihnen zugegangen sein muss, kann man erahnen, wenn man ein Interview[44] liest, das Hoeneß der «Süddeutschen Zeitung» gegeben hatte. Hoeneß erklärt darin nicht, warum die Führung des FC Bayern van Gaal nicht wieder feuerte, sondern nur: «… auf den Sitzungen haben die Wände gewackelt. Aber es ist eine gute Streitkultur entstanden …»

Man hat sich also angeschrien. Nichts Ungewöhnliches im beinharten Fußballgeschäft. Meistens endet so ein Geschrei damit, dass einer beleidigt seinen Hut nimmt oder man beleidigt auseinandergeht. Manchmal aber kann so ein Geschrei auch in eine Art Ehe münden. Da raufen sich dann zwei zusammen. Es gibt so etwas wie eine heftige chemische Reaktion, es glüht und zischt und knallt, und wahrscheinlich stinkt es sogar ein bisschen – aber danach hat man eine neue chemische Verbindung. So ungefähr muss es in der Säbener Straße gewesen sein.

Explosive Gefühlslagen sind dort nichts Ungewöhnliches. Zwei Jahre zuvor, bei der Jahreshauptversammlung im November 2007, war die Stimmung wie üblich gereizt, weil der FC Bayern München einmal nicht die Bundesligatabelle mit zehn bis zwanzig Punkten Vorsprung anführte. Man spricht in solchen Fällen immer von der «Bayernkrise». In den Fällen, in denen Bayern nicht die Tabelle anführt, sondern nur auf Platz zwei, drei oder gar vier steht, spricht man von einer «Bayern-Katastrophe». Und für das, was 2009 unter Klinsmann angerichtet worden war, hatte man in der Säbener Straße keine Worte.

Im Jahr 2007, zum Zeitpunkt der Jahreshauptversammlung, war man vom Unaussprechlichen aber noch weit entfernt. Da war nur normale Krise – für Hoeneß also die Standardsituation –, in der dann aber ein paar Fans anfingen, über das neue Münchner Fußballstadion und die Eintrittspreise zu rechten. Sie störten sich besonders an der Promiloge, in der die Großkopferten Schampus saufen, über Geschäfte reden, sich für Fußball nur am Rande interessieren und hauptsächlich die «tolle Stimmung» und die Kulisse genießen wollen, für die dann die einfachen Fans auf den billigen Plätzen zu sorgen hätten. Das wiederum verstimmte die Fans, denn die wollten nicht Staffage sein und für die Promis Folklore produzieren.

Ja, die Mitglieder und Fans des FC Bayern München sind selbstbewusste Menschen. Die haben ihren Stolz – aber Uli Hoeneß hat den ebenfalls, und des Weiteren ist er einer, der sich sehr gut in den Fan und ins einfache Volk hineinversetzen kann. Hoeneß' Vater war Metzger, er selbst besitzt eine Wurstfabrik, das bringt einen den Leuten nah, und darum hatte er sofort verstanden: Wenn ich einer von denen wäre, würde ich auch so denken. Sie haben ja recht.

Darüber hinaus ist Uli Hoeneß aber auch einer, der für eine Leistung, auf die er stolz ist, wenn schon nicht gelobt, zumindest nicht kritisiert werden will. Und auf «sein» schönes, neues Stadion war er noch immer unheimlich stolz, vor allem darauf, dass es dank seines kaufmännischen Geschicks gelungen war, sich dafür nicht, wie in anderen Vereinen üblich, in finanzielle Abenteuer zu stürzen und übertriebene Eintrittspreise zu verlangen. So prallten also zwei miteinander unvereinbare Wahrheiten in der Brust des Uli Hoeneß aufeinander, die zu einer Explosion führten.

Und so spie der Vulkan Feuer auf die Versammlung: «Eure scheiß Stimmung», brüllte er, «dafür seid ihr doch selber verantwortlich.» Lautes Protestgeschrei antwortete ihm, in das hinein Hoeneß polterte: «Das ist doch unglaublich. Was glaubt ihr eigentlich, was wir das ganze Jahr über machen, damit wir euch für sieben Euro in die Südkurve gehen lassen können? Was glaubt ihr eigentlich, wer euch finanziert? Die Leute, denen wir in der Loge die Gelder aus der Tasche ziehen. Ohne die hätten wir nämlich keine Allianz-Arena.» Wütendes Geheul der Menge. Was aber Hoeneß nur anspornte, noch mehr zu toben: «Was glaubt ihr eigentlich, wer ihr seid, es kann doch nicht sein, dass wir hier kritisiert werden dafür, dass wir uns seit vielen Jahren den Arsch aufreißen, dass wir dieses Stadion aufgestellt haben! Aber das hat 340 Millionen Euro gekostet, und das ist mit euren sieben Euro nicht zu finanzieren.» Wutgeheul, aber vermengt mit viel Beifall. Man kann sich das auf youtube ansehen.

Was man aber nicht sehen kann, ist, wie man danach friedlich auseinanderging. Weil Hoeneß wusste: Der Sieben-Euro-Fan hat ja recht. Und weil der Sieben-Euro-Fan wusste: Der 340-Millionen-Hoeneß hat ja recht. Und weil beide wussten: Es geht halt nicht anders. Aber dass jeder seine Wahrheit dem jeweils anderen an den Kopf geworfen hat, das musste einfach sein, gerade dafür schätzt man sich.

Hoeneß hat mit seinen Wutausbrüchen meistens Erfolg. Gerade ihretwegen wird er inzwischen auch verehrt, denn die Botschaft dieser Ausbrüche lautet: Ich rege mich auf und beschimpfe euch, weil ihr mir nicht egal seid. Mein Gebrüll ist eine Form von Zuwendung, und damit müsst ihr leben, denn so ist das halt in der Familie von Fußball und Fans. Und der Patron dieser Familie, das ist Uli Hoeneß, schon seit Jahrzehnten.

In diese Familie war nun Louis van Gaal hineingeraten. Der hat auch eine sehr ausgeprägte Vorstellung vom Familienleben und versteht sich ebenfalls als Patron. Damit war von Anfang an klar, dass es einmal krachen musste, und in diesem Krach kam Hoeneß zu seiner ersten Erkenntnis über den neuen Trainer: «Wir haben relativ schnell erkannt, dass es wenig Sinn hat, ihm irgendwas zu sagen. Ab einem gewissen Zeitpunkt haben wir ihm freie Fahrt gegeben.» Und Louis van Gaal kam zu der Erkenntnis: Wenn ich jetzt nicht bald Erfolg habe, muss ich wieder nach Holland zurück. München gefiel ihm aber gut.

Tatsächlich hatte Hoeneß aber schon bemerkt, dass sich trotz weiterer Niederlagen auf dem Platz in der Mannschaft einige Dinge grundlegend geändert hatten. Und daher rührte wohl seine scheinbar unendliche Geduld mit dem neuen Trainer. Denn Hoeneß hatte erstaunt zur Kenntnis genommen, dass die Spieler zufrieden waren wie schon lange nicht mehr, obwohl der Trainer sie herumkommandierte und sich in Angelegenheiten mischte, die sie bisher für ihre privaten gehalten hatten. Philipp Lahm beispielsweise «beklagte sich über alles Mögliche im Verein, über den Trainer aber nicht. Mark van Bommel, der für Knackiges gegen Klinsmann immer zu haben war, brummelte tapfer, er habe ein gutes Gefühl mit van Gaal, man brauche halt Zeit».[45]

Hoeneß sah also, dass seine Mannschaft unter van Gaal zwar genauso erfolglos spielte wie unter Klinsmann, aber mit einem Unterschied: «Unter Jürgen Klinsmann war eine Missstimmung … jeder gegen jeden. Das war ein Chaos, und van Gaal hat das jetzt alles strukturiert. Ich höre nie von einem Problem. … Er kümmert sich. Es ist eine Struktur da, er hat für alles und jeden seine Leute.»

Dann kam die Jahreshauptversammlung im November 2009. Man stand auf Platz sieben. Hoeneß hatte sich auf ein gellendes Pfeifkonzert der 5000 Mitglieder eingestellt. «Bayern-Fans gehören nicht zu denen, die bereit wären, mit ihrem Klub durch Krisen zu gehen, sie haben nie in den Schlund der zweiten Liga geblickt. Ihre Liebe zum Klub vertieft sich nicht, wenn es ihm schlecht geht. Sie wird dann kalt. Bayern-Fans sind verwöhnt. Wer verwöhnt ist, wird schnell ungeduldig.»[46]

Aber seltsam, es gab nur vereinzelt leichte Pfiffe, «nicht schlimm, Franz wurde damals als Präsident verabschiedet, ich als Manager, und als Schluss war» – und das war nun noch eindrucksvoller für Hoeneß als die Zufriedenheit der Spieler –, «sind plötzlich die Trainer und die drei Kapitäne mit großem Beifall verabschiedet worden».

Hoeneß und die Medien staunten: Irgendetwas musste sich da zwischen dem Holländer und den Mitgliedern abgespielt haben, was offenbar an uns vorbeigelaufen ist, denn Fans und Mitglieder signalisierten: Der Typ gefällt uns. Wir glauben an diesen Trainer und diese Mannschaft. Angesichts der vorausgegangenen Niederlagen-Serie war das ein Wunder, oder genauer: der Beginn eines Wunders, denn nach dieser Hauptversammlung verloren die Bayern fortan kein Spiel mehr, wurden Deutscher Meister, holten den DFB-Pokal und beinah noch den Champions-League-Titel. In Madrid unterlagen sie im Mai 2010 gegen Inter Mailand mit 0:2. Niemand meckerte.

«Dann werden wir eben Weltmeister» titelte «Bild am Sonntag» gelassen, und traf damit die Stimmung der Fans, die ihre Mannschaft nach der Niederlage auf dem Münchner Marienplatz feierten. Das Wunder hatte die Niederlage überstanden. Die verwöhnten, anspruchsvollen, launischen, ungeduldigen Bayern-Fans zeigten plötzlich eine Bereitschaft, mit ihrer Mannschaft durch Sieg und Niederlage zu gehen, wie man sie sonst nur von den Fans des FC Schalke 04 kennt. Louis van Gaal hat offenbar nicht nur seine Spieler im Griff, sondern auch die Fans.

Wie sehr das schon der Fall ist, konnte man erleben, als van Gaal nach Deutscher Meisterschaft und DFB-Pokal in Lederhose auf dem Balkon des Münchner Rathauses stand, diesmal nach der Niederlage in Madrid, und vor der jubelnden Menge auf dem vollen Marienplatz in seiner unnachahmlich-holländischen Art seinen Gefühlen Ausdruck verlieh: «Sie sind unglaublich. Ich dachte, dass ich heute Morgen tot war. Aber Sie sind die Chladiolen! Unglaublich. … Nach einer Niederlage! Und so viele Leute! Und nicht enttäuscht! Sie waren mental stärker als ich.» Der Marienplatz sang «Wenn der Frühling kommt, dann schick ich dir Tulpen aus Amsterdam».

Zwischen der Jahreshauptversammlung 2009 und dem Erreichen des Endspiels der Champions League 2010 musste etwas Ungeheuerliches passiert sein. Aber was?

Hoeneß erklärte es am Einzelfall des Spielers Bastian Schweinsteiger. Auf der Hauptversammlung wurde er noch am meisten ausgepfiffen, nun aber steht er symbolisch für die ganze Entwicklung: «Bastian Schweinsteiger! Nicht mehr Basti, Schweini oder Basti fantasti. Man wird ihm so nicht gerecht, Bastian Schweinsteiger ist ein richtiger Mann geworden. Früher hat er sich mehr Gedanken gemacht, in welche Kneipe gehe ich am Abend, mit welchem Haarschnitt, und was er sich für Fingernägel machen muss, damit er auffällt. Jetzt fällt er durch das auf, wofür er bezahlt wird: durchs Fußballspiel, und das ist phantastisch anzuschauen.»

Früher war der FC Bayern München einmal der FC Hollywood, ein Show-Betrieb aus empfindlichen Fußball-Diven und eitlen Selbstdarstellern, die, wie etwa Lothar Matthäus, durch ihr Geschwätz, ihre privaten Eskapaden und ihre Dauerpräsenz in den Boulevardmedien mehr auffielen als durch Leistung und Präsenz auf dem Rasen. Diese Stars spielten einen mäßig interessanten Sicherheitsfußball, der aber stets reichte, um vorn mitzumischen. Der FC Hollywood war unbeliebt, oft sogar ein verhasster Sieger, und die Buddhas auf dem Dach des Vereins, gepaart mit schlechtem Fußball, Spitzengehältern und Erfolglosigkeit, waren die Krönung dieser Entwicklung. Dann kam

Louis van Gaal, und alles wurde anders, denn Bayern hatte nun einen Trainer, «der jungen Leuten eine Chance gibt. Er kann Spieler starkreden. Er ist sehr streng, aber er hat aus diesen jungen Burschen, nehmen Sie das Beispiel Thomas Müller, Männer gemacht, die an sich glauben. Das war jahrelang ein Problem».[47]

Mit Louis van Gaal änderte sich nicht nur die Leistung der Spieler, sondern auch ihre Art, Fußball zu spielen. Sie spielten plötzlich schön, fair und elegant – fürs Auge, für den Zuschauer, nicht mehr nur für den sportlichen und wirtschaftlichen Erfolg, die Firma, das Geschäft.

Seitdem verstummen die Bayernhasser. Der Verein wurde quasi über Nacht sympathisch, sogar die Fans scheinen sich geändert zu haben. Dass ihre Liebe erkaltet, wenn Siege ausbleiben, das galt für den FC Hollywood. Für den neuen FC Bayern scheint das jetzt nicht mehr zu gelten. Wenigstens vorläufig. Vielleicht aber auch langfristig, wer weiß? Haltung und Charakter der Fans sind offenbar ein Spiegelbild der Haltung und des Charakters der Mannschaft und der Vereinsführung.

Hoeneß hat das zwar schon immer irgendwie gewusst, aber jetzt scheint er noch mehr begriffen zu haben, seit er immer gefragt wird, warum die Bayern auf einmal so beliebt sind: «Schauen Sie in die Gesellschaft, da gibt es ja gerade wenig, woran die Leute Spaß haben können. Es gibt die Sorge um den Arbeitsplatz, um den Euro, um die gesamte politische Situation in unserem Land, in Europa. Wie geht das alles weiter? Da sind so viele Fragezeichen. Jetzt kommt ein Fußballverein daher, und wenn die kicken, kann ich mich freuen.»

Das sei schon alles? Brot und Spiele?

Nein. «Ich glaube, es hängt auch damit zusammen, dass viele den FC Bayern als eine Bastion sehen: für seriöses Wirtschaften, für Erfolgsstreben, für den Spaß, aber auch für die Darstellung von Visionen. In einer Zeit, in der die Firmen nicht mehr so viel

Geld verdienen, die Banken Krisen verursachen, die Politik in Berlin, Paris und London, um ehrlich zu sein, wahrscheinlich nicht mehr weiterweiß, kommt so ein Verein daher, der wie ein Schiff geradeaus fährt. Das verkörpert, was die Leute gerne hätten.»

Nur Gewinnen und Geld verdienen reicht nicht. Man muss auch sympathisch sein. Man muss sich auch um sein Umfeld kümmern. Man muss positiv auf seine Umgebung ausstrahlen, um «der Leute» willen. Und damit sind nicht nur die Zuschauer gemeint, sondern auch die Angestellten der Firma, in denen ein Trainer wie van Gaal nicht nur Material zum Erfolghaben sieht, sondern Menschen.

Daher werden jetzt offensichtlich auch halbvergessene Binsenweisheiten umgesetzt, zum Beispiel, dass eine Mannschaft mehr ist als die Summe ihrer Teile; dass es weniger auf die einzelnen Spieler ankommt als auf ihre Beziehungen untereinander, auf das, was eine Mannschaft zusammenschweißt. «Nicht die besten Spieler siegen, sondern das beste Team – inklusive Platzwart und Waschfrau», sagt Louis van Gaal. Darum ging er nach dem Gewinn der Champions League 1995 von Ajax Amsterdam mit dem Pokal in die Waschküche des Klubs, stellte die Trophäe den Waschfrauen auf den Tisch und sagte: «Der ist auch für euch!» Dass im Männersport Fußball jemand an die Waschfrau denkt – das ist eine der Kleinigkeiten, die van Gaal so bemerkenswert machen.

Die nächste Binsenweisheit, die jetzt in der Säbener Straße zu neuen Ehren kommt, lautet, dass zum Erfolg mehr gehört als Geld. Geld schießt keine Tore. Es gehört auch mehr dazu als der beste Trainer der Welt, die besten Fußballspieler oder die beste Infrastruktur der Welt. Was noch fehlt, ist überhaupt das Wichtigste für jede Familie, jedes Unternehmen und jedes Land. Und auch das Schwerste, weil es nur langsam aufgebaut werden kann, sich erst spät auszahlt, dann aber nachhaltig:

Werte, Anstand, ein soziales Gewissen. Louis van Gaal verfügt darüber, Uli Hoeneß auch. Darin treffen sich beide Männer, bei aller Unterschiedlichkeit. Van Gaal trägt den Pokal zu den Waschfrauen, kennt die Kinder und Frauen der Spieler beim Namen und schickt ihnen zum Geburtstag Blumen, Hoeneß kümmert sich persönlich, wenn ein Mitarbeiter in eine Notlage gerät.

«Ich lasse den FC Bayern nie im Stich. Und wenn irgendein Problem entsteht, würde ich zur Not hier sogar ein halbes Jahr den Platzwart machen», sagt Hoeneß. Die Haltung belegen auch die Angestellten des Vereins durch etliche Geschichten: wie Hoeneß Gerd Müller in den achtziger Jahren überredete, eine Entzugsklinik aufzusuchen, und dann in der kritischen Phase während der Entgiftung jeden Nachmittag von München nach Murnau fuhr, um am Krankenbett des Bewusstlosen zu wachen. Wie er ein Freundschaftsspiel für den von der Pleite bedrohten FC St. Pauli organisierte. Wie er … – es gibt viele solcher Hoeneß-Geschichten, die meisten erzählt er gerne selbst. Geschenkt. Diese Geschichten, auch die über van Gaal, sind das Fleisch und Blut zu der trockenen Definition Kants, der unter Charakter einen Menschen verstand, der sein Handeln an ethischen Maximen ausrichtet.

«Das Wichtigste ist, dass der Trainer von seinen Spielern respektiert wird. Dann vom Vorstand. Dann vom Publikum. Dann von den Medien. Das ist die Reihenfolge», sagt Louis van Gaal. Das könnte Hoeneß genauso gesagt haben. Und daraus könnte man, Kant ergänzend, ableiten, dass ein Charakter es versteht, die Prioritäten richtig zu setzen.

Hoeneß sagt: «Ich will der Patron des FC Bayern sein, der darauf achtet, dass es den Leuten gutgeht. Ein moderner Unternehmer muss auch ein Patron sein.» Er sei stolz darauf, «dass wir allen 460 Angestellten für die erfolgreiche Saison mindestens ein Extragehalt zahlen. Ich will, dass es den Leuten gutgeht, nicht nur dem Ribéry, sondern auch dem Platzwart. Wenn das so ist, funktioniert die Company.»

Das könnte auch van Gaal gesagt haben. Hier harmonieren die beiden wie Plisch und Plum, diese Harmonie wird aber noch unterfüttert von tieferen Gemeinsamkeiten. Beide stammen aus einfachen Verhältnissen, haben sich durchgebissen, hochgekämpft und in ihrer Jugend auf vieles verzichtet. Deshalb hat man großen Respekt voreinander. Beide sind konservativ, schätzen Traditionen, und darum wirkte der Holländer in seiner Lederhose auf dem Balkon des Münchner Rathauses echter als mancher Münchner Spieler aus der Zeit des FC Hollywood.

Der Holländer hat ein Faible für solche Traditionen, er spürte sofort, dass Bayern ein bisschen anders tickt als der Rest Deutschlands, und das sprach er auch aus: «Die Kultur von Bayern München passt gut zu mir. Das bayerische Lebensgefühl passt mir wie ein warmer Mantel. Mir san mir! Wir sind wir! Und ich bin ich: selbstbewusst, arrogant, dominant und ehrlich, arbeitsam, innovativ, aber auch warm und familiär. Deshalb glaube ich, dass ich hierher passe.»

Wir können eine wichtige Erkenntnis daraus ableiten: dass ein einzelner starker Charakter einem ganzen Unternehmen Charakter verleihen kann. Und womöglich mehrere starke Charaktere einem ganzen Land.

13. Helden unserer Zeit – eine Charakterstudie

Wer ins Krankenhaus muss, um sich einem chirurgischen Eingriff zu unterziehen, wünscht sich einen Arzt, dem etwas an ihm liegt, einen richtigen Arzt, der sich Zeit nimmt, zuhört, sich einfühlt, die Ängste des Patienten ernst nimmt und sie zugleich verscheucht. Dieser Arzt sollte ein Team aus Menschen um sich haben, die ganz für den Patienten da sind und sich um ihn kümmern – aber das wäre natürlich für einen Kassenpatienten unbezahlbarer Luxus.

Was wir kriegen, ist im Normalfall ein Mediziner, der sich kurz angebunden, gehetzt und mäßig interessiert unseres Falles annimmt, ihn löst und dann sagt: Der Nächste, bitte. Im schlimmsten Fall aber geraten wir an einen, der jenem aus dem Fernsehen bekannten Misanthropen gleicht, der faul, selbstherrlich, sarkastisch und grob unhöflich sehr viel Energie aufwendet, um persönliche Kontakte mit seinen Patienten zu vermeiden, der im Operationssaal schmutzige Witze erzählt und zynische Sprüche über seine Patienten reißt – House heißt er, Doktor Gregory House, Leiter der diagnostischen Abteilung am renommierten Princeton Plainsboro Lehrhospital ist er, ein Hardcore-Schulmediziner der schlimmsten Sorte, für den das, was wir so Seele nennen, nichts weiter als das Ergebnis biochemischer Prozesse im Gehirn ist.

Wer an diesen House gerät, gehört einerseits zu den bemitleidenswertesten Lebewesen auf der nördlichen Halbkugel – andererseits zu den Beneidenswertesten. Denn Dr. House, der Spezialist für rätselhafte Krankheiten, wird ganz gewiss seinem Patienten das Leben retten – nicht um des Patienten willen, sondern um seines Erfolgs willen. Er will sich und allen anderen immer wieder beweisen, dass er der Größte ist. Daraus zieht House seine ganze Befriedigung, seinen Lebenssinn, und deswegen steckt er alle Leidenschaft in die Lösung des Problems, die richtige Diagnose und die richtige Therapie.

In wessen Hand also würden wir unser Schicksal legen, wenn uns plötzlich eine unerklärliche Krankheit in Todesangst versetzte? In die Hand eines Einfühlsamen, der unserer Seele guttut, aber bei der Operation vor lauter Sorge um uns danebenschneidet? Oder in die Hand dieses unmöglichen Dr. House, dem wir völlig gleichgültig sind, während er kalt routiniert mit äußerster Präzision und Leidenschaft um unser Überleben kämpft, weil er diesen Kampf gewinnen und die Nummer eins sein und bleiben will? Die Fernsehserie «Dr. House» scheint eine eindeutige Antwort auf diese Frage zu geben.

Natürlich ist diese Figur stark überzeichnet. So einen House gibt es im wirklichen Leben kaum. Aber er charakterisiert und karikiert wesentliche Züge unseres medizinischen Personals und unseres Gesundheitssystems. Das arbeitet ja hocheffizient, hochprofessionell und erstaunlich erfolgreich. Andere Länder beneiden uns um das Hightech-System, in das wir mit unserem beschädigten Leib hinein- und später repariert wieder herausgeschoben werden.

Darüber hinaus symbolisiert die Figur des Dr. House aber noch etwas anderes, nämlich einen typischen Charakter unserer Zeit: den Profi. Jede Folge der Serie zeigt uns, was ein Profi ist: Er sieht von moralischen Grundsätzen ab. Er verachtet Moralisten. Er will nicht Gutes tun oder anderen helfen, nein, er will nur gewinnen. Seine ganze Befriedigung bezieht er aus seinem Erfolg, beruflichen Fortkommen und dem damit verbundenen Ruhm, Prestige und Geld. House geht es noch nicht einmal um das, sondern nur um den Sieg. Geld, Karriere, Statussymbole sind ihm egal, was ihn schon fast wieder sympathisch macht.

Die Krankheit eines Todgeweihten ist der Gegner, den er niederringen will. Deshalb gibt er 150 Prozent und legt sich auch mit seinen Mitarbeitern und Vorgesetzten an, wenn diese ihn aufgrund von ethischen Bedenken oder Vorschriften hindern wollen, seine unkonventionellen Methoden zu praktizieren. Er setzt sich immer durch damit. Und gewinnt. In diesem krankhaften Ehrgeiz steckt die Überlebenschance jener Kranken, die bereits von allen Ärzten aufgegeben wurden.

Ärzte müssen nicht menschlich sein, es genügt, wenn sie ihr Handwerk beherrschen und uns wiederherstellen – diesen Schluss legt uns die House-Serie scheinbar nahe.

Im weiteren Verlauf erleben wir aber, wie House in seiner Erfolgssucht – die mit einer Tablettensucht einhergeht – immer mehr Grenzen überschreitet, den Tod von Patienten riskiert, am Ende aber doch wieder gewinnt, und zwar gerade deshalb, weil er sich um keine Grenze schert. Wer heilt, hat recht. Weil ihn der Erfolg bestärkt, überschreitet er die Grenzen immer weiter – bis wirklich Patienten sterben, Mitarbeiter kündigen und House schließlich in der Psychiatrie landet, ohne natürlich akzeptieren zu können, dass er zu Recht dort ist.

Im Leiter der Psychiatrie findet er einen ebenbürtigen Gegner. Natürlich will House ihn besiegen, versucht, ihn auszutricksen, das Personal und die Patienten zu manipulieren.

Wie im Film «Einer flog übers Kuckucksnest»[48] entwischt er aus der geschlossenen Abteilung mit einem Auto und nimmt einen Patienten mit, der auf den sinnigen Namen Freedom hört. Sie vergnügen sich auf einem Jahrmarkt und haben viel Spaß in einer Maschine, die sie mit einem gewaltigen Luftschwall nach oben wirft und zwanzig Meter über der Erde so in der Schwebe hält, als ob sie fliegen könnten. House will dann aber wieder zurückkehren. Im Parkhaus glaubt Freedom, wirklich fliegen zu können, rennt euphorisch zu einem Fenster, springt und stürzt in die Tiefe. Er überlebt schwer verletzt.

Dieser Schock bringt House endlich zur Besinnung. Jetzt gibt er sich gegenüber dem Leiter der Psychiatrie geschlagen und spricht die Tatsache aus, die anzuerkennen er sich über viele Jahre geweigert hatte: «Ich brauche Hilfe.» Und erst jetzt, mit diesem Hilferuf des Profis in der Psychiatrie, kommt die House-Serie wirklich zur Sache. In dieser Szene steckt die Pointe der Geschichte über einen weitverbreiteten und einflussreichen Charakter unserer Zeit: den Borderline-Profi.

«Profi» ist ein Hochwert-Wort in unserer Gesellschaft. Jemanden als Profi zu bezeichnen, ist das höchste Lob, das man ihm zollen kann. Ein Profi ist einer, der sein Handwerk versteht und zuverlässig perfekte Leistung liefert. Der Profi genießt heute ein ähnlich hohes Ansehen wie früher der adlige Offizier. Und darum sollte man beginnen, die Profis von heute so kritisch zu sehen wie die Profis von gestern, Hitlers Offiziere zum Beispiel. Auch sie wollten nur gewinnen. Nicht primär für Hitler, sondern für sich selbst, die eigene Ehre, den eigenen Ruhm. Zusammen mit den anderen damaligen Problemtypen, den Nationalisten, Rassisten, Antisemiten und Faschisten, verursachten sie eine der größten Katastrophen der Weltgeschichte.

Die Problemgruppe von heute sind die vom ökonomistischen Zeitgeist geprägten Funktions-Eliten. Was früher die «schimmernde Wehr» war, ist heute die glamouröse Glitzerwelt der Promis und Profis aus dem Topmanagement, dem Sport- und Showbusiness, die Welt der Schönen, Reichen und Erfolgreichen in Politik, Wirtschaft, Medien, Kultur. Vordergründig sind sie weit harmloser als Hitlers Problemgruppen. Aber auch die scheinbar harmlosen Funktions-Profis können, wie wir gleich sehen werden, kleine und große Schäden und sogar gewaltige Katastrophen anrichten.

Weil das nicht gesehen wird, ist der Profi heute der Held unserer Zeit, ein zeitgeistgeprägter Herrschafts-Typ, der sich in einem fort dauernd selbst reproduziert und dadurch seine Herrschaft stabilisiert. Vom Geist der Zeit geprägt, den Geist seiner Zeit prägend – diese Rückkopplung erhält seine Herrschaft und seinen Erfolg aufrecht.

Es gibt den Typus des Professionellen in verschiedenen Ausführungen. Der eine glänzt durch Extremleistung. Man findet ihn gewöhnlich im Sport und in der Kunst – der Fußball-, Tennis-, Golfprofi, der Pianist, die Violin-Virtuosin, der Tenor, der Filmstar, die Popsängerin. Wenn diese es verstehen, sich auf professionelle Weise der Medien zu bedienen, werden sie zur «Marke», wird der Star zur «Ikone».

Wir wissen bei der Marke nicht, mit wem wir es wirklich zu tun haben. Wir sehen nur eine öffentliche Person, ihre Oberfläche, das Image, die Inszenierung, wir hören ihre marktgerecht designte Verkaufsbotschaft, erleben also eine Maskerade, und die sollen wir als Wirklichkeit nehmen. Im Schlepptau der bekannten Marken-Profis agiert mehr oder weniger anonym das unbekannte Fußvolk des Professionalismus, nach genau denselben Gesetzen wie die Marke. Es arbeitet hart daran, aus der Anonymität aufzutauchen und eine bekannte Marke zu werden.

In der anonymen Profi-Truppe findet man auch den Typ, der eigentlich in keiner Disziplin durch herausragende Leistung auffällt, es aber trotzdem weit bringen und aus der Anonymität heraustreten kann, weil er in überdurchschnittlichem Maße über etwas verfügt, was zwar nicht auffällt, aber hochwirksam ist: Connections, Machtinstinkt, hohe soziale Intelligenz, ein Gespür dafür, welche Personen man kennen muss, welche ihm nützlich sein können, welche nicht, wem man sich andienen muss und wem nicht.

Dieser Typ pflegt keine Freundschaften, sondern Seilschaften, er ist stark vernetzt, besonders mit jenen, die ihn aufgrund ihrer höheren Stellung voranbringen oder ihm aufgrund ihrer besonderen Leistung auf einem bestimmten Gebiet nützen können. Man findet den bestens vernetzten Typ in der Politik, in Verbänden, im PR-Geschäft, im Lobbyismus, auf gutdotierten Posten, in repräsentativen Stellungen, auch in den Vorstandsetagen der Wirtschaft. Dort hält er sich aber nicht lange, wenn er außer Vernetzung sonst nichts kann.

Der derzeit bekannteste Typ begegnete uns in letzter Zeit am häufigsten in der Gestalt des «Bonus-Bankers», der sogar von hochrangigen Leuten aus der Branche mit unschönen Worten gebrandmarkt wurde. So klagte etwa Klaus-Peter Müller, Aufsichtsratschef der teilstaatlichen Commerzbank, über «Söldnerkollegen, die durch Abwerbeprämien gefügig gemacht werden».[49]

Der Söldner in Gestalt des Bonus-Bankers ist bisher der einzige Profi-Typ, der in die Kritik der Öffentlichkeit geraten ist. Da Banken immer wieder betonten, exzessive Gehälter und hohe Boni für ihre besten Mitarbeiter seien nötig, um sie davon abzuhalten, dass sie zur Konkurrenz überlaufen, wurde öffentlich deren Mentalität in Frage gestellt.

Ist Geld wirklich «das ideale Steuerungsinstrument für das Rekrutieren von guten Managern? … Und wenn ja, wie sind Leute gestrickt, die sich nur über Geld steuern lassen? Sollte ein Konzern tatsächlich von solchen Söldnern abhängig sein? Und wenn ja, wollen wir Kunden bei einem solchen Unternehmen einkaufen»?[50]

Das hätte der Anfang einer Charakterdebatte sein können, in der man gefragt hätte: Wofür stehst du eigentlich? Was für eine Haltung kommt in deinem professionellen Handeln zum Vorschein? Welcher Charakter steht hinter so einer Haltung? Diese an die gesamte Funktions-Elite zu stellende Frage blieb jedoch auf die Bonus-Banker beschränkt.

Der Hochleistungs-Profi, die Marke, der anonyme Profi, der Seilschaftler und der Söldner sind natürlich grobe Typisierungen. In der Realität haben wir es meistens mit einem Mischtyp zu tun, der sich aus verschiedenen Varianten zusammensetzt.

Kriege führt dieser Held unserer Zeit nicht mehr. Von Nationalismus will er nichts wissen. Er ist weder homophob noch ein Antisemit, noch ein Nationalist, sondern sehr modern, kosmopolitisch, und darum oft einnehmend, sympathisch, verführerisch. Viele eifern ihm nach und halten seine Art für das Erfolgsmodell schlechthin.

Das führte in den letzten beiden Jahrzehnten dazu, dass die ökonomistische Denkweise dieses Typus zur vorherrschenden wurde. Längst schon hat sie ihr angestammtes Revier, die Wirtschaft, verlassen und sich in allen Lebensbereichen eingenistet. In der Politik, in der Kultur, in Bildung und Wissenschaft, in Non-Profit-Organisationen und sogar in der Kirche.

Deren Chefs, die Bischöfe, haben sich gläubig von McKinsey-Beratern erzählen lassen, dass sie ihre Kirche als Unternehmen auf dem Markt der Weltanschauungen und Religionen etablieren und um Kunden und Marktanteile kämpfen müssen. Wie leitende Angestellte und Manager hätten sie ihren Betrieb wirtschaftlich zu führen und ihr Personal zu professionalisieren, sagten die Berater. Aus Seelsorgern sollen Profis werden, und einige haben es auf diesem Weg schon weit gebracht, betrachten sich selbst tatsächlich als Chef einer Service-Agentur und ihre Botschaft als Produkt, das konsumfreundlich verpackt und in leicht konsumierbaren Häppchen unter die Leute gebracht werden muss. Die Kirche macht jetzt auch, wie jedes Unternehmen, Werbung, PR, Pressearbeit, Lobbyismus. Aus der anstößigen Kreuzesreligion wird eine gefällige Wellnessreligion, und deren Apostel haben sich schon so professionalisiert, dass sie vor lauter Geschäftstüchtigkeit ganz vergessen haben, dass ihr oberster Chef nicht verkauft, sondern verkündigt werden wollte.

Kriege führt man nicht mehr, aber erobern wollen die Helden unserer Zeit weiterhin, jedoch geht es ihnen dabei nicht mehr um Territorien, sondern um Kunden, Mitglieder, Marktanteile, Wählerstimmen, Quoten, Umsätze, Erlöse und – ja, auch und immer noch um Seelen, die aber jetzt ebenfalls «Kunden» heißen. Man könnte auch sagen: wieder – wie während der Zeiten des kirchlichen Ablasshandels.

Das «Feld der Ehre» nennt sich jetzt globaler Markt, Finanzmarkt, Realwirtschaft, Wissenschaftsmarkt, Kulturbetrieb, Mediengeschäft, Showbusiness und so weiter. Hier kämpft der Soldat des Kapitalismus professionell, mit großer Leidenschaft, ohne Rücksicht auf sich selbst, auf andere und auf Kollateralschäden, die so groß sein können wie im Krieg.

Während wir dieses Buch schreiben, sind wir gerade Zeuge eines solchen Kollateralschadens. Seit Wochen strömt im Golf von Mexiko Öl aus einem Bohrloch und verseucht das Meer und die Küstenregionen. Die Katastrophe ist ein Lehrbeispiel dafür, was passiert, wenn mit höchster Professionalität und Leidenschaft für ein einziges Ziel gekämpft und alles andere vernachlässigt wird.

Die Chefs von BP stehen im Wettbewerb mit den anderen Ölkonzernen. Sie bekommen viel Geld dafür, dass sie gute Zahlen liefern, die alle drei Monate vorgelegt werden müssen. An jedem Tag kämpft das Management darum, dass diese Zahlen von Quartal zu Quartal immer noch ein wenig besser aussehen. Und aus diesem Grund war an der Sicherheit gespart worden. Auf norwegischen oder brasilianischen Bohrinseln hätte diese Katastrophe so nicht passieren können, denn die Gesetzgeber beider Länder schreiben einen Notschalter vor, der das Bohrloch ferngesteuert schließen kann. Die Öllobby in den USA hatte jedoch verhindert, dass dieses 500 000 Dollar teure «Acoustic Switch»-System im Golf von Mexiko und Alaska vorgeschrieben wird.

Es gab noch mehr Belege für fahrlässiges Handeln und die Macht der Lobby, die in den USA so professionell agierte, dass sie die staatlichen Kontrolleure der Ölindustrie auf ihre Seite zog. «Durch zahlreiche Gespräche haben wir herausgefunden, dass es Usus war, Geschenke von Öl- und Gasfirmen anzunehmen», heißt es im internen Untersuchungsbericht des Innenministeriums in Washington über jene Inspektoren, die eigentlich darüber wachen sollten, dass sich die Ölindustrie an die Vorschriften hält. Die Ermittler listeten zahlreiche Verfehlungen auf.

Um guter Zahlen willen hatte man also in der US-Ölindustrie die Sicherheit vernachlässigt, ganz nach dem Motto: Wird schon nichts schiefgehen. So lange nichts schiefgeht, wird diese Haltung aus Leichtfertigkeit und Verantwortungslosigkeit mit guten Zahlen belohnt, und das Management wird von den «Märkten», also den Aktionären, gefeiert. Dann kommt die Katastrophe, und mit ihr kommen die Spekulanten-Profis, wetten auf die Pleite von BP und verdienen weiter an der Zerstörung der Umwelt und dem selbstverschuldeten Niedergang eines Unternehmens.

Der Profi unterscheidet nicht zwischen Gut und Böse, sondern nur zwischen gut und schlecht gemacht, Erfolg und Misserfolg, Gewinn und Verlust. Eine Fernsehsendung mag zynisch sein, die Würde des Menschen verletzend, die Hirne von Kindern vergiftend – aber wenn sie Erfolg hat? Eine andere Sendung mag intelligent, witzig, informativ, anspruchsvoll oder auf hohem Niveau unterhaltsam sein – aber wenn sie kaum jemand sehen will? Dann muss sie schlecht sein. Weg damit.

Der Profi weiß oder hat schon mal gehört, dass Philosophen und Theologen eine Gedankenkette von Jesus über das christliche Menschenbild bis hin zur Marktwirtschaft entwickelt und dieser das moralische Gütesiegel verliehen haben. Das genügt ihm. Es genügt ihm zu wissen, dass Wettbewerb, Geschäfte, Gewinnstreben philosophisch-theologisch legitimiert sind. Mit diesem Wissen im Hinterkopf lebt er seinen Eigennutz aus. Dass dieselben Philosophen und Theologen auch von Verantwortung reden und davon, dass Eigentum dem Gemeinwohl zu dienen hat – davon will der Profi nichts wissen.

Was antwortete Lloyd Blankfein, der Chef von Goldman Sachs, als man ihm Vorhaltungen machte wegen der unheilvollen Rolle seiner Bank in der Finanzkrise? Er verrichte «nur Gottes Werk» auf Erden.

Goldman Sachs ist die Bank, die das Erfinden sinnloser Finanzprodukte bis zum Exzess getrieben, die Börsen zu Spielkasinos umfunktioniert und sogenannte Finanzinnovationen allein zu dem Zweck erfunden hat, darauf wetten zu können. Es ist zu befürchten, dass Blankfein wirklich überzeugt ist, im Einklang mit Gottes Schöpfung zu handeln, obwohl die amerikanische Börsenaufsicht gegen seine Bank Strafanzeige wegen des Verdachts auf Wertpapierbetrug gestellt hat.

Die Grenzen zwischen noch legalem und schon kriminellem Handeln waren in dieser Bank fließend, und nicht nur dort. In rechtlichen Grauzonen haben in den letzten Jahren mehr Banken und Unternehmen operiert als in der «richtigen» Wirtschaftskriminalität. Aber auch diese ist schon lange ein Massenphänomen.

84 550 Fälle von Wirtschaftskriminalität hatte das Bundeskriminalamt 2008 registriert, verursacht von 35 493 Tatverdächtigen. Deren Zahl dürfte in Wahrheit rund doppelt so hoch sein, schätzt die Unternehmensberatung Pricewaterhouse Coopers (PwC)[51], denn vielen Unternehmen mangele es an der Bereitschaft, kriminelle Mitarbeiter bei den Behörden anzuzeigen. Die Unternehmen fürchteten den Imageschaden.

Der Profi ist unpolitisch. Über die gesellschaftlichen Folgen seines Handelns denkt er nicht nach. Verantwortung übernimmt er nur für sich selbst, sein Business, vielleicht noch für seine Familie. Alles andere delegiert er an die Politik, an Verbände und gemeinnützige Organisationen. Dafür spendet er auch schon mal Geld oder simuliert ein soziales Gewissen mit Hilfe von PR, Sponsoring und Charity-Aktivitäten, die er natürlich an die große Glocke hängt. «Ein guter Konzernchef weiß: Er muss ein schlechter Bürger sein, aber es darf nicht so aussehen.»[52]

Wer hart kämpft, muss den Rücken freihaben, muss sich ganz auf seine Aufgabe konzentrieren können, darf daher von nichts abgelenkt werden, und darum hat der Kämpfer einen Tross von Beschützern um sich herum. Seine Ehefrau kümmert sich um alles Private, um die Kinder, den Haushalt, die Kommunikation mit der Familie, Freunden, Bekannten. Seine Sekretärinnen und Assistentinnen schirmen ihn ab, versorgen ihn, kümmern sich um den geschäftlichen Kleinkram, buchen ihm Flüge, erinnern ihn an seinen Hochzeitstag, besorgen das Geschenk für die Gattin, pampern ihn vorne und hinten und rund um die Uhr. Seine Kofferträger arbeiten ihm zu, und außerdem leistet er sich noch Pressesprecher, PR-Spezialisten und einen Verband, die sich um die Interessen seines Unternehmens und der ganzen Branche kümmert und beispielsweise verhindert, dass Ölbohrinseln im Golf von Mexiko mit einem 500 000 Dollar billigen «Acoustic Switch»-System ausgerüstet werden und die Aufsichtsbehörden generell nicht so genau darauf achten, was die Ölindustrie so treibt.

So ein professioneller Entscheider hat eine enorme Macht, mehr Macht, als ihm in einer Demokratie eigentlich zusteht. Nicht jeder Entscheider ist dieser Macht gewachsen, die darum vielfältig missbraucht und genutzt wird, um sich über das Gesetz, die Interessen der Allgemeinheit und die Gesundheit von Mensch und Natur hinwegzusetzen.

Es gilt aber auch: Nicht jeder Entscheider ist ein gewissenloser Profi. Die meisten mühen sich sogar redlich, ihre Geschäfte sauber zu führen. Aber der durch die Globalisierung um ein Vielfaches gestiegene Konkurrenzdruck drängt auch die Anständigen immer häufiger in Situationen, in denen sie nur die Wahl haben zwischen einer schmutzigen Entscheidung und dem Gefeuertwerden. Und immer häufiger haben sie es bei ihren Konkurrenten mit ökonomistisch deformierten Charakteren zu tun, die keine Skrupel kennen. Immer häufiger müssen sie gegen pathologische Erfolgs-Junkies kämpfen.

Zahlreiche professionelle Entscheider bräuchten eher Hilfe statt Boni. Aber wie unser Dr. House sieht der Erfolgs-Junkie das nicht ein – oder erst sehr spät.

Einer, der schon in jungen Jahren die Kollateralschäden des Profitums erkannt und darüber gründlich nachgedacht hat, ist der ehemalige Torwart des FC Bayern München, Oliver Kahn. In einem bemerkenswerten Interview sagte er: «Wenn man beim FC Bayern spielt und in der Nationalelf Nummer eins ist, dann kommen Momente, die einen in Grenzbereiche der Belastbarkeit bringen. Dann muss man sich fragen, ob es Wege gibt, über ein anderes Denken und eine andere Einstellung etwas dagegen zu tun. Sich in solchen Momenten Hilfe zu holen, ist eher ein Zeichen von Stärke als von Schwäche.»[53]

Man konnte in diesem Interview viel lernen über die Persönlichkeitsstruktur eines Profis und über den Druck, dem man als Profi ausgesetzt ist, dem man sich selber aussetzt – und wie er einen verändert. Ist es denn richtig, derart an die eigenen Grenzen zu gehen? Kahn antwortet: «Ich habe schon Grenzen überschritten, die ich heute nicht mehr überschreiten würde. … Es gibt nichts im Leben, was es wert ist, sich dafür kaputtzumachen. Heute würde ich sagen: Das Wichtigste an einer Sportler-Karriere ist, dass man sich selbst und das Drumherum nicht zu ernst nimmt.»

Hatte Kahns Torwartkollege Robert Enke, der das Land durch seinen Selbstmord schockte, das Drumherum zu ernst genommen? Kahn sieht Ähnlichkeiten zur eigenen Situation: «Seine konkreten Probleme kannte ich nicht, aber grundsätzlich kommen solche Themen für mich nicht überraschend. Egal, ob man sich Andre Agassi anschaut oder Tiger Woods, eines ist bei Menschen in Hochleistungsbereichen weit verbreitet: die Anfälligkeit für psychische Störungen. Dass Menschen, die sich in extremen Sphären bewegen, unter Ängsten, Depressionen oder Ähnlichem leiden, ist für mich nicht neu. … Roger Federer hat mal gesagt: Ich habe ein Monster geschaffen. Er meinte damit: Man muss als Nummer eins die Erfolge immer wieder bestätigen. Dafür muss man ständig an seine Grenzen und darüber hinaus gehen. Ich glaube, dafür ist das Leben uns nicht gegeben worden. … Wenn du im Tunnel steckst, wenn du merkst, du wirst besser und besser, dann wird der Druck irgendwann immer größer. Dann dringt man als Mensch in extreme Bereiche vor – in Bereiche, in die man nie kommen wollte.»[54]

Profis sind Grenzüberschreiter. So lange sie damit nur sich selbst in Gefahr bringen, ist es, abgesehen von der Leitbildfunktion, die sie – ob sie es wollen oder nicht – in einer Mediengesellschaft haben, ihre Privatangelegenheit. Aber Profis sind überall am Werk, in den Medien, in der Wirtschaft, in der Politik. Deren Grenzüberschreitungen und -verletzungen betreffen alle.

Vor circa einem Jahrzehnt startete die Fernsehserie «Big Brother», für die Menschen freiwillig in einen Container zogen, um sich rund um die Uhr von Kameras filmen zu lassen. Politiker, Bischöfe, Leitartikler schrien auf, der Bundesinnenminister wertete die Show als Anschlag auf die Menschenwürde, konnte ihn jedoch nicht verhindern.

In den Talkshows saß John de Mol, ein Vollprofi und Produzent der Sendung. Er sagte, dass man fälschlich geglaubt habe, die Grenzen im Fernsehen bereits erreicht zu haben. «Big Brother» aber beweise, «dass die Grenzen noch lange nicht erreicht sind».

«Big Brother» läuft noch immer, und inzwischen haben wir zahlreiche weitere Anschläge auf Würde, Anstand und Geschmack überstanden, weil wir mittels Salamitaktik daran gewöhnt wurden und im Internet sowieso alles noch schlimmer ist. Aber wenn man uns 1984 die ganze Wurst am Stück gezeigt hätte – hätten wir das Privatfernsehen dann gewollt?

Das scheibchenweise Verschieben von Grenzen durch die Anything-goes-Salamitaktiker macht vielen Angst, denn inzwischen geht es nicht mehr nur um die Grenzen des Anstands in den Medien, sondern auch die Grenzen des ökonomischen Prinzips dieser Welt, um Lohn-Untergrenzen, Gehalts-Obergrenzen, Grenzen des Wachstums, der Spekulation, der Ausbeutung von Mensch und Tier, der Gentechnik, der Medizin, des Datensammelns, der Pressefreiheit.

Menschen brauchen Grenzen, aber sie müssen sich darauf erst mal einigen. Das gelang einigermaßen, als es noch Milieus mit gemeinsamen Überzeugungen gab. Seit sich aber pluralistische und tendenziell orientierungslose Individualisten-Gesellschaften entwickeln, wird es immer schwieriger, Mehrheiten für verbindliche Normen zu finden. Viele Einigungen unterbleiben ganz, mangels Mehrheit. Die letzte schwere Sünde, auf die sich unsere Gesellschaft noch zu fast hundert Prozent einigen kann, ist der sexuelle Missbrauch von Kindern. Niemand weiß, wie lang der Konsens noch halten wird, und im großen Rest des Reichs von Gut und Böse herrscht längst das Chaos.

Das Ergebnis ist moralisches Lavieren. Ein bisschen moralisch ist fast noch jeder, vor allem im Privatleben und dort, wo es ihn nichts kostet. Im Business aber agiert der Profi, und da zählt der Erfolg, die Quote, der Aktienkurs. Moral hat dort nur dann ein Recht, wenn sie den Erfolg nicht gefährdet oder ihm dient.

Fairness, beispielsweise, ist im Sport etwas für den Amateur. Für den Profi gelten andere Gesetze. Jedes «taktische Foul» im Profi-Fußball kündet davon. Und jede Ausgabe von «Bild» und «Bunte» erzählt, dass nicht Moral ihre Macher leitet, sondern Professionalität. Profis wollen gewinnen. Müssen gewinnen. Dafür ist oft jedes Mittel recht.

Professionelle aller Länder bestimmen den Lauf der Welt, und der Bürger spürt, dass nicht mehr er es ist, der über demokratische Verfahren regelt, wie er in seiner Heimat leben und arbeiten darf. Das regelt sich im globalen Industrie-Standort durch das scheinbar ungesteuerte Tun der Profis über den Kopf des Einzelnen hinweg von selbst. Nur noch eine letzte äußerste Grenze gibt es, an der sich entscheidet, was geht und was nicht, und das ist keine moralische, sondern die ökonomische. Diese steuert die Akteure – mit dem Ergebnis, dass gemacht wird, was sich kurzfristig rechnet. Was sich nicht oder nur langfristig rechnet, unterbleibt. Sollen wir also alle wieder brave, anständige Amateure werden? Auf keinen Fall. Wir brauchen überall die Besten und Tüchtigsten. Mit Amateuren kann man keine Hightech-Gesellschaften steuern. Aber unsere Experten, Hochleister und Profis müssen auch mündige Bürger sein, verantwortungsbewusste Demokraten, Profis mit Charakter. Vor allem brauchen wir Menschen, die sich des mörderischen, vor jeder Verantwortung ausweichenden Konkurrenzdrucks bewusst werden und gemeinsam mit anderen darüber nachdenken, wie wir diesen Druck auf ein vernünftiges Maß drosseln können.

Wir brauchen Profis, die Grenzen respektieren, langfristig denken und über ihr eigenes Geschäft hinaussehen. Die Abkoppelung der Professionalität von Ethik muss rückgängig gemacht werden. Im Elternhaus, im Kindergarten, in Schule, der Universität, in den Medien und der Wirtschaft muss gemeinsam daran gearbeitet werden, dass sich möglichst jeder für die Einhaltung ethischer Normen verantwortlich fühlt.

Ist das realistisch? Ist es realistisch zu glauben, durch Aufklärung, Information, Erziehung und Bildung wieder Moral, Haltung und Charakter in die Wirtschaft und Politik bringen zu können? Vielleicht nicht, aber etwas anderes haben wir nicht. Und: Wer hier in vorauseilender Resignation nein sagt,

sagt nein zur Zukunft, gibt sich und unsere Welt auf. Wer voreilig ja sagt, unterschätzt die Größe der Aufgabe. Scheitern ist wahrscheinlicher als Gelingen. Aber versucht werden muss es.

14. IchAllesSofort – der infantile Charakter

Die Konstante im Leben eines Bauern der Agrargesellschaft war der sonntägliche Kirchgang. Mochten die Jahreszeiten, Kaiser, Könige und Päpste wechseln, eines blieb konstant, eines blieb so sicher wie das Amen in der Kirche: die regelmäßige Verehrung Gottes, und auch das Gebet der Mönche zu jeder vollen Stunde.

Heute, in unserer hochentwickelten, multikulturellen, multiethnischen Individualisten-Gesellschaft, kann es so eine Konstante nicht mehr geben – denkt man vielleicht. Stimmt aber nicht. Es gibt sie, und sie gehört so sehr zu unserem täglichen Leben, dass sie uns so wenig auffällt, wie den Bauern die selbstverständliche Verehrung Gottes aufgefallen war. Aufgefallen war sie den Amerikanern, als diese Konstante eines Tages plötzlich fehlte. Am 11. September 2001, als zwei Flugzeuge in die Türme des World Trade Centers rasten, war im ganzen Land die Werbung im Fernsehen ausgefallen. Bis zu jenem Tag war sie die zuverlässigste Konstante im Leben der Amerikaner – und ist es wieder seit dem 12. September.

Die Programme im Fernsehen wechseln, die Moderatoren, Nachrichten und Inhalte wechseln, Präsidenten kommen und gehen, die Zeiten ändern sich immer schneller, die Zukunft ist ungewiss, alles ist offen und unvorhersagbar, nur eines ist so sicher wie das Amen in der Kirche: die Werbeunterbrechung.

Sie brennt den Menschen im Lauf ihres Lebens in Millionen Werbeunterbrechungen unauslöschlich ins Hirn, Leben bestehe aus Kaufen und Verkaufen. Kaufen und Verkaufen global und rund um die Uhr, im Wohnzimmer und in der Shopping

Mall, auch sonntags, gerade sonntags, das scheint die Bestimmung des Menschen in der Kultreligion des Kapitalismus zu sein.

Telenovelas, Serien, Formate, ganze Programme entstehen heute allein für den Zweck der Verkaufe und werden feinfühlig um die beworbenen Produkte herum entwickelt. Marketingstrategien bringen genau ausgeklügelte Serienhelden hervor, welche die Zielgruppe vor der Glotze versammeln sollen, damit die teure Werbung auch ihre Adressaten findet.

Ist eigentlich schon mal wissenschaftlich untersucht worden, wie tief diese «Werbung von Anfang an» – der schon Kinder ausgesetzt sind, die noch gar nicht richtig sprechen, geschweige denn lesen und schreiben können – die Menschen prägt und wie sehr sie unsere Anstrengungen um eine «Bildung von Anfang an» konterkariert? Wie sehr diese Konstante, der man kaum entkommt, in die Persönlichkeitsentwicklung eingreift?

Wir wissen es nicht. Aber wenn wir sehen, wie beseelt jene Glücklichen in die Kameras sprechen, denen es nach durchwachter Nacht und zehnstündigem Schlangestehen vor einem Apple-Laden gelungen war, als Erste ein iPad kaufen zu dürfen, und wenn wir sehen, wie die Massen an verkaufsoffenen Sonntagen die Geschäfte stürmen, als ob Einkaufenkönnen von Montag 8 Uhr bis Samstag 22 Uhr nicht reichen würde, dann scheint zumindest eines bewiesen: Die Werbung hat es geschafft. Sie hat die Masse im Griff. Sie hat es geschafft, Shoppen zum Sinn des Lebens, zumindest zum hauptsächlichen Lebensinhalt großer Teile der Bevölkerung zu machen.

Der Konsument ist das Pendant zum Profi. Beide bedingen einander. Der Profi aus dem Marketing schleicht wie ein Spitzel dem Konsumenten im Internet und an der Supermarktkasse nach, beobachtet sein Kaufverhalten, sammelt Daten über sein Alter, Geschlecht, die Schulbildung, das Einkommen, den Medienkonsum, das Freizeitverhalten, seine Weltanschauung, sein

Sexleben und kreiert daraus zielgruppenspezifische Produkte, Marketingstrategien und Werbebotschaften.

Und zahlreiche Konsumenten helfen dem Profi bei dieser Arbeit, indem sie sich über bestimmte Plastikkarten bereitwillig anleinen lassen, wenn sie mit diesen Karten zahlen. Damit melden sie brav nach oben, was und wo sie gerade wieder eingekauft haben, und dafür sammeln sie dann Payback-Punkte, Meilen, Webmiles, Treueherzen, für die sie von Zeit zu Zeit etwas «geschenkt» bekommen, das sie letztlich durch ihre Einkäufe selbst bezahlt haben. Wer das Spiel durchschaut, macht trotzdem mit, weil er ja sonst die Geschenke der anderen mitbezahlt, ohne selbst etwas dafür zu bekommen. Und vermutlich auch, weil er denkt: Sollen sie doch mit meinen Daten machen, was sie wollen, ich habe nichts zu verbergen, und was immer sie über mich zu wissen glauben, es ist nicht einmal ein Zehntel der Wahrheit. Meiner komplexen Persönlichkeit werden die Analysen der Datenschnüffler sowieso nicht gerecht.

Da mag der Einkäufer recht haben oder auch nicht, aber: Sollte er nicht trotzdem gegen die Datenschnüffelei protestieren und sich ihr entziehen, statt ihr auch noch zuzuarbeiten? Einfach aus Prinzip? Weil es sich nicht gehört, Menschen hinterherzuspionieren? Weil man keine Kontrolle über die Daten hat und sie für andere Zwecke missbraucht werden könnten?

Er sollte. Aber er tut es nicht, denn er ist unpolitisch, ist so wenig ein Demokrat und mündiger Bürger wie der Verkaufs-Profi. Beide scheren sich nicht um die Folgen ihres Tuns, beide interessieren sich nicht für Politik, Ethik, Moral, sondern für Zahlen, der Profi für den Aktienkurs, der Konsument für den Preis. Der Aktienkurs soll immer höher steigen, der Preis immer tiefer fallen. Geiz ist geil.

Der Schnäppchenjäger ist die dominierende Spezies unter den Konsumenten und neben dem Profi der zweite große, zeitgeistgeprägte und zeitgeistprägende Massentypus unserer Gegenwart. Obwohl er sich nicht besonders für das Weltgeschehen interessiert, beeinflusst er es stark, allein durch seine Kaufentscheidungen und die Weigerung, sich für die Welt zu interessieren, sich kritisch zu informieren und über sein Konsum-Verhalten nachzudenken. Dort, wo der Profi und der Geiz-ist-geil-Charakter zusammenwirken, ruinieren sie die Welt und ihr eigenes Schicksal, ohne Absicht, ohne bösen Willen, und darum ohne Schuldbewusstsein, aber sehr effizient.

Der Entschluss, sich die 500 000 Dollar teure Sicherheitseinrichtung für ihre Ölbohrinsel im Golf von Mexiko zu sparen, ruiniert jetzt nicht nur den Ozean und die Küsten, sondern auch BP und deren große und kleine Aktionäre, die natürlich immer die höchste Rendite wollen und schon für ein Viertelprozent mehr die Aktie wechseln. Diesen Charaktertyp interessiert nicht, wie und womit seine Dividende verdient wird, ob sie eventuell mit Einsparungen bei der Sicherheit, Nachlässigkeiten beim Umweltschutz oder mit Massenentlassungen erkauft wurde.

Es interessierte ihn nicht einmal, wenn das Management kurzfristig kräftige Kurssteigerungen durch Sparen bei Forschung und Entwicklung, Verringerung der Produkt- und Servicequalität oder durch schlechte Behandlung ihrer Kunden erkaufte und damit langfristig seine Zukunft und natürlich zukünftige Gewinne aufs Spiel setzte. Bevor dergleichen eintritt, hat der Aktionär seine Anteile längst zugunsten einer anderen Kursrakete abgestoßen.

In der Summe baut dieser massenhaft vorkommende Charakter durch seine kurzsichtige Viertelprozent-Gier jenen Druck auf, der sich über die Börse und Fonds-Manager zu den Unternehmensvorständen fortpflanzt und diese in jene Position drängt, in der sie nur noch zwischen schmutzigen Entscheidungen, ehrenwertem Rücktritt oder unehrenhafter Entlassung wählen können. Die Folgen dieses Drucks sind ruinös – und manchmal fallen sie auf den Kleinaktionär selbst zurück.

Der besitzt Aktienfonds für seine Altersversorgung und übt entsprechend Druck aus auf den Fondsmanager, damit dieser eine möglichst hohe Rendite erzielt. Der Fondsmanager lädt den Druck ab bei den Vorständen der Unternehmen, deren Aktien im Fonds stecken. Die Vorstände geben diesen Druck nach unten weiter, und wenn das nicht reichen sollte, entscheiden sie sich für jene Massenentlassungen, die Aktionäre immer jubeln lassen. Unter den Entlassenen kann sich dann auch unser Kleinaktionär befinden, der sich mit dem von ihm selbst produzierten Druck wegrationalisiert und ein Arbeitslosenschicksal beschert hat.

Ähnliche Spiralen setzt der geizige Konsument durch seine Kaufentscheidungen in Gang. Für fünf Eier musste ein Arbeitnehmer mit Durchschnittslohn im Jahr 1950 rund eine Stunde arbeiten. Zehn Jahre später bekam er dafür schon ein Dutzend Eier. 1970 konnte er sich für den Lohn einer Arbeitsstunde dreißig Eier kaufen, 1980 waren es fünfzig, und heute sind es siebenundsiebzig.[55] Bezahlt wird dieser wunderbare Kaufkraftzuwachs mit der millionenfachen Qual von Hühnern, die nicht mehr artgerecht leben dürfen, sondern als hochgezüchtete Fress- und Legemaschinen leiden müssen.

Dasselbe gilt für Schweine, Kälber, Rinder, Puten, Hähnchen. Ihr Fleisch ist trotz steigender Preise relativ zum Einkommen immer billiger geworden. Für so gut wie alle Lebensmittel arbeiten wir heute drastisch kürzer als vor fünfzig Jahren – vier Minuten für ein halbes Pfund Butter heute, neununddreißig Minuten damals. Auch Milch, Käse, Obst, Gemüse, Brot – alle Lebensmittel sind spottbillig geworden auf Kosten der Tiere und zu Lasten der Natur.

Das liegt nicht am bösen Bauern, der gerne Tiere quält und Lust hat, die Natur zu malträtieren, dass liegt an jenen «Markt» genannten Konsumenten, die als «Schnäppchenjäger» jedem Sonderangebot hinterherhecheln. Jeder Supermarktleiter weiß, wie gering die Zahl derer ist, die sich fürs teure Bio-Ei, Bio-Fleisch, Bio-Gemüse entscheiden. Er würde ja gerne die Eier vom Käfighuhn aus dem Sortiment nehmen. Aber dann gehen seine Kunden zur Konkurrenz.

Doch diese durch den professionellen Konkurrenzkampf immer billiger produzierte Ware kommt uns immer teurer zu stehen. Hormoncocktails im Massentierhaltungs-Fleisch, Pestizid-Rückstände in Obst und Gemüse, Nitrite und Phosphate im Grundwasser, Lebensmittelskandale, Gammelfleisch, zerstörte Kulturlandschaften, Bodenerosion und Bodenverdichtung, landwirtschaftliche Monokulturen sind der Preis für billige Lebensmittel. Wären all diese Kosten «eingepreist», würde man also die nachträglichen Kosten der Umweltschäden, der Grundwasserverseuchung, Wiederaufforstung etc. einkalkulieren, dann wären die Billigprodukte viel teurer als tier- und umweltfreundlich erzeugte Lebensmittel.

Noch teurer würden sie, wenn man weitere Folgen der Billigproduktion über den Preis auf den Konsumenten abwälzte, zum Beispiel die hohen Gesundheitskosten. Weil Lebensmittel so billig sind, wird zu viel gegessen und getrunken. Zu viel Fett, zu viel Wein, zu viel Bier, zu viel Kohlehydrate, zu viel Salz, zu viel Süßes, zu viel Junk-Food – das alles macht dick, krank, verursacht Diabetes, Bluthochdruck, Herz-Kreislauf-Krankheiten und treibt die Gesundheitskosten in die Höhe.

Würden Lebensmittel umwelt- und tierfreundlicher produziert, wären sie teurer. Es würde weniger konsumiert, wir wären gesünder und würden für die höheren Preise vielfältig entschädigt: Steuern und Abgaben könnten sinken, weil die Umweltbelastung zurückginge. Der allgemeine Gesundheitszustand der Kassenpatienten besserte sich, ihre Beiträge könnten sinken. Infolgedessen sänken auch die Arbeitskosten, und die Wettbewerbsfähigkeit stiege. Schöne Landschaften und eine höhere Lebensqualität bekämen wir obendrein.

Für solche Zusammenhänge ist der geizige Charakter blind. Das interessiert ihn nicht, er weiß es gar nicht, und wenn er's wüsste, zöge er daraus keine Konsequenzen.

Der Geiz-Charakter geht zum Fachhändler, um sich vor dem Kauf eines neuen Fernsehers oder Kühlschranks beraten zu lassen. Wenn er dann weiß, was er will, sagt er danke, geht in den Elektrogroßmarkt oder bestellt im Internet und hat mal wieder fünfzig bis hundert Euro gespart. Und dazu beigetragen, dass die kleinen Fachgeschäfte aus den Innenstädten verschwinden, Junk-Food-Läden nachrücken, der Händler pleitegeht und Mitarbeiter entlässt.

Billig ist dem Geiz-Charakter wichtiger als schön oder gut. Für Schönheit und Qualität zu zahlen, ist er nicht bereit. Dass seine Wohnung, seine Straße, sein Viertel und die privaten und öffentlichen Gebäude dort schöner sein könnten, darüber hat er noch nie nachgedacht. Die Verwahrlosung seines Viertels, die heruntergekommenen Kneipen, der vertrocknete Park, das Fehlen von Springbrunnen, Kunst, urbaner Kultur stören ihn nicht, nimmt er gar nicht richtig wahr und nimmt es darum hin.

Er hat ja seinen riesigen, als Schnäppchen erstandenen Flachbild-Fernseher und seinen Computer, der gefüllt ist mit der von den Computerzeitschriften vertriebenen Gratissoftware und Hunderten illegal aus dem Internet geladenen Filmen, Songs und Spielen, die ihn so beschäftigen, dass er für die Lektüre einer Qualitätszeitung oder eines anspruchsvollen Buches gar nicht die Zeit hätte. Und wenn er sie hätte, wäre ihm ein Jahres-Abo der FAZ oder der Süddeutschen Zeitung mit 500 Euro zu teuer. Wofür so viel Geld zum Fenster hinauswerfen, wenn er doch im Internet ganz umsonst erfährt, ob Schumacher gewonnen hat, Paris Hilton nach München kommt oder welchen Spruch Dieter Bohlen gerade wieder vom Stapel gelassen hat?

Der Geiz-Charakter weiß nicht, was er alles nicht weiß. Er leidet daher auch nicht unter seinem Nichtwissen, kann deshalb gar kein Verlangen nach Hintergründen, Aufklärung, Kritik oder fundierter Meinung entwickeln und fällt als Käufer für die Qualitätszeitung und das Buch aus. Er braucht keine guten Restaurants, in der erstklassige Produkte frisch aus der Region jeden Tag kreativ verarbeitet werden. Dafür zu zahlen käme ihm nicht in den Sinn. Von Pizza, Hamburger, Döner, Fischstäbchen und tiefgekühltem Form- und Klebefleisch, das man in die Mikrowelle schiebt, kann man sich auch ernähren.

Unser Land verfügt über zahlreiche kreative Architekten, Künstler, Designer, Schreiner, Köche, Schneider, Journalisten, Handwerker, Einzelhandelskaufleute, Bauern, die gerne Qualität liefern und gerne die Lebensqualität in unseren Städten und Gemeinden verbessern würden. Aber der Geiz-Charakter erlaubt es ihnen nicht. Sie sind ihm zu teuer. Sie bieten etwas an, worauf er gar keinen Wert legt.

Wären alle bereit, für Qualität und Ästhetik mehr zu zahlen, hätten wir mehr Beschäftigung, mehr qualitatives Wachstum, höhere Steuereinnahmen, niedrigere Steuern und Sozialabgaben und weniger Hartz-IV-Empfänger. Geiz macht nicht reich, sondern arm. Geiz spart die Welt kaputt.

Aber der Geiz-Charakter weiß es nicht. Er setzt mit seinen Anlage- und Kaufentscheidungen Wirtschaftskreisläufe in Gang, die Teufelsspiralen gleichen. Seine Verantwortung für die Verwahrlosung der Welt vermag der Geiz-Typ jedoch nicht zu erkennen. Letztlich ist dieser allgegenwärtige Charakter unserer Zeit infantil.

Diese Infantilität manifestiert sich in zahlreichen Formen, aber lässt sich auf den Nenner bringen: Ich, alles, sofort. Den IchAllesSofort-Infantilen erleben beispielsweise die Lehrer jeden Tag im Unterricht. So klagt etwa ein Pädagoge: «Jasmin und Anke schleppen regelmäßig Stückchen vom Bäcker, Schokoriegel, Cola- und Fanta-Dosen mit in den Unterricht, um ihr Frühstück zu halten. ‹Wir hören doch zu und arbeiten mit›, versprechen sie mit vollem Mund und pikiertem Augenaufschlag. Die Jungens ziehen sich Frittenportionen auf Papptellern mit Mayo und Ketchup vom Imbiss rein. ‹Mussten unten so lange warten›, ‹Ich hab eben Hunger›, ‹Was regen Sie sich denn auf, bin ja gleich fertig.› Ihre taktlose Empörung demonstriert ihr Unverständnis gegenüber minimalen Ordnungsregeln.»[56]

Jedes Bedürfnis muss sofort befriedigt werden, duldet keinen Aufschub. Wer Durst hat, kann mit dem Trinken nicht bis zur Pause warten, und auch nicht, wer gerade ein bisschen Harndrang verspürt. Wem irgendetwas einfällt, was er seinem Freund sagen möchte, muss es sofort loswerden, und weil das alle tun, muss der Lehrer ständig mit lauter Stimme das Gesumm in der Klasse übertönen.

Der Unfähigkeit, mit der Befriedigung eines Bedürfnisses mal eine Stunde zu warten, entspricht das Leben in unseren Innenstädten. Essende und trinkende, iPod-verstöpselte Passanten auf der Straße, auf der Rolltreppe im Kaufhaus, im Auto. Abends, besonders am Wochenende, ziehen Scharen von Jugendlichen durch die Fußgängerzonen, und jeder, egal, ob männlich oder weiblich, mit einer Flasche oder einer Dose in der Hand, meist gefüllt mit Bier, Wein oder Sekt, gekauft in Läden, die von dieser Kundschaft leben und extra für sie bis 22 Uhr geöffnet haben. Ich konsumiere, also bin ich.

«Die nervösen, unkonzentrierten Medienkids unserer Erlebnisgesellschaft sind nur noch bedingt gemeinschaftsfähig und lerntauglich. Angesichts zerbröselnder Elternhäuser, in denen allzu oft kaum mehr stattfindet, was man annähernd bewusste Erziehung nennen könnte, sind Jugendliche zu Unbehausten geworden. … In der Schule sind sie auffällig unkonzentriert, schnell frustriert, wenn unmittelbarer Erfolg ausbleibt. Sie haben nicht gelernt, sich mit Geduld und Ruhe etwas zu erarbeiten. Den Walkman immer im Ohr, sind sie auf permanente Sinnesreize aus, auf Abwechslung und pausenlosen Fun, sonst haben sie keinen Bock. Sie werden schnell aggressiv und kennen Manieren als angenehme, respektable Form zwischenmenschlicher Beziehungen meist nur vom Hörensagen. Dafür klagen sie mit arroganter Selbstverständlichkeit allerorten die spontane Befriedigung ihrer Bedürfnisse ein.»[57]

Und die Lehrer? Der eine kämpft dagegen an, der zweite hat schon resigniert, der dritte scheut die Auseinandersetzung, der vierte behauptet, mit dieser Mentalität zurechtzukommen, der fünfte entschuldigt sie als Reflex gesellschaftlicher Verhältnisse. «So werden Jugendliche entmündigt, indem ihnen allzu bereitwillig jede Eigenverantwortung für ihr Tun abgenommen ... wird. ... Das pädagogische ‹Helfersyndrom› fördert nur die ohnehin chronisch fortschreitende Infantilisierung Heranwachsender, produziert eine Generation von Rausrednern und Lavierern, die schnell lernen, sich für ihr eigenes Fehlverhalten andere als Sündenböcke zu suchen.»

Diese Reflexionen eines Lehrers über seinen Unterrichtsalltag stammen aus dem Jahr 1998. Längst leben seine Schüler als infantile Erwachsene unter uns. Und mehr als zehn Jahre später singen zahlreiche Lehrer noch immer dasselbe Lied.

Wie die typische City, so hat sich auch das Hauptinformationsmedium unserer Zeit, das Fernsehen, an die Infantilität seines Publikums angepasst. Man muss «nur mal den Fernseher einschalten. Das meiste, was da gezeigt wird, kann ja eigentlich nicht für Erwachsene gedacht sein – sondern eher für Fünfzehnjährige»[58], meint der Politikwissenschaftler Benjamin Barber. Und der deutsche Schriftsteller Bodo Kirchhoff beobachtet: «Auf allen Produkten, auf allen Kanälen: große egozentrische Kinder, denen die Welt als Erweiterung ihrer selbst erscheint. Eine infantile Gesamtlage, ohne die es Banker nicht so leicht gehabt hätten, uns allen, einschließlich der Gesetzgeber, weiszumachen, sie könnten das ewige Leben des Geldes garantieren.»[59]

Wieder haben wir es mit einer sich selbst stabilisierenden Rückkopplung zu tun, in diesem Fall mit einer Rückkopplung zwischen infantilisierten Konsumenten und infantilisierenden Produzenten. Sie muss ungefähr um das Jahr 1988 herum begonnen haben. In diesem Jahr sangen die Dire Straits «Money for nothing and chicks for free» – Geld für gar nichts und Mädchen umsonst. Damals waren die späteren Global Player noch in der Pubertät.[60]

Zehn Jahre später strebten die Aktienkurse von Unternehmen der sogenannten New Economy von einem Höchststand zum nächsten. Genährt wurde diese Rallye vom infantilen Anspruch auf Geld und Glück für jeden, und vom infantilen Glauben an die Möglichkeit, ohne Anstrengung über Nacht reich werden zu können.

Die neuen Technologien, so lautete ihre Ideologie, verfügten über das Potenzial, die Gesetze der «Old Economy» zu überwinden, und generierten eine neue Art von Wirtschaft, in der die Hochtechnologie permanent neues Wachstum, einen Boom ohne Ende produzierte. Da die neue Ideologie massenhaft Gläubige fand und sogar das Dienstmädchen, der Opa und der Alt-68er das Ersparte in die Aktien der sagenhaften neuen Unternehmen steckte, stiegen die Kurse tatsächlich. Weil sie stiegen, stiegen immer mehr Anleger ein, infolgedessen kletterten die Kurse noch höher, bis sie zuletzt mit den realen Gewinnaussichten der jungen Hightech-Klitschen nichts mehr zu tun hatten. Deshalb platzte die Blase. Das Ersparte war futsch, aber die infantilen Anleger gaben nicht sich die Schuld, sondern anderen.

Der Infantile gibt gern auch den Politikern die Schuld für alles und schimpft über deren Verlogenheit. Wenn aber dann doch ein Politiker sich mal zur Wahrheit hinreißen lässt, ist der Teufel los. Zum Beispiel, als Franz Müntefering den Rentnern mit der Wahrheit kam und sagte: Die Deutschen starten immer später in den Beruf, leben immer länger, vergessen vor lauter Wohlleben und Genuss das Kinderkriegen – verlangten aber die Beibehaltung ihres hohen Lebensstandards bis in ihr hundertstes Lebensjahr. Ebendies sei aber nur mit einer Erhöhung des Rentenalters finanzierbar, und darum wolle er es auf siebenundsechzig anheben.

Das Protestgeschrei, das vermutlich noch heute in Münteferings Ohren nachhallt, gab jenen Politikern recht, die dem Volk noch nie die Wahrheit sagten, weil sie nicht an den «mündigen Bürger» glauben, sondern immer nur den infantilen erleben – den sie aber über Jahrzehnte hinweg selbst herangezüchtet haben. Nun sind sie Gefangene ihrer infantilen Zucht.

Alle sind wir den infantilen Konsumenten und den Folgen seines Handelns ausgeliefert. Auch er selbst ist Opfer seines Charakters.

Wir können uns diesen Typ nicht mehr leisten. Er ist zu teuer. Daher muss in seine Bildung investiert werden. Und in seinen Charakter.

15. Wer ist ein gebildeter Mensch?

Winfried Schulze ist emeritierter Professor der Neueren Geschichte an der LMU München, Mitglied der Historischen Kommission bei der Bayerischen Akademie der Wissenschaften, korrespondierendes Mitglied der Bayerischen, Österreichischen und Finnischen Akademie der Wissenschaften, Mitglied der Academia Europaea, er war Vorsitzender des Wissenschaftsrates von 1998 bis 2001 und ist seit 2008 Gründungsdirektor des Centers for Advanced Studies der LMU München.

Wenn man fragt, welche Bildung wir brauchen und was das überhaupt ist, könnte man glauben, Schulze sei der richtige Mann. Er fordert: «Kompetenz statt Bildung!» Seine These lautet: «Angesichts der heutigen Wissensproduktion und -differenzierung stößt das neuhumanistische Bildungskonzept an seine Grenzen. An seine Stelle sollte ein Set von Kompetenzen treten: die Kompetenz zum Wissenserwerb, zur kritischen Prüfung der Wissensbestände und zur Aussonderung unbrauchbaren Wissens.»[61]

Das ist uns zu einfach. Und vor allem zu wenig. Es ist genau das Verständnis von Bildung, von dem wir glauben, dass es die Zukunft unserer Kinder verbaut. Schon die Begründung leuchtet uns nicht ein, obwohl seine Voraussetzung, die Wissensexplosion, natürlich ein Faktum ist. Es gäbe einfach zu viel Wissen, deshalb müsse man das unbrauchbare Wissen aussondern.

Die Menschen des 18. Jahrhunderts hatten es leichter als wir. Wer wollte, konnte sich damals im Lauf seines Lebens das gesamte Wissen seiner Zeit aneignen. Es war gespeichert in der berühmten Encyclopédie der französischen Aufklärer Diderot und d'Alembert und umfasste achtundzwanzig Bände mit 72 000 Artikeln. Natürlich steckte darin nicht das gesamte Wissen der Menschheit, aber immerhin jenes, von denen die Aufklärer glaubten, es sei wert, gewusst zu werden.

Doch dieses Wissen wuchs rasend weiter, und heute explodiert es. Mehr als 400 000 Publikationen, davon rund 124 000 neue Titel, präsentierte die Frankfurter Buchmesse im Jahr 2009. Allein diese Flut nur eines Jahres könnte ein Einzelner selbst dann nicht mehr bewältigen, wenn er die Kochbücher, Ratgeber, Mangas und Krimis aussortierte. Hinzu kommen aber noch 180 000 Zeitschriften, die täglich 20 000 Artikel produzieren, also 600 000 pro Monat. Da sind sogar die Enzyklopädisten-Bataillone der großen Lexika-Verlage überfordert.

Der Brockhaus hat bereits kapituliert. Seine letzte gedruckte Ausgabe ist die allerletzte. Es wird keine weitere mehr geben. Nur online wird der Brockhaus weiterexistieren und es dort mit seinen 240 000 Artikeln schwer haben gegen seine kostenlose Konkurrenz, Wikipedia: 830 000 Artikel findet man in der deutschen Ausgabe, 2,5 Millionen in der englischen, und es werden täglich mehr.

Ja, es stimmt: Es ist heutzutage unmöglich, mit dem Wissenswachstum Schritt zu halten. Aber wieso sollen wir deshalb Bildung durch ein «Set von Kompetenzen» und durch die «Kompetenz zum Wissenserwerb» ersetzen?

Es gibt keinen vernünftigen Grund dafür, denn Wissen ist nur ein kleiner Teil dessen, was echte Bildung ausmacht. Auf lexikalisches Komplettwissen kommt es sowieso nicht an, ist es noch nie angekommen. Auf die Fähigkeit, sich Wissen zu erwerben, hingegen schon immer. Aber auch diese Kompetenz macht nur einen Teil dessen aus, was Bildung wirklich ist.

Bildung fußt auf strukturiertem, zusammenhängendem Wissen. Wo sich ein Gebildeter neues Wissen erwirbt, wird er es einordnen, Zusammenhänge zum schon vorhandenen Wissen herstellen, wichtiges Wissen von unwichtigem und dauerhaftes von flüchtigem Wissen unterscheiden. Außerdem bemüht er sich aktiv, den Überblick zu behalten über die wachsenden Wissensbestände. Denn wenn er auch nicht alles wissen kann, so wird er sich wenigstens einen Eindruck vom Ausmaß seines Nichtwissens verschaffen wollen.

Dieses Nichtwissen bedrückt ihn nicht, weil er weiß: Wichtiger als Wissen ist Denkenkönnen. Wer denken kann, kann selbst unterscheiden zwischen nützlichem Wissen, weniger nützlichem Wissen und Wissen, das zwar nicht nutzbringend anwendbar ist, aber dafür eine andere Qualität hat – es bildet. Und schließlich entwickelt, wer denken kann, im Lauf seines Lebens ein Gespür dafür, welches Wissen ihm für die Lösung bestimmter Probleme fehlt, und dieses Mindestmaß an nötigem Wissen eignet er sich dann in kürzester Zeit an.

Über die merkwürdige Kompetenz, «bestimmte Wissensbestände zu deaktivieren» und «unbrauchbares Wissen» auszusondern, wie Schulze sich ausdrückt, verfügt das gebildete Gedächtnis eigentlich schon von selbst, und Wissen mit eingebautem Verfallsdatum wird sich der Gebildete nur dann aneignen, wenn er es gerade für die Lösung bestimmter Aufgaben braucht.

So war es beispielsweise in der Frühzeit des Personal Computers unter Umständen nötig, den Unterschied zwischen der seriellen und parallelen Schnittstelle zu kennen. Der Drucker musste an die parallele, das Modem an die serielle Schnittstelle angeschlossen werden. Dieses Wissen taugte rein funktional, für die Computerarbeit. Heute nützt es nichts mehr, denn beide Schnittstellen wurden vom USB-Anschluss verdrängt.

Was man nicht mehr braucht, weil es technisch veraltet ist, vergisst man. Man muss da gar nichts deaktivieren. Es hat aber einen gewissen Bildungseffekt, die Schnittstellen und Betriebssysteme des Computers – MS-DOS, Atari, Amiga – nicht komplett zu vergessen, denn sie vermitteln ein Gefühl für die rasante technische Entwicklung – und ebendieses kann dem Gebildeten helfen, den Computer, also die Schlüsseltechnologie unserer Zeit, in seinen Wissensbestand einzuordnen.

Über «Kompetenz zum Wissenserwerb» verfügt jeder Gebildete sowieso. Zielgerichteten Erwerb von Nützlichkeitswissen beherrscht er ebenfalls, aber er weiß, dass dies nicht seiner Bildung dient, sondern seinem Beruf. Wenn ein Arzt sich mit Hilfe neuester Fachbücher und Zeitschriften über den Stand der Rheumaforschung informiert, dann ist das Handwerk, nicht Bildung. Bildung dagegen wäre es, wenn sich der Arzt am Wochenende zurückzöge, um den «Zauberberg» von Thomas Mann zu lesen und zu erfahren, wie es in mondänen Kurkliniken vor neunzig Jahren zuging, um seine Vergleiche mit der Gegenwart anzustellen.

«Wissen ist Macht» oder «Wissen ist Geld» – so spricht nicht der Gebildete, sondern der Nützlichkeits-Charakter, und er strebt nach mehr Wissen um der Macht oder um des Geldes willen. Je stärker dieses Streben in den Vordergrund rückt, desto stärker treten so altmodische Dinge wie Liebe zur Weisheit, Neugier auf Wahrheit oder der Wunsch zu verstehen in den Hintergrund. Und wo diese ganz verschwinden, gehen Machtgier, Geldgier und Machbarkeitswahn nackt über die Straße.

Bildung dagegen dient keinem Zweck, sondern ist selbst einer. Niemand liest Goethe, weil er in China ein deutsches Unternehmen etablieren will. Niemand greift zur Bibel, weil er die wirtschaftliche Zukunft Europas sichern will. Und niemand versenkt sich in ein Bild von Rembrandt oder verliert sich in einer Sonate von Beethoven, weil er auf dem Weltmarkt die Nummer eins werden will.

Wer Goethe liest, Beethoven hört, in die Rembrandt-Ausstellung geht, sucht den Genuss. Allerdings eine ganz besondere Art von Genuss, zu dem man sich eben erst bilden muss, den man sich erarbeitet und freiwillig immer weiter gern erarbeiten wird.

Zu diesem Genuss gehört etwa, seinen Horizont zu erweitern, seine Neugier zu befriedigen, Zusammenhänge zu erkennen, sich zu eigenem Nachdenken anregen zu lassen, die Welt mit anderen Augen zu sehen und sie immer besser zu verstehen. Das unaufhörliche Reflektieren und Dazulernen ist anfangs harte Arbeit, wird aber später als immer lustvoller erlebt. Es ist dieselbe Lust, die schon der Säugling empfindet, wenn er auf dem Boden robbend seinen Aktionsradius erweitert und seine kleine Welt erobert. Es ist die Lust des Kindes, das hochkonzentriert in seinem Spiel versinkt, sich körperlich verausgabt und irgendwann vor Erschöpfung glücklich einschläft.

In dieser Lust steckt die Neugier auf die Welt und darin wiederum die Fähigkeit und der Wille, sich zu bilden. Das ist ein aktiver Vorgang. Wahre Bildung kann kein Vater seinem Kind aufpfropfen, kein Lehrer seinen Schülern eintrichtern. Diese müssen selbst etwas dazu tun, müssen es wollen. Bildung gehe «aus einer kultivierten Umwelt auf den Gebildeten über, aber wiederum nur, wenn und weil dieser so sein will», sagt der Pädagoge Hartmut von Hentig. Kinder müssen es wollen, sie müssen es tun, und dabei kann ihnen der Erzieher helfen. Wenn er das richtig macht, wird das Kind es wollen, eben weil es zwar so anstrengend, aber zugleich auch so lustvoll ist wie das Bergsteigen für den Alpinisten. Anstrengung und Lust führen zu einem wachsenden Weltverständnis. In diesem Verstehen findet der Gebildete den Lohn seiner Mühe.

Ein praktischer Nebeneffekt ist, dass sich ein solchermaßen Gebildeter in unserer komplizierten Welt besser zurechtfindet als der Ungebildete. Wer sich bildet, orientiert sich. Wer orientiert ist, lässt sich nicht fremdsteuern. Echte Bildung verweigert sich der Instrumentalisierung, der Kontrolle, Vermessung und Definition.

Ein wirklich Gebildeter ist daher nicht am Besitz eines Zeugnisses oder einer Masterurkunde zu erkennen, sondern zuvörderst an seinem Verlangen nach immer noch mehr Bildung. Wirklich erfolgreich ist unser Bildungssystem in diesem Sinne nur bei jenen, die von sich aus die Welt, sich selbst und die großen Zusammenhänge täglich immer besser verstehen wollen. Die nach geistiger Nahrung verlangen wie nach Essen und Trinken und Sex – und sich dabei ausgewogen ernähren, nicht einseitig.

Ein weiterer Nebeneffekt dieses Verlangens ist, dass aus dieser zwecklosen Neugierde Kreativität erwachsen kann, Innovation, Gestaltung, Kunst, Design, Technologie, in der Folge also Wohlstand, womöglich Demokratie, Frieden, Kultur, ein soziales Gewissen. Das geschah nicht immer und nicht zwangsläufig, jedoch mit einer gewissen Zuverlässigkeit.

Hierin steckt die Begründung für das Prinzip der Freiheit von Forschung und Lehre. Niemand soll in diese Freiheit eingreifen, niemand soll das Streben nach Wissen und Erkenntnis von vornherein instrumentalisieren. Es ist ein Selbstzweck, denn nur unter freiheitlichen Bedingungen kommt es zu jenen ungeplanten Entdeckungen und revolutionären Erkenntnis-Schüben, die dann irgendwann die Lebensqualität verbessern, den Wohlstand mehren, das Denken und das Weltbild der Menschen verändern.

Die Nebenprodukte der Bildung nicht mehr dem freien Zufall zu überlassen, sondern sie zu züchten wie eine Kuh, die zuverlässig immer mehr Milch gibt, ist vielleicht eine naheliegende Versuchung. Die angewandte Forschung hat sogar ein Recht darauf. Jedoch: Alle Kreativität und Intelligenz, alle Aufmerksamkeit und alle Mittel nur noch in die Nützlichkeitsforschung zu stecken, wird auf Dauer kontraproduktiv sein.

Wenn Wissenschaftler nicht mehr fragen, «was ist wahr», sondern nur noch «was ist nützlich», wenn sie nicht mehr ohne Zwänge fragen dürfen, «was zu erforschen wichtig wäre», sondern nur noch fragen sollen, «wie verschaffe ich mir Aufmerksamkeit, Drittmittel und neue Planstellen», dann vertrocknet der Boden, auf dem in der Vergangenheit jene Entdeckungen und Erkenntnisse wuchsen, die unsere Kultur hervorgebracht haben. Denn irgendwann, wenn alles Wissen verwertet und alle Forschung nur noch ökonomisch gelenkt ist, werden auch die Impulse für neue Entdeckungen fehlen, und dann wird diese Kultur, die von der Zweckfreiheit lebte, erstarren und absterben. Nicht nur die Forschung und nicht nur der Wissenserwerb, sondern unsere ganze Kultur braucht die Freiheit wie die Pflanze das Wasser und die Sonne. Auch Bildung braucht Freiheit.

Wissen ist nur ein Aspekt unter vielen. Schon in der eingangs gestellten Frage – «welche Bildung brauchen wir» – lag eine Engführung, denn darin steckt bereits unterschwellig die Erwartung, Bildung müsse nützlich sein. Für Winfried Schulze wie für viele andere, die derzeit unser Bildungssystem umkrempeln, scheint dies selbstverständlich so zu sein, wenn sie Bildung durch ein «Set von Kompetenzen» ersetzen, die «Kompetenz zum Wissenserwerb» in den Mittelpunkt rücken und damit unausgesprochen den Erwerb nützlichen Wissens meinen.

Fragen wir daher eine andere Autorität, einen Mann, der über einen Mangel an Titel und Ämtern auch nicht klagen kann, fragen wir den Philosophen Robert Spaemann. Er hat sich die Frage nach der Bildung vor einiger Zeit ebenfalls gestellt, aber ganz anders beantwortet. Spaemann fragte: «Wer ist ein gebildeter Mensch?»[62] Seine bemerkenswerte Antwort geben wir im Folgenden gekürzt, aber dennoch so ausführlich wie nötig, wieder.

Gleich im ersten Satz hebt Spaemann auf die Nutzlosigkeit von Bildung ab: «Gebildete Menschen sind nicht nützlicher als ungebildete, und ihre Karrierechancen sind nicht besser.» Und dann, erstens: «Ein gebildeter Mensch hat den animalischen Egozentrismus hinter sich gelassen.» Der Gebildete habe begonnen, die Wirklichkeit als solche wahrzunehmen, und darum wisse er, dass es außer ihm selbst vielleicht noch andere Mittelpunkte der Welt gibt. «Gebildet ist, wen es interessiert, wie die Welt aus anderen Augen aussieht, und wer gelernt hat, das eigene Blickfeld auf diese Weise zu erweitern.»

Zweitens: «Der Ungebildete nimmt sich selbst sehr ernst und sehr wichtig, aber sein Selbstwertgefühl, seine Selbstachtung ist gleichzeitig häufig gering.» Der Gebildete dagegen wisse, dass er nur «auch einer» unter vielen ist, und darum nehme er sich einerseits nicht sehr ernst und nicht sehr wichtig. Dennoch hat er aber ein ausgeprägtes Gefühl für den eigenen Wert – weil er nämlich «sein Selbstwertgefühl nicht aus dem Vergleich mit anderen bezieht. … Selbstrelativierung und Selbstachtung sind für ihn kein Widerspruch. Überhaupt ist diese Paradoxie kennzeichnend für sein Weltverhältnis. Fast nichts ist für ihn ohne Interesse, aber nur sehr weniges wirklich wichtig».

Drittens: «Das Wissen des gebildeten Menschen ist strukturiert. Was er weiß, hängt miteinander zusammen. Und wo es nicht zusammenhängt, da versucht er einen Zusammenhang herzustellen, oder wenigstens zu verstehen, warum dies schwer gelingt.»

Viertens: Der Gebildete «spricht eine differenzierte, nuancenreiche Umgangssprache. Er beherrscht oft eine Wissenschaftssprache, aber er wird von ihr nicht beherrscht und braucht wissenschaftliche Terminologie nicht als Krücke in der Lebensorientierung und in der Verständigung mit anderen». Ergänzend hinzufügen würden wir noch: Die Zünftlersprache der Politiker und das Denglisch der Ökonomen und Manager sind dem Gebildeten ein Gräuel.

Fünftens: Der Gebildete zeichne sich aus durch Genussfähigkeit und zugleich durch Konsumdistanz. «Wer sich wirklich freuen kann an dem, was die Wirklichkeit ihm darbietet, braucht nicht viel davon. Und wer mit wenigem auskommt, hat die größere Sicherheit, dass es ihm selten an etwas fehlen wird.»

Sechstens: Der Gebildete «kann sich mit etwas identifizieren, ohne naiv oder blind zu sein. Er kann sich identifizieren mit Freunden, ohne deren Fehler zu leugnen. Er kann sein Vaterland lieben, ohne die Vaterländer anderer Menschen zu verachten, vor allem diejenigen Vaterländer, die ebenfalls von ihren Bürgern geliebt werden. Das Fremde ist ihm eine Bereicherung, ohne die er nicht leben möchte, kein Grund, sich des Eigenen zu schämen. Identifikation bedeutet für ihn nicht Abgrenzung, sondern ‹Oikeiosis›, Anverwandlung».

Siebtens: Der Gebildete «kann bewundern, sich begeistern, ohne Angst, sich etwas zu vergeben». Er sei also das Gegenteil des Ressentimenttyps, «der alles klein machen muss, um sich selbst nicht zu klein vorzukommen». Er könne «neidlos Vorzüge bewundern und sich an ihnen freuen, die er selbst nicht besitzt». Er fürchte auch nicht, «durch Dankbarkeit in Abhängigkeit zu geraten. Ja, er hat nicht einmal etwas gegen Abhängigkeit von Menschen, denen er vertraut. Er zieht das Risiko, von seinen Freunden enttäuscht zu werden, der Niedertracht vor, ihnen zu misstrauen».

Achtens: Der Gebildete «scheut sich nicht zu werten. ... Er beansprucht für seine eigenen Werturteile objektive Geltung. Gerade deshalb ist er auch bereit, sie zu korrigieren. Denn was keine objektive Geltung beansprucht, braucht auch nicht korrigiert zu werden».

Neuntens: Der Gebildete «weiß, dass Bildung nicht das Wichtigste ist. Ein gebildeter Mensch kann sehr wohl zum Verräter werden. Die innere Distanz, die ihn auszeichnet, macht ihm den Verrat sogar leichter als anderen Menschen. ... Jemand kann ein wohlgeratener Mensch sein und doch der Versuchung unterliegen, wortbrüchig zu werden. Jemand kann ein kümmerlicher Mensch oder ein Schlawiner sein, und im entscheidenden Augenblick anständig bleiben und seinen Mitmenschen nicht im Stich lassen».

Zehntens: «Es gibt aber einen Punkt, da kommen Gebildetsein und Gutsein zwanglos überein. Der gebildete Mensch liebt die Freundschaft, vor allem die Freundschaft mit anderen gebildeten Menschen. Gebildete Menschen haben aneinander Freude, wie Aristoteles sagt. Überhaupt haben sie mehr Freude als andere. Und das ist es, weshalb es sich – unabhängig von den Zufälligkeiten gesellschaftlicher Wertschätzung – lohnt, ein gebildeter Mensch zu sein.»

Es ist ein sehr anspruchsvolles Verständnis von Bildung, das Spaemann da entfaltet. Es schwebt hoch über jenem Kompetenz-Set, das heute als Ersatzbildung propagiert wird. Wenn Familie, Schule, Universität und die Gesellschaft es hinbekämen, den Spaemann'schen Bildungsanspruch zu verwirklichen – unser Bildungssystem wäre Weltspitze.

Und doch würde ihm noch immer etwas Entscheidendes fehlen. Der Hinweis auf das fehlende Glied steckt in dem bemerkenswertesten Gedanken der zehn bemerkenswerten Thesen Spaemanns, der These neun: Gebildetsein und Gutsein fallen nicht in eins, gehören nicht zwangsläufig zusammen. Man kann gebildet und trotzdem ein gottverdammter Lügner, Zyniker, ja sogar ein Verräter sein oder auch nur ein Feigling, ein Opportunist. Es ist möglich, über eine profunde Bildung zu verfügen, aber einen schlechten Charakter zu haben. Es gibt Bildung ohne Herzensbildung, Bildung ohne Haltung und Charakter. Die Ansprüche, die wir an Familien, Schulen und Universität stellen müssen, sind also noch höher als die Spaemann'schen, denn wir brauchen nicht nur gebildete Menschen, sondern auch charaktervolle, anständige Menschen mit Haltung und Herzensbildung, und davon möglichst viele.

16. Charakterbildung – wie geht das?

«Achte auf deine Gedanken, denn sie werden deine Worte» – und daraus entwickeln sich deine Handlungen, Gewohnheiten, dein Charakter und dein Schicksal. Das Problem daran ist: Gedanken füllen einen Kopf schon, noch bevor der junge Mensch in der Lage ist, sie zu kontrollieren.

Ein Kind hat zu Beginn seines Lebens keinen Einfluss darauf. Es kann anfangs gar nicht und später nur schwer unterscheiden zwischen Gedanken, die es einlassen, und Gedanken, die es aussperren sollte. Es kann noch nicht selbständig und aktiv nach den Gedanken suchen, die ihm helfen, sich gut zu entwickeln, und es kann sich nicht oder nur schlecht wehren gegen schädigende Gedanken.

Das Kind ist seiner Umwelt ausgeliefert. Was dort gedacht, wie dort gelebt, gesprochen und gehandelt wird, was dort als gut oder böse empfunden wird, das alles saugt das Kind mit der Muttermilch ein. Hier werden also die Weichen gestellt, ob einer ein Duckmäuser und Knecht oder ein Unterdrücker und Ausbeuter wird, ein empfindsames, freundlich-aufgeschlossenes Wesen oder ein rücksichtslos egoistisches bekommt.

Lange Zeit hatte man gedacht, solche Charaktereigenschaften seien dem Mensch von Natur aus mitgegeben, sie steckten praktisch in dem Gepäck, mit dem man geboren wird. Jede Kinderschwester auf jeder Säuglingsstation neigt zu dieser Ansicht, denn sie sieht es in ihrem Alltag immer wieder, wie verschieden soeben auf die Welt gekommene Kinder sind. Sie unterscheiden sich schon vom ersten Tag an im Verhalten und im Temperament. Das eine Kind ist ruhig, das andere lebhaft, das eine schreit viel und will zehnmal am Tag an die Brust gelegt werden, das andere saugt sich viermal am Tag satt und versinkt dann stets in tiefen Schlaf.

Sogar bei Tieren kann man solche Unterschiede beobachten. In jeder Hundewelpen-Gruppe schält sich schon früh ein frecher Draufgänger heraus und meistens auch ein ängstlicher Schüchterling. Jede auf bestimmte Merkmale gezüchtete Hunderasse – Hütehund, Jagdhund, Wachhund – scheint ebenfalls die These zu belegen, dass Charaktereigenschaften vererbt werden.

Deshalb war eine große Zahl von Wissenschaftlern noch bis vor wenigen Jahren der Meinung, Unterschiede im Verhalten und Temperament seien nur durch das Erbmaterial zu erklären, denn Umwelteinflüsse könnten so kurz nach der Geburt keine Rolle spielen. Die Gene seien unser Schicksal. Gesundheit, Körperbau, Intelligenz, Charakter, soziale Kompetenz, das alles sei angeboren, und diese Anlagen könnten durch Umwelt, Schule und Erziehung allenfalls gefördert oder gemildert werden. Die genetische Ausstattung eines Menschen bleibe aber vor aller Erziehung und allen Umwelteinflüssen letztlich immer dominant.

Wo zum Beispiel schlechte Charaktereigenschaften vererbt würden, könne man diese nie ganz zum Verschwinden bringen, und mangelnde Begabung könne auch durch noch so viel erzieherisches Bemühen nicht nachträglich eingepflanzt werden. Wer den Menschen ändern wolle, müsse die Gene ändern, nicht die Schule und die Erziehungsmethoden. Die Wissenschaftler, die diesen Erziehungspessimismus vertraten, lieferten sehr viele wissenschaftliche Beweise dafür, und manche glaubten sogar, ein «Verbrecher-Gen» entdeckt zu haben.

Mit mindestens ebenso vielen wissenschaftlichen Beweisen hielten die Erziehungsoptimisten dagegen. Nicht die Gene seien unser Schicksal, sondern Umwelt, Erziehung, die sozialen Verhältnisse, glaubten sie, forschten mit immensem Fleiß nach Bestätigungen ihres Glaubens und wurden ebenfalls fündig. Manche verstiegen sich zu der Behauptung, dass jeder Mensch fast grenzenlos formbar sei, und mittels Erziehung ließe sich die ganze Gesellschaft ändern. Elternhaus und Schule seien die schicksalsbestimmenden Faktoren jeder Nation.

Der Laie, der diesen erbitterten Streit über Jahrzehnte verfolgte, wusste schon bald nicht mehr, was er glauben sollte. Deshalb hielt er sich an seinen gesunden Menschenverstand, und dieser sagte ihm: Dass alles nur von Umwelt und Erziehung abhängt – das kann nicht sein. Dass aber alles nur von den Genen abhängt – das kann ebenfalls nicht sein. Es wird wahrscheinlich ein kompliziertes Zusammenspiel beider Bereiche sein.

Wenn es zum Beispiel in einer Familie sehr viele Musiker gibt, dann kann das an einer genetischen Anlage für Rhythmus und ein feines Gehör, man könnte vereinfacht sagen, an Musik-Genen liegen. Es kann aber auch einfach nur daran liegen, dass in dieser Familie Musik einen hohen Wert hat und jedes Kind in eine musikfördernde, selbst musizierende Umgebung hineingeboren wird. Und natürlich muss man auch damit rechnen, dass beides stimmt: Wo viel musiziert wird, kommen die Musik-Gene der Kinder zu voller Entfaltung und verstärken sich im Laufe der Generationen. In einer anderen Familie mit den gleichen guten Anlagen für Rhythmus und Formen bilden sich vielleicht Mathematiker heran, weil diese ähnliche Eigenschaften gebrauchen können.

Erfahrung und Gefühl sagen einem außerdem: Wie das Zusammenspiel von Erbe und Umwelt wirklich funktioniert, ist eine komplizierte Angelegenheit. Es gibt vermutlich nur wenige eindeutige Kausalitäten, und vermutlich vielfältige, durch Rückkopplung verflochtene Ursache-Wirkungs-Zusammenhänge. Daher werden Vorhersagen nach dem Muster: «wenn Erbfaktor A und Umweltfaktor B aufeinandertreffen, ist das Resultat ein

Musikgenie mit einem Intelligenzquotienten von 160» niemals möglich sein. Sonst wäre es ja längst gelungen, Musiker, Mathematiker und Ingenieure zu züchten. Das ist zum Glück unmöglich.

Es ist aber wiederum auch nicht so, dass man über diese Dinge gar nichts weiß. Die Neurobiologie und die Genforschung scheinen langsam zu bestätigen, dass der Laie mit seinem gesunden Menschenverstand weitgehend richtig liegt und tatsächlich alles komplizierter ist, als sich die alten Kämpfer der Erbe-Umwelt-Schlacht dachten. Die Waage neigt sich allerdings zugunsten der Erziehungsoptimisten. Was wir heute über die Entwicklung des Embryos und des Kleinkinds wissen, beweist, dass der Mensch geradezu darauf angelegt ist, geformt zu werden, von seiner Umwelt und von sich selbst.

Am wenigsten gilt das noch für den Körperbau. Hier scheinen Gene tatsächlich die dominierende Rolle zu spielen, aber auch hier sehen wir ja, wie viel sich durch Sport und Bewegung beeinflussen lässt. Verhalten, Begabung, Charakter sind aber durch Erziehung und Umwelteinflüsse noch viel stärker formbar, und es sind gerade die Genforscher, die jetzt Belege für diese Formbarkeit liefern. Ihnen verdanken wir die Erkenntnis: Die Formbarkeit, und damit die Offenheit des ganzen Menschen für Veränderung und Zukunft, liegt im Genom.

Dieses besteht nicht aus einem Satz starrer Regeln und einem unveränderlichen Plan für einen ganz bestimmten Menschen, der Zelle für Zelle mechanisch aufgebaut wird. Das Genom ist kein Diktator, der einen Menschen unveränderlich auf ein ganz bestimmtes Set von Eigenschaften festlegt. Übertrieben personalisierend könnte man sagen: Das Genom ist ein Demokrat und hält die Entscheidung darüber, was aus einem Menschen wird, «bewusst» offen, um sie Eltern, Erziehern und dem Kind zu überlassen.

Der Mensch kommt mit tausend Möglichkeiten auf die Welt.

Theoretisch kann einer die Anlagen zu einem Formel-1-Rennfahrer, einem Priester und einem Politiker in sich haben, dazu die Anlagen zu einem Märtyrer, einem Opportunisten und einem Feigling.

Zum Zeitpunkt der Geburt liegt unser Leben offen vor uns, weil uns eine hohe Empfänglichkeit für Umweltsignale ins Genom gewoben ist. Diese Empfänglichkeit ist schon ab der ersten Teilung der Urzelle da. Bereits im Mutterleib reagiert der Embryo auf Umweltreize, die von Anfang an mitbestimmen, wie der Bauplan für den Menschen ausgeführt wird, welche seiner Möglichkeiten zur Entfaltung kommen und welche nicht.

Das Organ, das auf diese Einflüsse von außen geradezu lauert, ist das Gehirn. Es ist nicht nur unser Steuerungs-, Denk- und Fühlorgan, sondern auch unser Beziehungsorgan. Es kommuniziert mit der Außenwelt und verändert sich durch diese Kommunikation, formt sich, prägt sich.

Dort, in diesem seltsamen Stück Materie, müssen wir suchen, was wir für das «Wesen des Menschen» halten, mit «Seele» bezeichnen oder auch mit «Charakter» oder «Persönlichkeit» – alles Begriffe, welche die Wissenschaftler scheuen wie der Teufel das Weihwasser, denn Wissenschaftler müssen sich an das halten, was für alle beobachtbar und zuverlässig reproduzierbar ist. So etwas wie eine Seele haben sie bisher weder im Hirn noch im Herz, noch sonst wo je beobachtet, und daher schweigen sie davon.

Was sie aber beobachten, sind bestimmte menschliche Verhaltensmuster, aus denen man Schlüsse ziehen kann. Was sie neuerdings über sogenannte bildgebende Verfahren ebenfalls wirklich sehen können, sind gehirnphysiologische Vorgänge, elektrochemische Prozesse, das Feuern der Neuronen. Sie sehen jetzt, wo sich im Gehirn etwas tut, welche Gehirnregionen aktiv werden, wenn sich der Mensch bewegt, wenn er etwas hört, sieht oder fühlt. Sie sehen, wie sich ein Gehirn im Schlaf verhält, beim Träumen, beim Aufwachen, unter Ruhe oder unter Stress. Gefühle wie Angst oder Freude sind im Gehirn lokalisierbar. Genau das, was Franz Josef Gall und seine Nachfolger vergeblich versucht hatten, nämlich das menschliche Verhalten im Gehirn zu lokalisieren, das gelingt jetzt.

Was jedoch nach wie vor nicht gelingt, ist das Auslesen des Charakters oder der Seele aus den Gehirnwindungen. Das Wesen eines Menschen bekommen wir mit Hilfe solch moderner Verfahren nicht in den Blick, denn der Mensch ist nicht dasselbe wie sein Gehirn. Wir sind das, was wir denken, fühlen, erleben, hoffen, sagen, glauben und tun. Wir sind unser Verstand, unsere Vernunft, unsere Leidenschaften und unser Gedächtnis. Wir sind die Summe der Entscheidungen, die wir und andere für uns gefällt haben. Wir sind unsere Herkunft, unsere Vergangenheit, die Summe unserer Widerfahrnisse und die Summe unserer Reaktionen darauf. Das alles spiegelt sich zwar in elektrochemischen Prozessen und neuronalen Vernetzungen im Gehirn, aber es ist nicht identisch damit.

Das eine ist Materie, das andere Geist. Materielles bringt Geistiges hervor, und dieses wirkt auf Materielles zurück. Die materiellen Prozesse im Gehirn kann man beobachten, elektrophysikalische und biochemische Abläufe kann man analysieren, das Feuern der Neuronen kann man fotografieren und filmen, ihr geistig-seelisches Resultat aber kann allenfalls erahnt oder aus bestimmten Verhaltensweisen abgeleitet werden.

Aber je besser wir diese Zusammenhänge verstehen, desto besser können wir heranwachsenden Menschen bei ihrer Entwicklung helfen. Darum wollen wir jetzt einmal genauer hinschauen, um zu sehen, wie sich das Gehirn entwickelt.

Das ist nicht einfach. Die Schwierigkeiten beginnen schon mit der Frage, ab wann unser Gehirn zu arbeiten beginnt. Beim Herz können wir diese Frage klar beantworten. Zwischen dem 22. und 26. Tag nach der Verschmelzung von Spermium und Ei beginnt es zu schlagen. In diesen ersten paar Wochen ist schon ungeheuer viel geschehen. Aus einer einzigen Urzelle haben sich Millionen von Zellen nach einem ganz bestimmten Bauplan angeordnet und sich zu 180 verschiedenen Typen von Körperzellen spezialisiert – Herz-, Leber- und Nierenzellen, lichtempfindliche Zellen, geräuschempfindliche, Knochenzellen, Nervenzellen.[63]

Und schon diese Spezialisierung der Zellen ist auf Signale angewiesen, die man im weitesten Sinne als Umweltreize verstehen kann. Wie sich bestimmte Zellen mit anderen verbinden und ob sich eine bisher unspezialisierte Zelle zu einer Nerven- oder Knochenzelle entwickelt, das liest diese Zelle nicht aus ihrem einprogrammierten genetischen Code ab, sondern das «entscheidet» sie situationsabhängig nach der jeweils aktuellen «Nachrichtenlage» und ihrer jeweiligen Position. Denn benachbarte Zellen senden Signale aus, und von diesen Signalen hängt ab, ob die Zelle weiterwandert oder ob sie bleibt, sich mit den Nachbarzellen verbindet und Teil der Leber oder eines Blutgefäßes wird. Diese Nachrichtenlage entsteht durch ein kompliziertes System von Signalstoffen, die die Zellen aussenden. Von Anfang an ist also Leben auf Kommunikation mit der Umwelt eingestellt, ja von dieser Kommunikation abhängig.

Wenn im zwei Millimeter kleinen Embryo der vierten Woche ein Herz schlägt, ist von einem Gehirn noch nichts zu sehen. Dennoch wird bereits daran gearbeitet, denn jene Zellverbände, aus denen später das Hirn werden soll, schließen sich gerade zu einem Röhrchen zusammen, der Neuralleiste, an deren einem Ende sich das Rückenmark bilden und an dessen anderem Ende das Gehirn entstehen wird.

Zunächst wachsen dort drei Verdickungen, dann fünf. Dort spezialisieren sich die Zellen nun zu Gehirnzellen, Nervenzellen, Neuronen. Nach ungefähr fünf Wochen beginnt eine Teilung dieser Struktur in eine linke und rechte Hälfte. Nach sechs

Wochen entstehen die Anlagen zu Brücke, Kleinhirn, Thalamus, Basalganglien, limbischem System und Großhirnrinde, außerdem jene zwölf Hirnnerven, die später sensorische und motorische Informationen zwischen Gehirn und Augen, Ohren, Nase, Gesicht und Mund weiterleiten werden. Aber sie sind noch nicht mit ihnen verbunden. Sie wachsen gerade erst.

Nach acht Wochen ist der Embryo ungefähr fünf Zentimeter lang und wird als Fötus bezeichnet. Ab jetzt nimmt er eine erkennbar menschliche Form an, und im Köpfchen erkennt man erste Gehirnstrukturen. Diese entwickeln sich in den nächsten Wochen weiter, und ab ungefähr dem dritten Monat nach der Befruchtung wird es interessant.

Das Gehirn hat jetzt das Maximum an Nervenzellen gebildet, mehr werden es nicht, im Gegenteil. Es werden wieder weniger. Offenbar wurden viele Zellen nur gebraucht, um die eigentliche Grundstruktur des Gehirns aufzubauen. Sie haben anscheinend eine Funktion wie Baugerüste, die nach Fertigstellung des Gebäudes wieder von der Baustelle abgezogen werden. Bis zur Geburt sinkt die Zahl der Gehirnzellen auf rund die Hälfte, bleibt dann während des ganzen Lebens weitgehend konstant, und erst im Alter nimmt sie wieder ab.

Aber: Obwohl keine neuen Zellen mehr wachsen, wächst das Gehirn. Das erwachsene Hirn ist trotz gleicher Neuronenzahl rund viermal größer als das Gehirn eines Neugeborenen. Das eigentliche Gehirnwachstum beginnt also erst nach der Geburt. Was aber wächst da, wenn die Zahl der Neuronen gleich bleibt? Es sind «Leitungen», Verbindungen zwischen den Zellen – fast könnte man sagen: das «Eigentliche» des Gehirns. Jeder Impuls von außen bewirkt einen Wachstums-Impuls, verbindet Zellen untereinander, lässt Leitungen wachsen. Diese Verbindungen machen das Gehirn schwerer und größer.

Es ist ein wachsendes, immer dichteres Netz, das durch Lernen, also durch Umwelteinflüsse wächst, durch Erziehung, Erlebnisse, Lektüre, sinnliche Wahrnehmung, Bewegung, Gefühle, Abneigungen, Leidenschaften. In diese Netze webt sich ein, was außen vorgeht, und dieses Sicheinweben beginnt schon im Mutterleib, denn bereits das embryonale Gehirn wartet auf Reize. Kommen sie, dann bauen sich Verbindungen zwischen den Neuronen auf. Bleiben sie aus, wird nichts gebaut.

Ein Geräusch, ein Ton, ein Lied, ein Satz gelangt ins Ohr, dieses wandelt den Schall in elektrische Reize um, die sich über die Nerven ihren Weg ins Gehirn zu jenem Subnetz bahnen, das für Akustisches zuständig ist. Schon im vierten Monat nach der Befruchtung kann der Embryo hören. Die Stimme der Mutter, ihr Herzschlag, Körpergeräusche, Musik, die von außen durch die Bauchdecke in die Gebärmutter dringt, diese Geräuschkulisse baut zwischen Ohr und Hirn das Hör-Netz auf und schafft die Voraussetzungen dafür, dass das Kind später hohe Töne von tiefen unterscheiden kann, erwachsene Stimmen von kindlichen, die Stimme der Mutter von fremden Stimmen, Sprache von Musik. Jeder Ton löst eine Reaktion zwischen Ohr und Hirn aus, legt Leitungen, schafft Verbindungen, durch Wiederholung werden diese Leitungen dicker, und so entwickelt sich aus einem Pfad eine Straße, eine Schnellstraße, eine Autobahn.

Noch verfügt das Hirn über kein Subnetz für Sprache. Dieses bildet sich erst spät, aber sobald das Kind geboren ist und man mit ihm spricht, stellt das Gehirn eine Verbindung zwischen dem Subnetz Hören und dem Subnetz Sprechen her. Diese Verbindung wächst schnell, wenn das Kind zu lallen beginnt und die Laute nachahmt, die es hört. Hört es nichts, weil niemand mit ihm spricht, dann wird keine Straße gebaut zwischen Hör- und Sprachzentrum, und das Kind wird nie sprechen.

Das Gehirn wartet also geradezu auf Reize. Aber es wartet nicht ewig. In dem Moment, in dem die «Leitung steht» und ein Sinnesorgan samt neuronaler Leitung zum Gehirn entwickelt ist, muss das System auch genutzt werden. Geschieht das über längere Zeit nicht, stirbt das System wieder ab, und das kann dramatische Folgen haben.

Wird beispielsweise einem Baby ein paar Wochen lang ein Auge verbunden, so wird dieses Auge blind sein, denn das neuronale Sehnetz im Gehirn braucht zu seiner Ausbildung Signale und Licht von außen. Bleiben die Signale aus, stirbt das dafür schon vorbereitete Sehnetz im Gehirn ab. Wenn man dem Baby dann die Augenbinde abnimmt, sendet das Auge zwar Signale ins Gehirn, aber diese finden dort keine «Empfangsstation» mehr, sie gehen ins Leere, und das Kind bleibt auf diesem Auge für immer blind. Die Gegenstelle ist unwiderruflich verlorengegangen.

Das erklärt nun, was Pädagogen schon lange wissen, ohne es begründen zu können: Was Hänschen nicht lernt, lernt Hans nimmermehr. Und was Hänschen noch ganz schnell und leicht lernt, lernt der alte Hans nur noch langsam und unter Mühen.

Circa fünf Jahre lang wächst das Gehirn, indem sich seine Neuronen immer weiter miteinander vernetzen. In dieser Zeit werden die wichtigen Verbindungen innerhalb des Gehirns und zum Körper – zu Muskeln, Organen, Sehnen, Knochen – aufgebaut. In diesen fünf Jahren füllt sich der Kopf mit Eindrücken. Was in diesen entscheidenden Jahren passiert oder nicht passiert, wird das weitere Leben vorstrukturieren und in einzelnen Fällen geradezu schicksalhaft sein.

Für welche Gedanken sich so ein fünf Jahre alter Kopf später einmal öffnen und für welche er sich verschließen wird, das ist durch all das, was bisher in diesen Kopf eingezogen ist, in gewisser Weise schon präfiguriert. Wie sich der Mensch später einmal gewohnheitsmäßig verhalten wird, ob in einer Demokratie oder Diktatur, am Arbeitsplatz, in der Familie oder im Freundeskreis, als Privatperson oder öffentliche Figur, als Lehrerin, Vater,

Mutter, Politiker, Unternehmerin, Geschäftspartner, Manager oder Ärztin – vieles davon wird ein Resultat der Eindrücke und Gedanken sein, die seinen Charakter in den ersten fünf Lebensjahren geformt haben.

17. Schaut auf eure Kinder – und ihr blickt in einen Spiegel

Jeder ist seines Glückes Schmied – wenn er denn Glück hat. Mancher bekommt überhaupt nie die Chance, sein Leben selbst in die Hand zu nehmen und es nach eigenen Vorstellungen zu gestalten. Er ist der Spielball anonymer Mächte, sein Leben ein zufälliges Ergebnis ihres Spiels, und sein meist schwacher Charakter auch.

Das Herrsein über sich selbst wird mühsam erlernt. Und darum muss jeder Mensch erzogen werden, von Anfang an, in einem oft zwei Jahrzehnte währenden mühevollen Prozess, in dem es zunächst fast allein vom Erzieher abhängt, was alles an Ideen und Eindrücken in das kindliche Gehirn dringt. Mit zunehmendem Alter gewinnt dann auch das Kind – unter Mithilfe der Erwachsenen – Kontrolle über sich. Aber eben nur, wenn ihm jemand dabei hilft. Es sollten viele Jemande sein.

Diese Jemande müssen zuverlässig für das Kind da sein und Zeit haben. Sie müssen ihm vorlesen und Geschichten erzählen, Gedichte, Lieder, Schüttelreime, Zungenbrecher beibringen, damit es denken, sprechen und fühlen lernt, seine Phantasie angeregt und seine Neugier geweckt wird. Jemand muss dem Kind Fragen stellen, mit ihm turnen, malen, basteln und ihm die Welt zeigen, damit es sich in ihr zurechtfindet. Jemand muss mit ihm Versteck spielen, Geschicklichkeits- und Rollenspiele üben, etwas bauen und gestalten. Jemand muss ihm etwas zu sehen, hören, fühlen, schmecken und zu riechen geben. Jemand muss für das Kind kochen und es auf die Unterschiede von Fisch, Fleisch, Gemüse, Obst, Gebäck aufmerksam machen, vor allem auch auf die Unterschiede zwischen Junk-Food, Fertiggerichten und Selbstgekochtem. Jemand muss mit ihm schweigen, die Stille wahrnehmen, sich auf etwas konzentrieren, sich mit ihm langweilen und dann, um aus der Langeweile wieder herauszukommen, sich etwas ausdenken und unternehmen. Jemand muss mit ihm ins Kino und Theater gehen, ins Konzert, in die Oper, ins Museum und in die Ausstellung, aber auch auf den Jahrmarkt, in den Zoo und ins Schwimmbad. Jemand muss ihm beibringen, eine Zeitlang auch mal alleine auszukommen. Jemand muss dafür sorgen, dass im Leben des heranwachsenden Kindes auch noch andere «Jemande» eine Rolle spielen, vor allem Gleichaltrige, aber man muss dem Kind auch zeigen, wie man sich Älteren gegenüber verhält, und Jüngeren. Dieses ganze Gehirntrainings- und Menschwerdungsprogramm muss sehr oft wiederholt werden, denn nur durch Übung entstehen stabile Verbindungen im Gehirn, schleift sich das Gelernte ein.

Allerdings ist das Programm noch nicht ganz vollständig. Eine entscheidende Kleinigkeit fehlt in der Aufzählung: Jemand muss Gefühle zeigen und Gefühle erwidern, muss liebesfähig sein – und muss werten. Jemand muss zwischen Gut und Böse unterscheiden, Richtig und Falsch, Schön und Hässlich, Wahr und Unwahr. Jemand muss über Werte verfügen und in der Lage sein, sie glaubwürdig zu vermitteln. Jemand muss einen festen, eigenen Charakter haben. Dann kann sich das Kind ebenfalls zu einem eigenen Charakter entwickeln.

Das klingt einerseits nach einem sehr anspruchsvollen Programm. Das ist es auch, und nicht jedes Menschenkind, noch nicht einmal im reichen Deutschland, kommt in den Genuss einer solchen Erziehung. Andererseits ist dies alles doch nur das ganz normale Leben, und warum sollte so etwas heute für Kinder nicht mehr selbstverständlich sein? Es ist eigentlich nichts, was Erwachsene überfordern sollte. Man braucht dafür keine besondere Ausbildung oder Qualifikation. Das meiste davon haben Mütter, Väter, Ammen, Großeltern, Geschwister schon immer intuitiv ganz von selbst gemacht.

Erziehung sollte also eigentlich kein besonderes Problem sein, eigentlich gar kein Problem. Jedes Kind wird in eine Familie hineingeboren, den ersten Ort für seine Bildung. Sie hat eigentlich alle Möglichkeiten, das oben skizzierte Programm zu realisieren.

Wenn das in den ersten fünf bis sechs Jahren einigermaßen gelingt, ist das Gehirn auf lebenslanges Lernen vorbereitet, dann sollte die Schule kein Problem sein und das Kind sich zu einem geistig regen, psychisch stabilen, ich-starken Erwachsenen entwickeln. Erzieher im Kindergarten und Lehrer in der Schule sollten es dann mit normalen Kindern und normalen Problemen zu tun haben.

Haben sie aber nicht. Wer mit älteren Lehrern und Erziehern spricht, bekommt viele Geschichten zu hören, die sich auf den Nenner bringen lassen: Früher waren die Kinder anders «normaler». Schon vor fast einem Jahrzehnt hatten uns die Lehrer erzählt von armuts- und wohlstandsverwahrlosten Kindern, von Schulklassen mit fünfzig Prozent Kindern, die kaum Deutsch sprechen, von den Problemen der Scheidungskinder und den Sorgen Alleinerziehender, von nervösen, unkonzentrierten, lernschwachen Kindern, von sprachgestörten und verhaltensauffälligen Kindern, vom Zappelphilipp-Syndrom ADS (Aufmerksamkeitsdefizitsyndrom mit und ohne Hyperaktivität), von den besonderen Schwierigkeiten der Jungen, von Mobbing im Klassenzimmer und Aggressionen auf dem Schulhof, von Gewalt auf dem Schulweg, von Drogen, vom Konsumterror und von Kindern, die vor Fernsehgeräten, Videospielkonsolen und Computermonitoren vereinsamen und verstummen.[64]

Daran habe sich nicht viel geändert, sagen sie heute. Natürlich seien die meisten Kinder, wie Kinder eben sind – aber daneben gebe es mittlerweile eben wesentlich mehr verhaltensauffällige und entwicklungsgehemmte Kinder als früher, Kinder mit «Ich-Schwäche», Fünfjährige, in deren kurzem Leben schon so viel falschgelaufen ist, dass es kaum mehr korrigierbar erscheint.

Warum ist das so? Was ist heute so sehr anders als früher? Bevor man Ursachenforschung betreibt und Therapievorschläge macht, ist es ratsam, kurz zu bedenken, was eigentlich mit «früher» gemeint ist. Wenn ältere Lehrer und Erzieher heute von «früher» sprechen, meinen sie die siebziger, achtziger und vielleicht noch die neunziger Jahre. Sie meinen nicht die fünfziger Jahre, erst recht nicht die Zeit vor dem Zweiten Weltkrieg, und schon gar nicht die Zeiten davor.

Es ist aber, um die heutigen Probleme besser einordnen zu können, an dieser Stelle ganz nützlich, mal kurz an «ganz früher» zu erinnern. Wie es zum Beispiel im deutschen Kaiserreich zuging, um die Wende von 19. zum 20. Jahrhundert, als die späteren Hitler-Wähler noch Kinder waren, das hat im Jahr 2009 auf beklemmende Weise der Kinofilm «Das weiße Band» von Michael Haneke erzählt.

Er erzählt von einem norddeutsch-protestantischen Dorf, dessen Alltag von der noch kaum mechanisierten Landwirtschaft bestimmt ist. Dessen Machtzentrum ist der Gutshof eines Barons, samt seiner Familie, seinem Verwalter und Gesinde. Der Rest des Dorfes arbeitet hart und für geringen Lohn auf den Ländereien des Gutsherrn, der seine Arbeiter ausbeutet, wie das damals jeder Gutsherr gemacht hat. Für die Ernte holt er sich Saisonarbeiter, Menschenmaterial, das sich für noch weniger Geld noch mehr ausbeuten lassen muss, aber weder sie noch ihr Herr empfinden das so, denn jeder glaubt, Teil einer gottgewollten Ordnung zu sein.

Zu dieser Ordnung gehören der sonntägliche Kirchgang, die religiöse Unterweisung, aber vor allem der Gehorsam. Die Kinder des Pfarrers reden das Familienoberhaupt mit «Herr Vater» an und küssen ihm vorm Zubettgehen die Hand. Damit sie sich nicht selbst befriedigen, werden ihre Arme nachts am Bett festgebunden. Kleinste Vergehen haben zur Folge, dass der Herr Vater in Stellvertretung für den strafenden Gott seine Urteile verkündet: zehn Schläge mit der Rute. Vollstreckung am nächsten Tag, sachlich, unabänderlich, ganz nach dem Bibelspruch, wen Gott liebt, den züchtigt er.

Die Mutter bittet nicht etwa um Milde, und kein Kind versucht, durch Reue und Bitte um Vergebung der Rute zu entgehen. Die Rute ist die Vergebung. Und wenn der Pfarrer meint, seine Kinderschar denke zu selten an die Pflicht zu Reinheit und Unbeflecktheit, bindet er ihnen ein weißes Band um den Arm, damit sie sich besser daran erinnern können.

Reine Menschen entstehen so aber nicht, und schon gar keine guten. Da muss die Hebamme und Arztgehilfin dem Dorfarzt sexuell zu Willen sein und sich dafür auch noch von ihm demütigen lassen. «Ich würde mich am liebsten übergeben», sagt der Arzt, nachdem er die Hebamme für ein paar Minuten auf die Anrichte gedrückt hat. «Ich hätte auch eine Kuh bespringen können.»

Als «eine Umgebung, die dominiert ist von Böswilligkeit, Neid, Stumpfsinn und Brutalität», beschreibt die Baronin ihr Dorf. Darum will sie weg und ihren Mann verlassen. Sie scheint die Einzige zu sein, die das Abnorme dieser Welt wahrnimmt. Allen anderen erscheint es als normal, ganz besonders den Kindern, die ja nichts anderes kennen. Stoisch lassen sie die Rohrstockpädagogik über sich ergehen. Stoisch hören sie sich an, dass die Schläge nur zu ihrem Besten seien und den Schläger mehr schmerzten als sie. Man sieht kaum ein Lächeln in diesem Film, keine zärtliche Geste, und man sieht den Kindern nie an, was sie denken und fühlen.

Aber man ahnt, dass jeder Rutenschlag sie ein bisschen fühlloser, roher und böser macht, denn es geschehen mysteriöse Dinge im Dorf. Und dabei sind die Kinder stets auf unheimliche Weise zur Stelle: wenn der Dorfarzt vom Pferd gestürzt ist, weil dieses über einen tückisch gespannten Draht stolperte, wenn nachts die Scheune brennt, wenn ein geistig behinderter Junge sadistisch gequält wird, wenn ein Arbeitsunfall tödlich endet. Geben die Kinder das Erlittene und Erlernte an Schwächere weiter? Rächen sie sich planvoll an den Erwachsenen? Oder geschieht dies alles kaum bewusst, mechanisch, wie nach dem Prinzip von Druck und Gegendruck?

Der Film beantwortet solche Fragen nicht. Er klärt die mysteriösen Vorfälle nicht auf, und darum geht es dem Regisseur auch gar nicht. Es geht ihm noch nicht einmal um die Ursachen des Nationalsozialismus, das wäre ihm zu platt, sondern um «ein gesellschaftliches Klima, das den Radikalismus ermöglicht ... Überall, wo es Unterdrückung, Demütigung, Unglück und Leid gibt, ist der Boden bereitet für jede Art von Ideologie», sagt Haneke[65].

Die künstlerische Zuspitzung des Films einmal beiseitelassend, könnte man sagen: Das Abnorme am Leben dieses Dorfes war damals die Norm im wilhelminischen Deutschland und auch anderswo in Europa. So wurden die Kinder fast überall erzogen. Weil das Abnorme von so vielen als normal empfunden wurde, konnte es in den chauvinistischen Wahnsinn der beiden Weltkriege und des Faschismus münden. Am Anfang war Erziehung, sagt Hanekes Film jenen, die nach den Ursachen des Wahnsinns fragen.

Von dieser Art Erziehung sind wir heute ein gefühltes Jahrtausend entfernt. Heute haben wir ganz andere Probleme, größere und kleinere, aber vor dem Hintergrund dessen, was in Deutschland vor einem Jahrhundert normal war, relativieren sich sogar die größeren.

Heute geht es in Familien und Schulen einerseits eher um

mangelnde Autorität, mangelnden Respekt, mangelnde Disziplin gegenüber guten, wohlmeinenden Lehrern. Andererseits bringen manche Migranten die alten, bei uns überwunden geglaubten autoritären Ansichten, dazu religiös gerechtfertigte Denk- und Verhaltensweisen in unsere Schulen und unsere Gesellschaft. Sie verursachen damit neue, bis vor kurzem nicht bekannte Konflikte.

Das alles sind lösbare Probleme. Und man sollte auch vor lauter «Problemkindern» nicht übersehen, dass wir in unserem Land vermutlich noch nie so viele glückliche, intakte Familien hatten, in denen man liebe- und respektvoll miteinander umgeht, wie in unserer Gegenwart. Das Verhältnis zwischen den Generationen, zwischen Kindern, Eltern und Großeltern, war unseres Erachtens noch nie so entspannt wie heute – nicht in jeder Familie, aber doch in sehr vielen, und das trotz steigender Scheidungszahlen, Patchwork-Familien und alleinerziehenden Müttern und Vätern.

Daher war die vorhin gestellte Frage, warum das ganz normale, in Familien gepflegte Kinder-Bildungsprogramm heute nicht mehr selbstverständlich sein soll, rhetorisch gestellt. Denn wir wollen klarmachen: Dieses Programm war noch nie und nirgendwo selbstverständlich. Das ist es eigentlich erst nach 1968 geworden. Liebevolle, aufmerksame Zugewandtheit zu Kindern war früher eine seltene Ausnahme. Sie war umso seltener, je weiter wir zurückgehen in die Geschichte. Im 19. Jahrhundert haben Kinder noch barfuß in Bergwerken gearbeitet, und schon immer in der Landwirtschaft. Oft wurden sie zugerichtet und abgestumpft durch Schläge, dafür gibt es unzählige Beispiele in der Literatur oder in Filmen, und die Älteren haben das noch selbst erfahren.

Wenn wir also heute über eine wachsende Zahl von «Problemkindern» klagen, so klagen wir auf hohem Niveau. Es hat sich ab der zweiten Hälfte des letzten Jahrhunderts viel getan für Kinder. Es wurden Kinderrechte formuliert und zunehmend respektiert. Niemand will hinter den erreichten Stand zurück. So gut wie jeder befürwortet die hohen Ansprüche, die wir an die Erziehung und Bildung von Kindern haben. Unsere Klagen erstrecken sich fast allesamt darauf, dass zwischen diesen Ansprüchen und der Wirklichkeit eine Lücke klafft, die seit einiger Zeit bedrohlich zu wachsen scheint. Nur über diese Lücke reden wir. Sie zu schließen, ist die wichtigste Aufgabe.

Die vordringlichste Aufmerksamkeit erfordern jene Kinder, die sechs Jahre lang kaum, aber dann vom ersten Tag der Grundschule an negativ auffallen und für Lehrer wie Mitschüler ein Problem sind. In diesem Alter, in dem es mit dem Lernen eigentlich erst so richtig anfängt, sind diese Kinder schon nicht mehr in der Lage dazu, weil ihr Gehirn darauf nicht vorbereitet ist.

Offensichtlich mangelte es ihnen während ihrer ersten Lebensjahre an einem «Jemand», der sich um sie kümmerte. Und jetzt schaffen sie es nicht, in der Schule ihre Aufmerksamkeit über längere Zeit auf eine Sache oder ein Thema zu richten, sie können dem Gesagten nicht folgen, das Gezeigte nicht verstehen, und sie interessieren sich auch nicht dafür. Dann werden sie aggressiv, oder sie reagieren passiv und mit Rückzug, steigen aus dem Unterricht aus, geben sich auf oder schwänzen einfach die Schule.

Solche Kinder, die während ihrer ersten Lebensjahre nicht besonders auffielen, weil niemand so richtig hinsah, starten jetzt in eine Problemfall-Karriere, aus der sie kaum mehr herauskommen. Dann ist im Alter von sechs bis zehn Jahren über den Rest ihres Lebens entschieden. Sie werden nie in der Lage sein, ihr eigenes Glück zu schmieden.

Staat und Gesellschaft erkennen offenbar erst jetzt, wie wichtig das ist, was man heute als «frühkindliche Bildung» bezeichnet. Eigentlich handelt es sich nur um eine normale Kindheit, die bis vor kurzem auch den meisten Kindern noch vergönnt war, jetzt aber offenbar nicht mehr.

Die Ursachen sind schon oft beschrieben worden[66], daher wollen wir das Wichtigste nur kurz skizzieren. Eine gravierende und in der öffentlichen Bildungsdiskussion kaum thematisierte Ursache ist die Erosion der Milieus und damit der sozialen Umgebung, in der sich Identität und Charakter bilden. Jenes Arbeitermilieu, das die soziale Benachteiligung eines Willy Brandt kompensieren konnte, gibt es nicht mehr. Auch die kirchlichen Milieus sind weitgehend verschwunden oder erodiert.

Sie waren nicht immer so extrem wie in Hanekes Film. Sie boten auch Chancen, Nestwärme, ein Biotop. Die Schriftstellerin Ulla Hahn erzählt in einem ihrer Romane autobiographisch von so einem katholischen Biotop, einem rheinischen Dorf, dessen Dialekt sie spricht.[67] Ihr schweigsamer Vater schnitzt Prügelstöckchen, die auf das Kind herabsausen, wenn es eine Vase unachtsam fallen lässt. Mutter und Großmutter erzählen ihm vom «lieben Gott», der tatsächlich aber vor allem ein strafender Gott ist. Nur im Kindergarten hört es Geschichten, in denen Gott die Kinder wirklich liebt. Dieser Widerspruch ist es, der das Kind zum Denken anregt, nach weiteren Geschichten verlangen lässt, die ihm im Kindergarten, in der Schule, aber vor allem in der Kirche erzählt werden. «Die Kirche war in so einer armseligen Dorfgemeinschaft der Kulturträger», schreibt Ulla Hahn. «Wo habe ich zum ersten Mal einen schönen Raum gesehen, Überfluss, schöne Gewänder, Kerzen? Wo zum ersten Mal Musik gehört? Worte, die nicht nur zum Schimpfen da waren? In der Kirche. Das war ungeheuer wichtig.»

Schon früh spürt Hilla, so heißt die Hauptfigur des Romans, dass ihr Dialekt ein Gefängnis ist. Die Welt ist größer, komplexer und differenzierter, als es ihr kölsches Platt fassen kann. Der Dialekt wird zum Symbol für den rheinisch-katholischen Dorfmief, der das Denken behindert, und das motiviert Hilla, sich die Hochsprache anzueignen. Der ganze Roman erzählt, wie ein Mensch sich über die Sprache die Welt erobert, wie er sich von seinem Mutterdialekt emanzipiert, um sich aus dem Käfig der Herkunft zu befreien.

Solche Milieus gibt es heute nicht mehr. Das Milieu der benachteiligten Kinder von heute ist eine Dreizimmerwohnung, die leer ist, wenn das Kind von der Schule nach Hause kommt. Vielen Kindern fehlt der Vater. Viele leben an der Armutsgrenze oder darunter, in prekären Verhältnissen und mit Eltern, die als Kinder auch schon nicht mehr in den Genuss dieses ganz normalen Kinderprogramms gekommen waren. Viele Eltern haben Stress, der auch die Kinder stresst, oft schon im Mutterleib.

Ulla Hahn hatte einen Großvater, der mit ihr durch die Natur streifte und Geschichten erzählte. In der städtischen Dreizimmerwohnung warten kein Großvater und keine Großmutter auf das Kind. Die Großeltern leben oft nicht einmal in derselben Stadt, sondern weit weg, weil das Arbeitsleben von den Eltern Flexibilität verlangt. Niemand ist da für das Kind, keine Kirche, kein Arbeiterverein, kein Sportverein. Früher ging ein Kind, das sich einsam fühlte, auf die Straße, wo es auf andere Kinder traf. Heute trifft ein Kind dort nur auf Fremde und auf Autos.

Was also tut so ein Kind in der heutigen Zeit? Es wendet sich dem einzigen «Jemand» zu, der in einer menschenleeren Dreizimmerwohnung dann doch vorhanden ist: dem Fernseher, dem Computer, der X-Box, der Playstation. Heidi Klum und Dieter Bohlen, dem wahrlich verhaltensauffälligen Personal der Nachmittags-Talkshows, den Chatrooms, dem Egoshooter – sie warten zu Hause auf die Kinder. Es gibt heute Zwölfjährige, die nicht wissen, was Weihnachten bedeutet, aber schon Pornos im Internet sehen.

Die Lösung dieses Problems ist eigentlich gar nicht so schwer, wie es scheint, und sie besteht aus einem politischen und einem gesellschaftlichen Teil. Politisch müssen wir endlich ernst machen mit dem Schlagwort «Bildung von Anfang an». Schon bei der Geburt eines Kindes sollten Ärzte, Hebammen und Säuglingsstations-Schwestern mit wachem Blick auf die Mutter und ihren familiären Hintergrund gucken. Könnte es eine sein, die Hilfe braucht? Sollte man ab und zu nach ihr sehen und schauen, wie es ihrem Kind geht? Sollte man sie bei Ernährungs- und Erziehungsfragen beraten? Sollte man um dieser Mutter und dieses Kindes willen vorsorglich das Gespräch mit der Leiterin einer Krabbelgruppe, Kindertagesstätte, Kirchengemeinde oder mit einem Imam suchen? Es darf nicht nach Kontrolle aussehen und soll auch keine sein. Es muss ein massives Hilfsangebot sein und von den Betroffenen als solches wahrgenommen und als Chance erkannt werden. Es muss ein Milieu-Ersatz geschaffen werden, mit gutgeschultem Personal. Ganztagskindergärten und Ganztagsschulen spielen dabei die wichtigste Rolle.

Wer Kinder und Jugendliche vom Fernseher, Computer und Videospiel wegbringen will, muss sie beschäftigen, muss ihnen lohnendere Alternativen bieten. Die Nachmittage in Ganztagseinrichtungen bieten Möglichkeiten für Sport, Musik, Theater, Kunst, Literatur, Handwerk, Küche, Natur und alles, was das Leben ausmacht. Und wenn Vereine, Unternehmen, Kirchen, Gewerkschaften, Parteien und kommunale Einrichtungen dabei helfen und um die Kinder herum ein neues Biotop aufbauen, dann werden diese darin gedeihen, eine Identität ausbilden und Heimat erfahren. Sie werden willens und fähig sein, Verantwortung zu übernehmen.

Mag sein, dass während dieser ersten Schicksalsjahre so etwas wie der «Grundriss» fürs Gehirn und fürs Leben gezeichnet wird. Aber wie fest dieser ist, hängt immer von den Umständen ab. Eine gute Pädagogik muss daran glauben, diesen Grundriss nach dem fünften Lebensjahr noch verändern zu können.

Auch auf bescheidenen Grundrissen kann man anspruchsvolle Häuser errichten. Man kann aufstocken, den knappen

Raum intelligent nutzen, dass eine kleine Familie glücklich darin wohnt, vielleicht glücklicher als mancher Schlossherr. Entscheidend ist nicht die Vorgabe «Schloss- oder Reihenhaus-Grundriss», entscheidend ist, wie sich die Bewohner darin einrichten. Aus dem bescheidenen Grundriss das Optimale herauszuholen, ist eine interessante Herausforderung, und vor allem: Dafür ist es nie zu spät. Die vorhandenen Möglichkeiten voll ausschöpfen, die mitgebrachten Anlagen zur Entfaltung bringen – darin steckt der ganze Sinn von Bildung.

Dass selbst in scheinbar aussichtsloser Lage kleine Wunder möglich sind, beweist uns jenes Gehirn, dem wirklich enge Grenzen gesetzt sind: das Affenhirn. David Bjorklund[68] von der Florida Atlantic University hat Schimpansenkinder von menschlichen Müttern aufziehen lassen. Diese sprachen mit den Affenkindern, lasen ihnen vor, erklärten ihnen Dinge, beschäftigten sich mit ihnen wie mit menschlichen Kindern. Nach einiger Zeit verglich Bjorklund diese Affenkinder mit denen, die von Affenmüttern aufgezogen wurden.

Ergebnis: Die von Menschen erzogenen Schimpansen waren besser im sozialen Lernen als ihre Artgenossen in der Wildnis. Auch Lernen durch Imitation klappte bei den Affen aus der Menschenschule besser, und bestimmte Handlungen konnten sie auch dann noch nachmachen, wenn es schon eine Weile her war, dass sie sie gesehen hatten. Die anspruchsvolle Erziehung durch Menschen hat aus den Affenhirnen mehr herausgeholt, als Affenmütter vermögen.

Aus der Beobachtung von Rhesusaffen haben Wissenschaftler aber noch mehr gelernt. Auch unter Affen, genau wie bei Menschen, gibt es gute und schlechte Mütter. Die guten Mütter waren fürsorglich und freundlich, die schlechten nachlässig und garstig. Entsprechend unterschieden sich die Kinder. Der Nachwuchs der guten, fürsorglichen Mütter verhielt sich sozialer und reagierte ruhiger auf Stress. Der Nachwuchs der anderen

Mütter benahm sich aggressiv und spielte in Stressmomenten verrückt.

Dann ließen die Wissenschaftler die Affenkinder der schlechten Mütter von fürsorglichen Äffinnen aufziehen. Ergebnis: Die jungen Rhesusaffen waren weniger aggressiv und reagierten unempfindlicher auf Stress. Der verblüffendste Effekt aber zeigte sich erst viel später: Die weiblichen Stiefkinder der fürsorglichen Mütter kümmerten sich um ihren eigenen Nachwuchs in derselben guten Weise, in der sie von ihren Stiefmüttern erzogen worden waren.[69] Sogar Affen können also Erziehungstraditionen weitergeben, vererben. Und da muss es doch auch dem Menschen möglich sein, erzieherische Teufelskreise zu durchbrechen und sie geradezu in «Engelskreise» zu verwandeln. Gutes gebiert Gutes.

So verblüffend das ist, neu und überraschend ist es nicht. Es ist nur ein weiterer Beleg für die seit langem bekannte Erfahrung: Man muss sich kümmern. Kinder, egal, ob Menschen- oder Tierkinder, brauchen Fürsorge und Zuwendung, die sie später zurück- und weitergeben. Die Ursache eines freundlichen Wesens ist nicht ein Freundlichkeits-Gen, sondern eine freundliche Umwelt. Ein guter Charakter ist nicht das Ergebnis guter Gene, sondern einer guten Erziehung. Darum schauen wir, wenn wir auf unsere Kinder blicken, in einen Spiegel.

18. Der pädagogische Eros

«Gehst du gern zur Schule?»

«Nein», antwortete Hanno ruhig und mit einer Offenheit, welche angesichts ernsterer Dinge es nicht der Mühe wert erachtet, in solchen Angelegenheiten zu lügen.

«Nicht? Oh! Man muss aber doch lernen: Schreiben, Rechnen, Lesen …»

«Und so weiter», sagte der kleine Johann.[70]

Johann Buddenbrook ist ein schlechter Schüler, weil das, was ihn interessiert – die Musik und das Theater –, ihn nicht retten kann, wenn es um Mathematik, Latein und Chemie geht. Er ist nicht schlecht, weil er begriffsstutzig wäre oder faul. Dumm und faul oder begabt und fleißig, das sind die einzigen Kriterien der Lehrer in Thomas Manns «Buddenbrooks», nein, er ist vor allem deshalb ein schlechter Schüler, weil die Schule und seine Lehrer ihm Angst einflößen. Die hier geschilderte Bildungsanstalt, ein humanistisches Gymnasium im frühen 20. Jahrhundert, erfüllt vom Glauben an Drill und Unterwerfung, ist ein System aus Angsterzeugung und Unterdrückung und richtet ein sensibles Kind wie Hanno zugrunde.

Die Angst begleitet den kleinen Johann Buddenbrook den ganzen Schulvormittag, steht frühmorgens mit ihm auf und verlässt ihn nicht mehr, bis er wieder das vermeintlich sichere Elternhaus erreicht. Aber auch da kann es passieren, dass neues Unheil über ihn hereinbricht – in Gestalt des Vaters, dem es zuweilen einfällt, Hanno beim Mittagessen abzufragen, sodass ihm vor Angst der Bissen im Hals stecken bleibt.

Einmal will der Vater ein Gedicht hören, das auswendig zu

lernen war, lässt das Kind aber gar nicht erst zu Wort kommen, sondern schüchtert es gleich zu Beginn durch ständige Korrekturen an Haltung und Ausdruck dermaßen ein, dass es nichts mehr damit wird und die Verse von Ludwig Uhland in Tränen untergehen: «Oh, mein Lieber, das ist nichts! ...Man hängt dort nicht am Klavier und faltet die Hände auf dem Bauche ...Frei stehen! Frei sprechen! Das ist das Erste ... Und nun den Kopf hoch ... und die Arme ruhig hängen lassen ...»[71]

Die Schule aber ist noch weit schlimmer. Mit dem neuen Direktor Wulicke «war ein anderer, ein neuer Geist in die alte Schule eingezogen. Wo ehemals die klassische Bildung als ein heiterer Selbstzweck gegolten hatte, den man mit Ruhe, Muße und fröhlichem Idealismus verfolgte, da waren nun die Begriffe Autorität, Pflicht, Macht, Dienst, Karriere zu höchster Würde gelangt, und der ‹kategorische Imperativ unseres Philosophen Kant› war das Banner, das Direktor Wulicke in jeder Festrede bedrohlich entfaltete. Die Schule war ein Staat im Staate geworden, in dem preußische Dienststrammheit so gewaltig herrschte, dass nicht allein die Lehrer, sondern auch die Schüler sich als Beamte empfanden, die um nichts als ihr Avancement und darum besorgt waren, bei den Machthabern gut angeschrieben zu stehen ...»[72]

Diese deutsche Schule samt Schreckensherrschaft des Direktors war nichts Besonderes, sondern im Gegenteil ganz und gar typisch für Zeit und Land. Und wir können aus eigener Erfahrung hinzufügen, dass sie nicht nur den Ersten Weltkrieg und die Nazizeit, sondern auch den Zweiten noch überlebte und im Kern bis in die späten 60er Jahre fortbestand – vielleicht nicht mehr ganz so dienststramm und preußisch, aber immer noch autoritär und furchteinflößend.

Auch deshalb erinnern sich viele, die diesen Schultypus vor 1968 kennengelernt haben, mit Unbehagen und Widerwillen an ihre Schulzeit. Wenn es auch nicht die Regel war, dass jemand so gebrochen wurde wie der sensible Hanno Buddenbrook. Doch gedemütigt fühlte sich so mancher, der im deutschen Gymnasium, das die Elite des Volkes ausbilden wollte, nicht zu Rande kam. Oder gelangweilt und abgestoßen war von einem Unterricht, der von gleichgültigen Lehrern heruntergerissen wurde, denen egal war, ob ihre Schüler aus der Stunde etwas mitnahmen oder nicht.

Aber dann gibt es auch den Lehrer oder die Lehrerin, von denen man noch Jahre später schwärmt, die sich heraushoben aus der Menge der Durchschnittspädagogen. Und wenn man überlegt, woher deren Besonderheit kam, fällt vor allem auf, wie sehr sie sich für ihr Fach begeisterten und versuchten, diese Begeisterung auch in ihren Schülern zu wecken.

Wem es also gelingt, seine Schüler wirklich zu interessieren, schafft etwas Außergewöhnliches: Er oder sie prägt einen Schüler für das ganze Leben. Sicher wird dies nie bei einer ganzen Klasse funktionieren, vielleicht nicht mal bei der Mehrheit. Der Funke springt eher bei Einzelnen über, die sich dafür empfänglich zeigen, und weckt Begabungen, wo bisher keine vermutet wurden. Dies kann Lehrer und Schüler auch emotional verbinden, vielleicht sogar die Möglichkeit einer Freundschaft eröffnen, die über die Schulzeit hinausgeht und nicht selten jahrzehntelang hält.

Was sind das für Menschen, die ihren sehr anstrengenden Beruf mit dieser besonderen Aufmerksamkeit für einzelne Schüler ausüben? Denen die Liebe zu ihrem Fach genauso wichtig ist wie das Interesse, das sie dafür wachrufen können? Die ihre Schützlinge so genau beobachten, dass ihnen nicht entgeht, wenn sich hinter einem renitenten Typen eben ein Charakter verbirgt: ein junger Mensch, der mit sich und der Welt hadert und etwas anderes vom Leben erwartet als stures Lernen und Unterwerfung unter den Schulzwang?

Was passiert, wenn es einem Lehrer, einer Lehrerin gelingt, in einem schwierigen Kind einen Ton zu treffen, der es aufhorchen lässt? Einen in sich verkapselten Jugendlichen so anzusprechen, dass er sich langsam öffnet, und mit sehr viel Geduld und Glück eine Saite in ihm zum Klingen zu bringen, von deren Existenz bisher niemand wusste? Wie kommt ein solch positiver Einfluss auf ein junges Leben zustande?

Die Griechen haben diese besondere erzieherische Befähigung den «pädagogischen Eros» genannt und als unerlässlich für eine glückliche Lehrer-Schüler-Beziehung angesehen. Da dieser Begriff neuerdings problematische Assoziationen auslöst, müssen wir ihn uns ein bisschen näher ansehen.

Vor dem Jahr 2010 hatte man lange nichts gehört vom pädagogischen Eros, vor allem nicht, wenn man weder selbst auf einer Privatschule war noch seine Kinder dorthin schickte. Denn auf staatlichen Schulen war davon gewöhnlich nicht die Rede – vielleicht, weil ihn die Reformschulbewegungen zu Beginn des 20. Jahrhunderts und in den Aufbruchszeiten der 70er Jahre für sich gepachtet zu haben schienen. Nun scheint der Begriff nach den zutage getretenen Missbrauchsfällen in Misskredit geraten: Inzwischen halten viele das Wort vom pädagogischen Eros für einen Euphemismus – für die schöne Umschreibung von Kindesmissbrauch.

Tatsächlich ist der richtig verstandene pädagogische Eros von Päderastie so weit entfernt wie die christliche Nächstenliebe von der Vergewaltigung. Der Antike verdanken wir sehr feine Unterscheidungen in dieser Hinsicht. Eros hatte viele Bedeutungen, aber in pädagogischer Hinsicht stand er für eine geistig-emotionale Hinwendung, eine tiefe Sympathie und Anziehung zwischen Menschen.

Im Verhältnis von Lehrer zu Schüler wäre Eros im platonischen Sinn jene besondere Freundschaft, die bei der Vermittlung von Erkenntnis hilft. So beschreibt auch der Erziehungswissenschaftler Heinz-Elmar Tenorth den pädagogischen Eros als «liebevolle Zuwendung zum Kind», als «starkes Vertrauensverhältnis», wie sie etwa die Beziehung zwischen Grundschülern und ihrer Lehrerin darstellt.[73] Denn erfolgreiches Lernen sei immer emotional getönt, müsse als gemeinsame Arbeit erfahrbar sein. Kinder lernten nicht allein aus Liebe zum Fach, sondern auch aus Zuneigung zum Lehrer. In diesem Sinn bedeute pädagogischer Eros geistige und emotionale Zuwendung, fern aller körperlichen Zudringlichkeit.

Eine große Verantwortung, denn die Person vorne am Pult muss sich bewusst sein, wie viel von ihr und ihrem Verhalten abhängt für die weitere Schulkarriere der Kinder. Jeder erinnert sich genau an seine erste Lehrerin, den ersten Lehrer in der Grundschule, denn ihnen kommt eine besondere Bedeutung in unserem Leben zu. Der Eintritt in die erste Klasse ist wie eine Initiation zu Beginn unserer Bildungsreise: Wie gern oder lustlos wir danach in die Schule gehen, entscheidet sich auch in diesen Tagen. Lehrer sind die ersten Autoritäten nach den Eltern, ein Kind von sechs, sieben Jahren nimmt sie sehr ernst, hört ihnen aufmerksam zu und will, dass man ihm ebenso viel Aufmerksamkeit schenkt, wie es die Eltern zu Hause tun. Das Kind möchte wichtig sein, möchte auffallen und gefallen, die Lehrerin soll es als Individuum zur Kenntnis nehmen und in ihr Herz schließen. Denn das Kind weiß, wenn es liebevolle Eltern hat, intuitiv: Es ist wert, erkannt, geliebt und gefördert zu werden.

Jemand, der ein Kind in dieser sensiblen Phase vor den Kopf stößt, kann viel Unheil anrichten und ihm die Schule und das Lernen verleiden. Aber erfahrungsgemäß passiert das nicht in einer ersten Klasse, denn Grundschullehrer und -lehrerinnen wissen meist um ihre Bedeutung im Leben der Kinder und gehen verantwortungsvoll damit um. Es muss ja auch ein euphorisierendes Gefühl sein, vor einer Klasse von Sechsjährigen zu stehen, in lauter neugierige, offene, erwartungsvolle oder auch schüchterne Gesichter zu sehen. Folgen darauf noch viele oder wenigstens einige gute Pädagogen, die es schaffen, das Kind emotional anzusprechen und liebevoll zu begleiten, dann hat es eine Chance auf die Entfaltung der in ihm angelegten Möglichkeiten und auf die Entwicklung eines guten Charakters.

Der mit pädagogischem Eros begabte Lehrer wäre demnach in der Lage, eine Lehrer-Schüler-Beziehung herzustellen, die dem Kind Nähe und Vertrauen schenkt, ihm Zuwendung und Selbstsicherheit verleiht, die es geistig anregt und zu eigenem Denken und Forschen animiert, die seine Unternehmungen begleitet und Schwierigkeiten, Erfolge und Misserfolge beobachtet, ernst nimmt und bespricht. Der Respekt vor dem Kind und das Wissen um die Ungleichheit der Beziehung schützen dann den Lehrer davor, dem Kind zu nahe zu treten, es einzuengen oder gar in irgendeiner Form zu manipulieren.

«Sie brauchen Nähe und müssen Akzeptanz fühlen, eine Liebe, die aber frei sein muss von sexuellen Untertönen», sagt Tenorth. Er benennt aber auch, was im schlimmsten Fall aus so einer besonderen Beziehung werden kann und was als Kindesmissbrauch vielfach in den Internaten vor allem katholischer, aber auch reformpädagogischer Provenienz, in Kinderheimen und Sportvereinen, in Kirchenchören und Jugendgruppen passiert ist: «Pädophilie ist eine Mischung aus überstarker Zuwendung zum Kind und körperlicher Gewalt – auch wenn Pädophile das selbst nicht so wahrnehmen.»

Der Hinweis auf die Gewalt scheint uns dabei besonders erhellend. Denn selbst wenn sich Jugendliche scheinbar einvernehmlich auf sexuelle Verhältnisse einlassen, so ist Gewalt schon deshalb immer dabei, weil der eine älter und mächtiger und der andere jünger und abhängiger ist. Und natürlich muss immer mitgedacht werden, dass Gewalt nicht unbedingt körperlich, sondern oft viel subtiler daherkommt: Da wird gelockt, geschmeichelt, feiner Druck ausgeübt, überredet, mit Liebesentzug gedroht, vielleicht auch jemand vorübergehend kaltgestellt oder vor anderen heruntergeputzt – tausend Gesichter hat diese Gewalt, die einer einsetzen kann, dem der Beruf Macht über junge Menschen verliehen hat.

Auch körperliche Strafen sind ein Missbrauch und deshalb zu Recht seit einiger Zeit bei uns verpönt. Und auch wenn eine Tracht Prügel früher zum autoritären Alltag gehörte und etwas ganz und gar anderes zu sein scheint als sexuelle Zudringlichkeit, so ist doch aufschlussreich, wie sexuell die körperlichen Strafen gerade in den katholischen Instituten anmuten, von denen die Zöglinge der Nachkriegsjahrzehnte, vom Canisius-Kolleg über das Kloster Ettal bis zu den Regensburger Domspatzen, berichten: Wie oft wurden da Jungen von männlichen Erziehern «übers Knie gelegt» und auf den nackten Po geschlagen. Welche Demütigung war das für einen Heranwachsenden!

Das Prügeln und Strafen hat eine lange, ungute Tradition in Deutschland. Und man darf nicht vergessen, dass das Züchtigungsverbot in der Erziehung erst im Jahr 2000 ins Gesetz geschrieben wurde. Danach haben Kinder nun auch bei uns das «Recht auf eine gewaltfreie Erziehung»: «Körperliche Bestrafungen, seelische Verletzungen und andere entwürdigende Maßnahmen sind unzulässig», sagt das BGB.

Der pädagogische Eros ist das eigentliche Gegenmittel zur alten, autoritären Schule und seinen strafenden Paukern. Vielleicht ist er auch deshalb in staatlichen Schulen so selten anzutreffen, weil er nie in die herrschenden Ideologien passte: im frühen 20. Jahrhundert nicht zum Untertanengeist mit militärischem Drill, im späten nicht zum immer stärker werdenden Kapitalismus und seine Prägung auf Wachstum und Effizienz. Der pädagogische Eros braucht freien Raum, freie Menschen ohne Zeit- und Leistungsdruck und ohne die Angst, anzuecken. Das konnte und kann die normale staatliche Schule nicht bieten.

Kein Wunder, dass die Reformpädagogik den Begriff hochhielt. Seit mehr als hundert Jahren setzt sie sich zum Ziel, was im humanistischen Sinn zur Heranbildung einer runden Persönlichkeit erstrebenswert scheint und heute fast Allgemeingut ist: das gemeinsame, selbständige Arbeiten der Kinder, ihre musische Ausbildung, die Nähe zur Natur. Vor allem aber maß die Reformpädagogik schon früh dem Kind die Rolle zu, die ihm erst in den letzten Jahrzehnten zugestanden wird: im Mittelpunkt der erzieherischen Bemühungen zu stehen. Also nicht Objekt von Drill und Dressur zu sein, bis man naht- und kantenlos in die Erwachsenenwelt passt, sondern als eigenständiges Wesen wahrgenommen zu werden.

Die Idee, dass ein Kind etwas anderes ist als ein kleiner Erwachsener und auch ganz anders behandelt werden muss, ist nicht sehr alt. Rousseau hatte die Befreiung des Kindes von den Erwartungen der Erwachsenen in seinem Roman «Émile» schon im späten 18. Jahrhundert zu einem neuen, bahnbrechenden Erziehungsziel erhoben. (Dass er seine eigenen Kinder ins Findelhaus brachte, steht auf einem anderen Blatt.) Im späten 19. Jahrhundert griffen große Erzieherinnen wie Helene Lange oder Maria Montessori diese Idee wieder auf und schufen eine Pädagogik vom Kind her: «Nicht das Kind soll sich der Umgebung anpassen, sondern wir sollten die Umgebung dem Kind anpassen», erkennt Montessori, die selbst als Kind kaum ertrug, dass die Mädchen in der Schule «wie Schmetterlinge aufgespießt» sitzen und passiv zuhören mussten[74]. Das Kind trage «den Schlüssel zu seinem rätselhaften individuellen Dasein von allem Anfang an in sich», war sie überzeugt, es verfüge über einen inneren Bauplan der Seele und über vorbestimmte Linien für seine Entwicklung. «Das alles aber ist zunächst äußerst zart und empfindlich, und ein unzeitgemäßes Eingreifen des Erwachsenen mit seinem Willen und seinen übertriebenen Vorstellungen von der eigenen Machtvollkommenheit kann jenen Bauplan zerstören oder seine Verwirklichung in falsche Bahnen lenken», so erklärte die Begründerin des Montessori-Bildungskonzepts ihren Ansatz. Seltsam, dass sich diese Pädagogik, die sich aus so kinderfreundlichen, klugen Gedanken entwickelt hat, bis heute im Wesentlichen auf Privatschulen mit reformpädagogischem Fundament und Internate beschränkt und dass der Staat bzw. die Kultusminister der Länder noch immer darauf verzichten, diesen Ideen auch in staatlichen Schulen den Raum zu geben, den sie verdienen.

Für Kinder, die in der staatlichen Bildungsanstalt unglücklich waren oder gar an ihr scheiterten, waren Schulen wie die von Maria Montessori, die Waldorf-Schulen oder die reformerischen Landerziehungsheime eine Alternative. Doch die Alternative gab und gibt es nur für die, deren Eltern einen Sinn dafür und vor allem die finanziellen Möglichkeiten besaßen. Wer Eltern hatte, die nichts von solch einer alternativen Pädagogik wussten oder denen das Geld dafür fehlte, konnte nur resignieren, die Schule abbrechen und etwas ganz anderes machen.

Für die Glücklicheren aber blieb die Möglichkeit des Wechsels in solch eine teure Privatschule oder ein Internat. Lehrer und Schüler der staatlichen Schulen blickten meist mit Verachtung auf die Kinder «der Reichen», die dort scheinbar mühelos zum Abitur gelangten. Die andere Seite sahen sie, die in der normalen Schule weiterpaukten, nicht: dass viele der ehemaligen «Schulversager» plötzlich – nach vielem Schulunglück – dieses Glück erleben durften: als heranwachsender Mensch akzeptiert und geachtet, vielleicht sogar geliebt zu werden, unterstützt und gefördert jedenfalls, so gut es ging. Dass es auch höchst unglückliche Schüler auf den reformpädagogischen Privatschulen gab, weil dort Schindluder mit der Freiheit, sich auszuleben, oder einem falsch verstandenen pädagogischen Eros getrieben wurde, wissen wir, seit die Opfer zu sprechen begonnen haben.

Wie die der inzwischen berühmt-berüchtigten Odenwaldschule. Zwei Journalistenkollegen – Amelie Fried und Tilman

Jens – haben dort Jahre verbracht und in den Wochen des Missbrauchsskandals im Frühjahr 2010 beschrieben, was diese Schule für sie bedeutete. Beide schildern übereinstimmend, wie sehr sie sich sofort akzeptiert und mit den Lehrern auf Augenhöhe fühlten, wie heiter-entspannt es zuging in der Odenwaldschule, vor allem, wenn man wie Jens aus einer «über beide Knie verstaubten, sich humanistisch gebenden Anstalt am Neckarufer» kam, die Leute wie ihn nicht versetzte und mit Charakterzuschreibungen wie «Jens ist aufsässig und renitent!» ins Aus stellte.[75] Im Odenwald erlebten Fried wie Jens eine Schule mit liberalen Lehrern, mit denen man Tür an Tür in sogenannten Familien wohnte, die man duzte und die einen sonntags zum Frühstück einluden – Amelie Fried blickt zurück auf «eine glückliche Siebziger-Jahre-Jugend, voller Flower-power, Peace-Zeichen auf den Jeans und Aufbruchsstimmung».[76] Sie lernte dort viel, was ihren Charakter geprägt hat: zu diskutieren, Konflikten nicht aus dem Weg zu gehen, sich für andere einzusetzen, Gemeinschaftsgeist.

So viel zu den guten Seiten. Die schlechten sind mittlerweile bekannt und drohen die Leistungen der Reformpädagogik in Deutschland inzwischen zu überdecken. Gerade die Rückbesinnung auf den pädagogischen Eros diente als Deckmantel: Das Ideal der griechischen Knabenliebe wurde bemüht, um dem kriminellen Treiben gewissermaßen die höheren Weihen zu verleihen, schreibt Amelie Fried. Missverstandenes griechisches Ideal, zudem der Freiheitsgedanke der 68er Revolution mit ihrer libertären Sexualmoral waren die Feigenblätter für Taten, die bei den Opfern lebenslange Traumata verursachten und – so schließt die jetzige Direktorin der Odenwaldschule nicht mehr aus – sogar zu etlichen Selbstmorden unter den Schülern geführt haben.

Erzählt werden muss das alles, weil es zeigt, welch großen Einfluss die Menschen haben, denen wir unsere Kinder anvertrauen. Die Charakterbildung hängt nicht nur vom Elternhaus, sondern auch von den Pädagogen ab, mal mehr, mal weniger. Und natürlich haben die größeren Persönlichkeiten unter den Erziehern den größeren Einfluss – im Guten wie im Schlechten. «Wie jeder weiß, spielt in Anstalten der Zufall eine wichtige Rolle. Wem man zugeteilt wird, kann lebensverändernd sein. Das Schicksal der jüngsten Schüler stand und fiel mit ihren Erzieherinnen», erzählt der Autor Paul Ingendaay aus seiner Zeit in einem katholischen Internat in den siebziger Jahren. Er hat selbst keinen Missbrauch erlebt, aber in der Rückschau wird ihm klar, wie sehr «das Erziehungssystem … jedem Einzelnen von ihnen etwas anderes antat, und die Wirkung auf den Charakter war unvorhersehbar».[77]

Bleibt als Fazit: Erziehen im positiven Sinn, also Einfluss nehmen auf die Charakterbildung eines Kindes oder jungen Menschen, können nur Persönlichkeiten, die in der Lage sind, emotionale Nähe herzustellen. Die Erfahrung zeigt, dass schon daran viele scheitern, die sich für den Lehrerberuf entscheiden. Außerdem müssen sie stark und reif genug sein, um eine Haltung vorzuleben und andere leiten zu können, weil sie wissen, was richtig und was falsch ist. Autorität erhalten sie dabei nicht aus ihrer Stellung, sondern nur aus sich selbst, als Folge innerer Unabhängigkeit und der Erfahrungen, die sie gemacht haben. Bei aller Nähe und Vertrautheit sind sie sich immer bewusst, dass die Grenze zwischen Lehrer und Schüler nicht verwischt werden darf. Sie stärken ihre Schüler, indem sie deren Stärken hervorheben und loben, und lindern die Schwächen, indem sie ihnen dabei helfen, sie zu überwinden. Sie ermuntern jederzeit zu selbständigem Denken und Handeln, fördern Kritik und Selbstkritik und mutige Offenheit. Das Wohl der Gruppe, der Gemeinschaft, der Schwächeren muss dabei wesentliches Merkmal und Ziel der Charakterbildung sein.

Dies wäre die Lehrerin, der Lehrer mit pädagogischem

Eros – ein Ideal. Aber Ideale anzustreben oder wenigstens im Hinterkopf zu haben, ist nicht das Schlechteste und gehört mit zu einer guten Erziehung. Man muss sie nur immer am Leben überprüfen.

19. Von dummen Knaben und feinen Köpfen

Jede Lehrerin, jeder Erwachsene muss emotionale Nähe herstellen, um ein Kind oder einen Jugendlichen überhaupt erreichen zu können. Das haben wir im vorangegangenen Kapitel gesagt. Ohne Zugewandtheit und Empathie mit dem «Zögling» kann keine Charaktererziehung gelingen. Dass der idealtypische Erzieher dabei selbst Charakter haben muss, um Vorbild zu sein, wäre die schwierigste Bedingung für diesen Beruf.

Wir erinnern uns an die besonderen, guten Lehrer – und natürlich an die, die wir hassten. Die uns wenig schmeichelhafte Namen gaben. Jene, die uns wissen ließen, wie wenig sie von uns hielten, und dass ihre Kunst an uns verloren sei. Perlen vor die Säue. «Was machst du auf dem Gymnasium – du endest ja doch als Straßenkehrer», sagte so einer in früheren Jahren. Die Namen, die sie uns gaben, waren manchmal positiv, viel öfter aber negativ, manchmal auch beleidigend und originell in einem – das waren die schlimmsten, weil sie die Klasse zum Lachen brachten und den Einzelnen erst recht als Depp dastehen ließen. Die Namen aber hafteten wie Pech, wir trugen sie zumindest eine Zeitlang auf der Stirn und richteten uns nach ihnen. Denn solche Urteile über unser Wesen haben eine viel größere Macht über uns, als wir denken und empfinden.

Einer der Ersten, die diese Macht erkannt und literarisch verarbeitet haben, ist der Schriftsteller Karl Philipp Moritz. Mit «Anton Reiser» hat er den ersten «psychologischen Roman», wie er ihn selbst im Untertitel genannt hat, schon 1785 verfasst, also ein gutes Jahrhundert vor Sigmund Freud. Das Werk zeigt am Schicksal eines Jungen den Einfluss, den Erzieher auf die

Charakterbildung eines jungen Menschen nehmen. Nun ist die Welt des Anton Reiser – das kleine Leben im Kreis von Schustern, Gerbern, Hutmachern, Bürstenbindern und Essigbrauern in der norddeutschen Provinz – längst untergegangen und mit ihr auch der scharfe Klassengegensatz, das Elend der einfachen Leute und die Chancenlosigkeit ihrer Kinder, aus dem Kreislauf von Armut und Unwissen je herauszukommen. Es sei denn, ein Einzelner wie Anton macht durch eine besondere Begabung auf sich aufmerksam und erhält durch die Gnade des feudalen Landesherrn ein Stipendium. Dieses gleicht allerdings mehr einem Almosen und ist mit vielen Demütigungen, zum Beispiel dem täglichen Freitisch bei besseren Leuten, verbunden. Und das alles spielt unter der drückenden Allgegenwart einer besonders lebens- und menschenfeindlichen Religion, dem Pietismus, der die Menschen, der Aufklärung zum Trotz, fest im Griff hat.

Unabhängig von diesen Zeitumständen ist «Anton Reiser» noch immer ungemein lesenswert, weil der Roman wie im Lehrbuch veranschaulicht, wie abhängig ein Kind davon ist, geliebt und geachtet zu werden. Dass seine Seele danach dürstet, von den Erwachsenen um sich herum ein Mindestmaß an Zuneigung, Respekt und Achtung zu erfahren. Moritz zeigt an seinem Alter Ego Anton Reiser, wie sehr außer der Armut gerade auch Intelligenz und Phantasie ein Kind isolieren, weil ihm diese Talente in einem echolosen Raum keinen Halt geben können. Was ihm nämlich vorenthalten wird, ist Basis und Bedingung jeder gesunden Individuation: die Liebe. Anton bekommt sie nicht von den ewig streitenden Eltern, schon gar nicht von den ausbeuterischen Meistern, bei denen er in die Lehre geht, und auch nicht von den Erziehern, die sich zeitweise seiner annehmen. Denn alle sehen in ihm immer nur ein Objekt ihres jeweiligen Erziehungszieles.

So kann sich Anton auch nicht mit einem Vorbild identifizieren, weil dies ohne Liebe nicht funktioniert: Bis zum Ende findet er zu keiner stabilen Seelenlage, er schwankt, hin- und hergerissen von widerstreitenden Emotionen. Das kleinste kritische Wort kann ihn umwerfen, eine unbedachte Zuschreibung in größte Selbstzweifel stürzen. Und nicht nur dies: Er nimmt jedes Urteil an, als käme es von Gott höchstpersönlich, und verhält sich danach. Ganz früh fängt das an, im frommen und kalten Elternhaus, als seine Mutter ihm böse vorhält, er verhalte sich «wie alle gottlosen Buben». Das betrübt den Kleinen dermaßen, «dass er nun wirklich wieder eine Zeitlang ausschweifte und sich mutwillig mit wilden Buben abgab; worin er denn durch das Schelten und sogenannte Predigen seiner Mutter noch immer mehr bestärkt wurde; denn dies schlug ihn immer noch tiefer nieder, sodass er sich oft am Ende selbst für nichts mehr als einen gemeinen Gassenbuben hielt und nun um desto eher wieder Gemeinschaft mit ihnen machte.»[78]

So beginnt es, und so geht es mit ihm weiter in der Lehre beim Hutmacher, der Anton zunächst mag und fördert, weil er gut arbeitet und sich fromm zeigt. Die kurze Phase der Anerkennung aber führt nun dazu, dass Anton erwartungsgemäß munter, fröhlich und lebhaft wird – was seinem Meister bald über die Hutschnur geht. Denn Lebhaftigkeit und Heiterkeit kommen in der frömmlerischen Welt des Pietismus nicht von Gott, sondern sind Zeichen des Übels.

Doch immer wieder fällt Antons Begabung auf. So gelangt er auf eine Freischule, die armer Leute Kinder zu künftigen Dorfschulmeistern ausbilden soll. «Allein damit er sich nun nicht seines Glücks überheben sollte, stand ihm am andern Tage eine Demütigung bevor», und die fügt ihm ein Lehrer zu, der von Anton nur einen Buchstaben hören will und nicht merkt, dass dieser längst flüssig lesen kann. So nennt er ihn «dummer Knabe», als Anton schamvoll schweigt.[79] Der «dumme Knabe» wird ihn lange verfolgen und beschämen, weil er sich damit so ganz und gar verkannt fühlt. Seine angebliche Dummheit aber, so erkennt Anton selber, rührt «zum Teil aus einem Mangel an Gegenwart des Geistes, zum Teil aus einer gewissen Ängstlichkeit» her, die ihn ständig befällt und lähmt.

Bis ihm wieder ein Pastor einen freundlichen Blick zuwendet und ihm ein wenig mehr Aufmerksamkeit als den Mitschülern schenkt. Gleich gerät Anton in höchste Freude, die auch Züge von Eitelkeit und Ruhmsucht hat, und sofort wird nun das Pendel wieder nach der anderen Seite ausschlagen. Ein ewiges Auf und Ab, ein qualvolles Hin- und Hergerissensein zwischen kurzen Momenten der Selbstsicherheit und Freude und tiefster Niedergeschlagenheit und nackter Angst. «Reisers Selbstzutrauen musste erst durch zuvorkommende Güte geweckt werden, ehe er es wagte, sich beliebt zu machen ... Und wo er nur einen Schein von Unzufriedenheit andrer mit ihm bemerkte, da war er sehr geneigt, an der Möglichkeit zu verzweifeln, jemals ein Gegenstand ihrer Liebe oder ihrer Achtung zu werden.»[80]

Dem Wort «dummer Knabe» folgt noch manches Verdikt, das ihn beschämt, lächerlich macht oder herabwürdigt. Das Buch schildert eine Kette solcher Erlebnisse, die einen jungen Menschen ohne inneren Halt zerstören können. Schließlich lässt Anton «alles Zutrauen zu seinen eigenen Verstandeskräften» fahren und fängt «im Ernst an, sich selbst für einen Dummkopf zu halten, wofür er so allgemein erkannt wurde».[81]

Dass Anton Reiser nach dieser Jugend kein glücklicher Mensch werden kann, ist offensichtlich. Das galt wohl auch für seinen Schöpfer, Goethe nannte den befreundeten Karl Philipp Moritz mit feiner Sympathie einen jüngeren Bruder «von derselben Art, nur da vom Schicksal verwahrlost und beschädigt, wo ich begünstigt und vorgezogen bin». Das ist tragisch, doch verdanken wir dieser Beschädigung Erkenntnisse, die bis heute gültig und aktuell sind: Denn sosehr die Missachtung der Älteren Anton Reiser als Persönlichkeit immer wieder «vernichtet», so sehr stärkt ihn auch immer wieder ihre Zuwendung: Als er einmal für schön deklamierte Verse ein großes Lob bekommt, wächst sein Selbstbewusstsein und macht einen anderen aus ihm: «sein Blick, seine Miene verwandelte sich – sein Auge wurde kühner – und er konnte, wenn jemand seiner spotten wollte, ihm jetzt so lange ins Auge sehen, bis er ihn aus der Fassung brachte.»[82] Hier hätte sich, das beweist diese Stelle, auch ein besserer Lebensweg eröffnen können.

Auch Hermann Hesses Roman «Unterm Rad» erzählt eine Erziehungsgeschichte, die erstaunliche Parallelen zu Anton Reiser aufweist und doch auf ganz andere Weise scheitert. Darin geht es um den mutterlosen Hans Giebenrath, einen Jungen aus dem Kleinbürgertum, der in der durch und durch mediokren Umgebung einer schwäbischen Kleinstadt, die zwar «viele tüchtige Bürger, aber noch nie ein Talent oder Genie hervorgebracht hatte»[83], allein durch seine Begabung auffällt. Auch bei Hesse ist es der Pietismus, der die Menschen beherrscht und in Schach hält – eine Frömmigkeit, die sich durch besonders strenge Regeln und buchstabengetreue Bibelgläubigkeit auszeichnet, vor allem aber jeglichen Frohsinns entbehrt. Und auch hier – jetzt zu Beginn des 20. Jahrhunderts – wird einem begabten Kind die Chance eröffnet, sein Milieu hinter sich zu lassen und sein Leben durch Lernen und Bildung radikal zu verändern. Eigentlich eine großartige Chance und Ausweis einer postfeudalen, durchlässigeren, modernen Gesellschaft. Doch der Preis dafür ist hoch: Um als Stipendiat zu einer kostenfreien höheren Ausbildung mit anschließendem Theologiestudium zu kommen, muss ein schwieriges «Landexamen» in Stuttgart bestanden werden, in dem die Besten des Landes herausgefiltert, aufs Seminar ins Kloster Maulbronn und von da aufs Tübinger Stift befördert werden, um dann acht oder neun Jahre später von dort als Pfarrer hervorzugehen und dem Staat die empfangenen Wohltaten wieder zurückzubezahlen.

Wer das Landexamen schafft, gilt als Held, von dessen Ruhm

auch die Familie und der Heimatort zehren. Also legen sie sich alle ins Zeug, um Hans Giebenrath diese Karriere zu ermöglichen. Der Druck ist gewaltig: Wenn die anderen in den Sommerferien schwimmen und angeln, muss Hans in stickigen Stuben bei Lehrern und Rektor Latein und Griechisch pauken und sich vom Stadtpfarrer ins Bibelstudium einweisen lassen. Es ist ein Tauschhandel: Vater, Lehrer, Rektor, Pfarrer machen Hans' Fortkommen zu ihrem persönlichen Erziehungsauftrag. Hans hat ihnen mit seinem sozialen Aufstieg zu danken.

Mit dem Erwartungsdruck aber wächst die Angst, das Examen nicht zu bestehen. Doch Hans hat keine Alternative: Es gibt nur Sieg oder Niederlage. Damit wird die große Bildungschance des Landesstipendiums auch zur existenziellen Bedrohung.

Dass die Chance für Hans keine christliche oder soziale Wohltat, sondern ein Geschäft ist, zeigt Hesse in einer ganz unschuldigen Szene wie nebenbei, als die Eltern ihre Kinder nach dem glücklich bestandenen Examen ins Kloster bringen: «Stolze und löbliche Gefühle und schöne Hoffnungen schwellten ihre Brust, und kein Einziger dachte daran, dass er heute sein Kind gegen einen Geldvorteil verkaufe.» Denn jedem Kind ist mit der Aufnahme ins Seminar bei entsprechendem Wohlverhalten versprochen, «bis an sein Lebensende staatlich versorgt und untergebracht» zu sein. «Dass sie das vielleicht nicht ganz umsonst haben könnten, darüber dachte keiner nach, so wenig als die Väter.»[84]

Das stete Kopfweh, das ihn plagt, übrigens wie ehedem Anton Reiser, ist nur ein Hinweis auf die Überforderung, die ihn nach dem glänzenden Examen im Maulbronner Seminar erwartet. Die Überforderung ist seelischer Natur, denn Hans ist nach wie vor ein guter Schüler und kluger Kopf, wenigstens solange ihn die Lehrer als solchen ansehen. Kaum aber hat er sich zum ersten Mal in seinem Leben einem Freund angeschlossen, der als renitent und widerständig gilt und über ein Selbstbewusstsein verfügt, das Hans nur staunen lässt, sinkt sein Ansehen bei der Lehrerschaft rapide. Noch versuchen sie, die beiden einander zu entfremden, und einmal verrät Hans seinen Freund aus Opportunismus. Doch dann siegt die Freundschaft über die Erpressungsversuche der Lehrer, weil Hans in dieser Freundschaft wohl zum ersten Mal in seinem jungen Leben so etwas wie echte Liebe erfährt.

Liebe fehlte ihm von Anbeginn an: Er wächst ohne Mutter und ohne Zärtlichkeit auf («ihm war in seinen strengen, mutterlosen Knabenjahren die Gabe des Anschmiegens verkümmert»), der Vater ist dem Sohn gegenüber ebenso korrekt wie kalt. Das einzige Interesse des Vaters an seinem Sohn sind dessen Erfolg und Aufstieg und die Hoffnung auf das schöne Gefühl des Vaterstolzes.

Dieses Ziel macht sich Hans zu eigen. Die große Lebenschance liegt im theologischen Seminar im Kloster Maulbronn, das Hesse aus eigenem Erleben kennt. Es scheint zunächst ein einziges großes Versprechen zu sein, ein «Ort für ein tüchtiges Stück Leben und Freude, hier müsste etwas Lebendiges, etwas Beglückendes wachsen können, hier müssten reife und gute Menschen ihre freudigen Gedanken denken und schöne, heitere Werke schaffen».[85]

Das ist eine Vorstellung vom Internat als einem paradiesischen Ort, an dem «Schönheit und Ruhe die empfänglichen jungen Gemüter» umgibt und diese zugleich «den zerstreuenden Einflüssen der Städte und des Familienlebens» entzieht. Im Internat werden die jungen Leute mit Wissen angefüllt und «zur Selbsterziehung» genötigt, auf dass sie «eines besonderen Geistes Kinder werden, an welchem sie später jederzeit erkannt werden können – eine feine, sichere Art der Brandmarkung». Und jeden schwäbischen Seminaristen konnte man sein Leben lang als solchen erkennen.

«Brandmarkung» als Erziehungsziel. Genau so wird ein Charakter schon dem griechischen Wortsinn nach «gemacht». Charakter heißt ja Merkmal, Einprägung, Wesen. Wie wir auch mit den besten Anlagen verdorren und verkümmern können – das zeigen die hier genannten literarischen Beispiele auf das deutlichste.

Der Ehrgeiz seiner Erzieher wird Hans Giebenrath zugrunde richten und dazu führen, dass er schließlich «unters Rad» kommt, wovor er immer gewarnt wurde. Denn auch im Kloster geht es nur um den Erfolg, ungeachtet der persönlichen Entwicklung der Jugendlichen, ihres seelischen und charakterlichen Reifegrads. Als Hans sein Freund wichtiger wird als gute Noten, wenden sich die Erzieher von ihm ab: «Alle diese in ihrer Pflicht beflissenen Lehrer der Jugend, vom Ephorus bis auf den Papa Giebenrath, Professoren und Repetenten, sahen in Hans ein Hindernis ihrer Wünsche, etwas Verstocktes und Träges, das man zwingen und mit Gewalt auf gute Wege zurückbringen müsse. Keiner ... sah hinter dem hilflosen Lächeln des schmalen Knabengesichts eine untergehende Seele leiden und im Ertrinken angstvoll und zweifelnd um sich blicken. Und keiner dachte etwa daran, dass die Schule und der barbarische Ehrgeiz eines Vaters und einiger Lehrer dieses gebrechliche Wesen so weit gebracht hatten. ... Nun lag das überhetzte Rösslein am Weg und war nicht mehr zu gebrauchen.»[86]

Hans wird krank und verlässt die Schule, und als er als «gescheiterter Seminarist» nach Hause zurückkehrt, interessieren sich weder seine alten Lehrer noch der Pfarrer für sein Schicksal, denn er war nun «kein Gefäß mehr, in das man allerlei hineinstopfen konnte, kein Acker für vielerlei Samen mehr; es lohnte sich nicht mehr, Zeit und Sorgfalt an ihn zu wenden».[87]

Hans ist Ausschuss, er taugt gerade noch zu einer Schlosserlehre, nun als jüngster Lehrbub hinter allen ehemaligen Klassenkameraden, denen er vorher weit voraus war. Und so ertränkt er sich verzweifelt in jenem Fluss, an dem er früher so glücklich beim Angeln war. Das verstehen sie nun alle nicht, seine ehemaligen Lehrer und Förderer, die sich etwas darauf einbildeten, seinen feinen und besonderen Kopf erkannt zu haben. «Niemand wusste auch, wie er in das Wasser geraten sei.»

Wer meint, dass diese ergreifende Geschichte nichts mit den heutigen Zeiten zu tun habe, irrt. Denn auch heute wird in Kinderköpfe hineingestopft, was geht: Mit dem Turbo-Gymnasium G8 hat sich der Kinderstress potenziert, und wieder geht es nur um Noten und ums Fortkommen in einer kalten, schnellen, kapitalistischen Welt, in der nur funktionieren kann, wer aufs perfekteste angepasst ist und all die Kompetenzen hat, auf die unsere Wirtschaft so viel Wert legt. Mit dem Numerus clausus in den siebziger Jahren, also der Studentenselektion nach Abitur-Bestnoten, beschleunigte sich diese unheilvolle Entwicklung. Sie hat den Erfolgsdruck in Schule und Uni um ein Vielfaches erhöht.

Die Jugend als eine Zeit des Reifens zu betrachten, als eine Art Moratorium zwischen Kindheit und Erwachsensein, in dem sich ein Charakter unter dem schützenden und prägenden Einfluss von empathischen Erwachsenen langsam und stetig herausbildet, damit man werde, was man ist, also die in jedem Menschen individuell angelegten Fähigkeiten ausbilde – dies scheint nur mehr eine schöne Erinnerung an die kurze Epoche des humanistischen Bildungsideals zu sein.

20. Von guten Lehrern

Über dem edlen, klassizistischen Portal prangen die vier Leitideen des Hauses in großen Lettern: Tradition, Disziplin, Ehre und Vortrefflichkeit. Jeder Sprössling, der hier von seinen elitebewussten Eltern abgeliefert wird, hat damit täglich vor Augen, welche Werte sein Leben von nun an bestimmen und was von ihm erwartet wird.

Wir befinden uns im Welton-Internat, Neuengland, Ende der fünfziger Jahre, und jene Werte bilden das Fundament der Erziehung dieses Hauses, sie sind Maßstab und Ziel im Leben der Internatsschüler. So soll der Nachwuchs der besseren amerikanischen Ostküstenfamilien auf die Welt der Erwachsenen vorbereitet werden – auf einen Weg, der in den Fußstapfen der Alten zu Erfolg, Ansehen und Macht führt.

So wollen es die Eltern, die dem altehrwürdigen Institut die Erziehung ihrer Kinder überlassen, das viel Erfahrung damit hat, wie man kleine und halbstarke Jungen zurechtschleift und auf den Lebenswettkampf vorbereitet. Und so wollen es die Lehrer, die sich diesen Werten verpflichtet fühlen. Das Bewusstsein der «Tradition» verleiht ihnen jenes Gefühl der Sicherheit, des Aufgehobenseins in alten Strukturen, erprobten Mustern und gelebten Erfahrungen, das es ihnen erspart, sich mit neuen, aber unerprobten Ideen und Erziehungsmethoden auseinandersetzen zu müssen. Neu sind immer nur die Schülergenerationen, und das allein ist schon Herausforderung genug.

Die äußere «Disziplin» gibt allen den notwendigen inneren Halt. Im Kampf gegen Trägheit und jugendlichen Leichtsinn kann nur gewinnen, wer eisern an sich arbeitet, sich nichts durchgehen lässt, hart ist gegen sich und andere. Null Toleranz gegenüber Laxheit, Faulheit, Frechheit, Aufbegehren, Freiheitsstreben und was der Unsitten mehr sind, die heranwachsenden Kindern ausgetrieben werden müssen.

Die «Ehre» gilt es zu erwerben und zu verteidigen. Sie ist die Achtung und Anerkennung, die man einfordert und sich notfalls sogar erkämpfen muss. Das gilt für das Vaterland ebenso wie für den täglichen Umgang. Ein hoher Wert ist diese Ehre, eine Messlatte dafür, wie angesehen einer ist oder später sein wird in der Gesellschaft.

Die «Vortrefflichkeit» – wir haben leider kein moderneres Wort für das englische «excellence» – ist die Voraussetzung für die Ehre und den Respekt der anderen, und noch mehr: In ihr bündeln sich die Tugenden, einschließlich einer Selbstachtung, die sich von äußerer Anerkennung unabhängig gemacht hat.

Das Welton-Internat und die tragische Geschichte, die sich hier in jenem neuen Schuljahr Ende der Fünfziger abspielt, kennen die meisten von uns aus dem Film «Der Club der toten Dichter» von Peter Weir (1989), der längst zum Highschool-Klassiker wurde. John Keating, selbst ehemaliger Welton-Zögling, kommt als neuer Lehrer an seine alte Schule. Er beeindruckt seine Schüler sofort mit seiner charismatischen Persönlichkeit. Seine Lehrmethoden sind unkonventionell, doch vor allem ist er selbst unkonventionell: Offen, spontan, freundlich und jedem Schüler zugewandt setzt er nicht wie seine älteren Kollegen auf die bewährten Mittel der Autorität und Einschüchterung, sondern auf Zuspruch und Ermunterung. Das verfehlt seine Wirkung nicht, besonders bei zwei sehr unsicheren Jungen, Todd Anderson und Neil Perry, beide aus strengem, konservativem Elternhaus. Unter Keatings behutsamer Förderung gewinnen sie langsam an Vertrauen in ihre eigenen Fähigkeiten.

Keating nimmt die vier Leitideen von Welton genauso ernst

wie seine Lehrerkollegen, aber er interpretiert sie ganz anders. Er möchte tatsächlich, dass seine Schüler herausragen, aber dazu müssen sie sich erst mal aus der Masse lösen und den Mut haben, «gegen den Strom» zu schwimmen, wie Keating fordert. Die Schüler sollen nicht gedankenlos den von Eltern und Lehrern vorgegebenen Bahnen folgen, sie sollen ihren eigenen Weg gehen und etwas Außergewöhnliches aus ihrem Leben machen. «Gentlemen, ich möchte, dass Sie Ihren Rhythmus finden», sagt Keating, lässt sie über den Hof marschieren, spielt dazu Marschmusik und stellt ihnen die Aufgabe, sich davon unbeeindruckt auf ihre eigene Weise fortzubewegen.

Er erzieht sie, selbständig zu denken und zu handeln. Denn nur dies könne – zusammen mit der nötigen Leidenschaft – die Welt verändern.

Doch Weltveränderungsfantasien sind nicht gefragt im Welton-College, Vortrefflichkeit in diesem Sinne wird nicht gewünscht, jedenfalls dann nicht, wenn dafür Tradition und Disziplin in Frage gestellt werden. Keating aber ist einer, der seine Schüler auf das Lehrerpult steigen lässt – «Gentlemen, Sie müssen sich um eine eigene Perspektive bemühen!» –, damit sie einmal die Welt aus einem anderen Blickwinkel betrachten und ihren Gesichtskreis erweitern. Er lässt seine Schüler nicht nur die alten Gedichte auswendig lernen, sondern selbst welche schreiben, und spielt mit ihnen Theater, damit sie neue Rollen erproben können. So einer kann nur Verdacht erregen bei Kollegen und Direktor. Denn es entgeht ihnen nicht, dass Keating genau das bewirkt, was sie selbst ängstlich zu vermeiden suchen: dass Schüler anfangen, die Welton-Werte mit Leben zu erfüllen, selber zu denken, sich etwas zuzutrauen, eine Rolle für sich zu finden und dabei glücklich und stark zu werden. Carpe diem – nutze den Tag – ist Keatings Leitspruch, und weil er ihn selber lebt und glaubwürdig innere Energie und Leidenschaftlichkeit ausstrahlt, kann er auch seine Schüler begeistern.

Dass dies in der erstarrten Elite-Institution Welton schiefgehen muss, ist vorgezeichnet. Der schüchterne Neil Perry hat beim Theaterspielen – er gibt den Puck in Shakespeares «Sommernachtstraum» – entdeckt, wie begabt er ist und wie glücklich ihn das Theaterspielen macht. So beschließt er, Schauspieler zu werden. Sein Vater ist entsetzt, verbietet ihm die Teilnahme an der Premiere und lässt keinen Zweifel daran, dass der Sohn den vom Vater vorgezeichneten Weg auf eine Militärakademie zu folgen hat.

Zum ersten Mal in seinem Leben widersetzt sich der Sohn dem väterlichen Machtwort. Es ist zugleich das letzte Mal, denn der Vater macht kurzen Prozess, nimmt Neil von der Schule, und dieser erschießt sich noch in derselben Nacht. Eltern und Kollegen machen Keating dafür verantwortlich, und er muss die Schule verlassen.

Seine Schüler aber, vor allem die, die ihm viel zu verdanken haben, zeigen erst ganz am Ende, in buchstäblich letzter Minute, Zivilcourage und Solidarität. Als Keating kurz das Klassenzimmer betritt – dort unterrichtet bereits der Direktor –, um seine Sachen zu holen, spürt man, wie einige Schüler sich schämen, dass sie die Machtdemonstration des Direktors und der Eltern gegen ihren verehrten Lehrer so widerspruchslos hingenommen haben. Man sieht in den jungen Gesichtern, wie es in ihnen arbeitet, eine ungeheure Spannung baut sich auf, die auch der Direktor spürt, weshalb er Keating unhöflich zum Gehen auffordert. Dieser wendet sich zur Tür, die Schüler sehen ihn ein letztes Mal, bevor er für immer verschwindet, und da, in jenem Moment, in dem Keating gleich die Tür hinter sich schließen wird, steigt der Schüler Todd Anderson mit Tränen in den Augen auf sein Pult und ruft mit dem Mut des Verzweifelten: «O Captain, mein Captain» – das ist die aus einem Gedicht stammende, von Keating bevorzugte Anrede, die so etwas wie der identitätsstiftende Slogan derer war, die verstanden hatten, was Keating ihnen beibringen wollte, und deshalb den geheimen «Club der toten Dichter» gegründet hatten.

Wie vom Donner gerührt bleibt Keating stehen, dreht sich um und schaut dem Schüler in die Augen, der jetzt seine Mitschüler vor die Entscheidung gestellt hat:

Steige ich auch aufs Pult? Oder bleibe ich sitzen?

Jeder überlegt jetzt: Fliege ich von der Schule, wenn ich aufstehe? Was nützt es Keating, wenn ich ein so hohes Risiko eingehe und anschließend von der Schule verwiesen werde wie er? Er würde bestimmt selbst nicht wollen, dass ich so etwas riskiere und mir damit meine Zukunft verbaue. Aber ist nicht ein gottverdammter Feigling, wer jetzt sitzen bleibt?

Plötzlich steigt der Zweite aufs Pult, nach wenigen Augenblicken der Dritte, Vierte, Fünfte, und als schließlich die halbe Klasse auf den Tischen steht und den Direktor ignoriert, der wütend durch die Reihen geht und machtlos «Hinsetzen!» brüllt, hat der Mut der vielen die Angst in der Klasse gebannt. Gerührt dankt Keating, verabschiedet sich, geht zur Tür hinaus und verlässt einsam, aber aufrechten Ganges die Schule in dem Bewusstsein: Einige junge Männer haben von mir etwas gelernt.

Der Zuschauer, der diese Schluss-Szene einfach auf sich wirken lässt, bekommt eine Gänsehaut. Andere, die sich vor großen Gefühlen fürchten, schützen sich, indem sie kritisch anmerken, der Film sei gut gemacht, trage aber ein bisschen dick auf, romantisiere den charismatischen Lehrer, den es so ja nur selten gibt, und erzeuge damit zwar Emotionen, gebe aber wenig her für die Bewältigung des Schulalltags.

Nicht nur Angst vor Gefühlen scheint uns aus dieser Kritik zu sprechen, sondern auch Angst vor Wahrheit, Angst vor den Konflikten, in die man unweigerlich gerät, wenn man anfängt, die hehren Werte, die man stolz vor sich herträgt, ernst zu nehmen und zu realisieren. Genau das aber zeichnet einen Charakter aus, dass er sich nicht nur verbal zu so anerkannten Werten wie Freiheit, Gleichheit, Solidarität, Wahrheit bekennt, sondern sie ernst nimmt, indem er sie in sein Leben integriert und im Alltag danach handelt.

Wer das tut, entscheidet sich für ein unbequemes Leben, macht es oft nicht nur sich selber schwer, sondern auch anderen. Unsere Schulen, die Wirtschaft, die Medien, die politischen Parteien, das Sportbusiness und vieles andere könnten nicht so bleiben, wie sie sind, wenn dort ernsthaft begonnen würde, den Begriff «westliche Wertegemeinschaft» mit Leben zu erfüllen.

Wäre es Politikern, Managern und Verbandsfunktionären wirklich so ernst mit unseren Werten, wie sie gern behaupten, wäre dieses Buch überflüssig. Charakterbildung in Familie, Schule und Gesellschaft wäre dann eine alltägliche Selbstverständlichkeit. Aber in vielen Familien herrscht eine als «Toleranz» missverstandene Gleichgültigkeit gegenüber Werten. In der Schule und Universität geht's nicht um Charakter, sondern um Leistung, nicht um die Fähigkeit zu lieben und sich in andere hineinzuversetzen, Verantwortung zu übernehmen, für seine Überzeugungen einzutreten, seine Pflichten zu erfüllen, Zivilcourage und Mut zu zeigen, sondern um Anpassung an «die Märkte», um Ertüchtigung fürs Leben, und dieses besteht aus Wettbewerb, Erfolg, Quote, Geld.

Wer hier, aus welchen Gründen auch immer, nicht so mitzuhalten vermag, wie es Lehrer, Professoren, Personalchefs und deren Heerscharen von «Qualitätssicherern», «Evaluierern» und Prüfungs-Erfindern erwarten, fällt ganz schnell durchs Raster und hat oft schon verloren, bevor er überhaupt die Chance hatte, sich zu bewähren. Eines der deprimierendsten Ergebnisse deutscher Bildungspolitik ist ihre soziale Undurchlässigkeit. Der Weg nach oben steht bei uns nur jenen offen, die aus den richtigen Elternhäusern und den richtigen Wohnvierteln kommen. Für die mit den falschen Eltern, den falschen Namen und den falschen Adressen ist der Weg wie zubetoniert.

Schon in der Grundschule wird aussortiert, werden wie zufällig die Kinder von Akademikern nach oben weiter- und die Kinder von Nichtakademikern, Migranten, Hartz-IV-Empfängern nach unten durchgereicht. Diese, aber auch zahlreiche Akademikerkinder, die sich schwer tun mit der Art, wie an unseren Schulen gelernt und gelehrt wird, erleben sich dann als Versager in einem Alter, in dem von Versagen überhaupt noch nicht die Rede sein kann. Noch ehe sie überhaupt ins Leben entlassen werden, tragen sie schon ihren Stempel fürs Leben.

Wie aber wäre es, wenn das Versagen nicht bei den Abgestempelten läge, sondern bei den Abstemplern? Dass diese Möglichkeit tatsächlich ernsthaft erwogen werden muss, dafür sprechen nicht nur die zahlreichen Studien, die immer wieder einen hohen Zusammenhang zwischen sozialer Herkunft und Schulerfolg beweisen, dafür spricht auch die Geschichte des französischen Lehrers Daniel Pennac. Er hat ein wunderbares Buch über «Schulkummer»[88] geschrieben, das für alle jüngeren und älteren Erzieher Pflichtlektüre sein sollte, denn Pennac war selbst so ein Abgestempelter, einer, der die Demütigungen und Ängste seiner Kindheit nie vergessen hat, weil sie sein Leben geprägt haben. Pennac war ein «Cancre», ein Krebs: So nennt man in Frankreich einen Schulversager.

Humorvoll beschreibt sich Pennac als Kind, das durchaus Fähigkeiten hatte, jedoch nur solche, die an der Schule nicht gefragt waren: «geschickt im Klickerwerfen und Würfeln, Weltmeister im Abwerfen und unschlagbar bei Kissenschlachten.»

Sobald es aber um das ging, worauf es in der Schule ankam – Lesen, Schreiben, Rechnen –, war es aus. Und wurde immer noch schlimmer. «Nicht nur blieben mir zunächst das Rechnen, später die Mathematik verschlossen, ich war auch schwer legasthenisch, außerstande, mir historische Daten oder geografische Namen zu merken.»

Seiner Oberschichtfamilie war dieses jüngste von vier Kindern ein Rätsel. Die drei anderen durchliefen problemlos Schule und Universität, wie das eben in dieser Familie der Standard war. Von Daniel aber erzählt man sich in der Familie die Legende, es habe ein volles Jahr gedauert, bis er den Buchstaben a behalten hätte. Worüber der Vater gewitzelt haben soll: «Keine Panik, in sechsundzwanzig Jahren beherrscht er das Alphabet tadellos.»[89]

Trotz aller Ängste, Demütigungen, mit Lehrertadeln vollgeschriebener Hefte sei er ein fröhliches Kind gewesen, was ihn in den Augen seiner Lehrer noch tadelnswerter machte. Sie machten ihm «mehr als alles diese Heiterkeit zum Vorwurf. Ich schien nicht nur eine Null, sondern auch noch frech zu sein».[90]

Weil die Lehrer keine Ahnung haben, wie es ist, wenn man sich fremd fühlt an der Schule und ausgeschlossen, man vor lauter Versagensangst nichts begreift, nichts behält, verschließt sich das Kind, macht einfach zu, um seine Angst zu überstehen. Die Angst war «das große Thema meiner Schuljahre – eine gigantische Barriere. Weshalb mir später, als Lehrer, nichts dringlicher war, als meine Schüler von der Angst zu heilen – damit die Barrieren eingerissen würden und das Wissen einströmen könnte».[91]

Hier ist sie wieder, die Schulangst, die wir schon von den jugendlichen Antihelden aus der Literatur, von Anton Reiser, Hans Giebenrath und Hanno Buddenbrook kennen – viele Menschen haben sie am eigenen Leib erlebt. Und ist es nicht erstaunlich, dass diese Angst immer noch da ist in unseren modernen Zeiten, wo nicht mehr autoritär herumgebrüllt oder mit blauen Briefen und Schularrest gedroht wird? Auch die Schulkinder des späteren Professeur Pennac erleiden sie noch, die Angst, und wir wissen von den heutigen Psychologen um die Nöte von Kindern und dem daraus resultierenden Tablettenkonsum.

Aber warum sollte die Angst auch verschwunden sein? Verändert hat sich in Wahrheit nur die Form der Einschüchterung. Jeder weiß, was heute schlechte Noten bedeuten und was es heißt, im Extremfall ohne Abschluss dazustehen. Das Drohpotenzial ist dem System Schule immanent, das ja nur die Welt im Kleinen ist, ein Abbild unserer Leistungsgesellschaft, und wir wissen alle, Eltern wie Kinder, dass es für Heranwachsende keinen Schutzraum gibt.

Die Angst aber ist fatal für die Charakterbildung, wie für die ganze Entwicklung eines Menschen. Sie lähmt, macht aggressiv und verschließt den Ängstlichen sogar gegen das, was ihm helfen könnte. Sie ist nicht nur ein «schlechter Ratgeber», sie richtet auch unendlich viel Schaden an, wenn man sie nicht überwinden kann.

Ihr Ursprung, das wissen wir seit den ersten psychologisch denkenden Schriftstellern wie dem Autor des «Anton Reiser», Karl Philipp Moritz, ist immer eine Leerstelle: das Fehlen von Liebe. Pennac wurde immerhin, so lässt sich aus seinem Buch schließen, zu Hause geliebt, von den Eltern, von den Lehrern jedoch nicht. Lehrer lieben «gute Schüler».

Cancre ist ein sehr sinnfälliger Name für einen schlechten Schüler, denn der Krebs läuft ja nicht geradlinig nach vorne, sondern geht seit- oder gar rückwärts. Und er lebt einzeln, wie auch der Misserfolg einsam macht, wenn da nicht jemand ist, der hinter dem Cancre das Kind sieht.

«Ich war ein Schulversager und war nie etwas anderes als das gewesen», erinnert sich Pennac an diese Brandmarkung wie an eine Leidenschaft. Denn wenn ein Kind schon nichts ist und nichts kann und Null oder Niete genannt werden darf, dann ist Schulversager oder «Cancre» immer noch besser als nichts, denn man stellt zumindest etwas vor und richtet es sich in dieser Identität irgendwie ein, «und wenn ihnen niemand begegnet, der sie eines anderen belehrt, dann entwickeln sie, da sich ohne Leidenschaft nicht leben lässt, in Ermangelung einer besseren eine Leidenschaft zu versagen».[92]

Pennac beschreibt den alltäglichen Albtraum des Schulversagers, der er selber war, in eindrücklichen Worten. Es war eine «Zwiebelexistenz» mit Schichten aus Kummer, Angst, Sorgen, Resignation und Wut um sich herum, mit schmachvoller Vergangenheit, bedrohlicher Gegenwart und einer verbauten Zukunft. Bis sein erster Retter erscheint – in Gestalt eines Französischlehrers, der von seinen phantasiereichen Entschuldigungen für nicht gemachte Hausaufgaben unkonventionellerweise auf eine erzählerische Begabung bei Daniel schließt. So gibt er ihm die erste Chance, irgendetwas anderes als ein Nichtskönner oder Cancre zu sein. Von diesem Französischlehrer bekommt er den Hinweis auf Bücher, die ihn interessieren könnten – und erlebt bald, wie ihm die Literatur bei der Bewältigung seiner Probleme zum zweiten Retter wird.

Sein erster Retter, der Lehrer, hat im vermeintlichen Cancre etwas gesehen und erkannt, was andere nicht sahen oder aus Bequemlichkeit nicht sehen wollten. Das setzt Offenheit voraus, einen vorurteilsfreien Geist und einen wachsamen und wohlwollenden Blick für die Schüler. Denn wer eine Begabung erkennt, muss ja auf sie reagieren, kann den Schüler nicht weiter als «hoffnungslosen Fall» ignorieren. Dieser Französischlehrer hatte offensichtlich den rechten Charakter für seinen Beruf, es war ein Lehrer mit pädagogischem Eros, ein Glücksfall und für Daniel Pennac ein Lebensretter. Zur Charakterbildung von Daniel trug er ganz wesentlich bei – allein durch sein Vorbild.

Später kommen noch weitere Retter dazu: eine Geschichtslehrerin, die so begeistert von ihrem Fach ist, dass sie ihren Schülern die Geschichte spannend wie einen Krimi zu erzählen vermag, ein Philosophielehrer, der den Schülern Lust macht, selber zu denken, und ein Mathematiklehrer, der es schafft, auch den begriffsstutzigsten unter den Schülern (also vor allem Pennac) zu zeigen, dass sie viel mehr wissen, als sie glauben, und der sie so geschickt lenkt, dass sie von selbst auf das Ergebnis kommen. Ein «pädagogisches Genie», schreibt Pennac über diesen Mathelehrer, nicht nur weil er über die Hebammenkunst verfügte, die den guten Lehrer auszeichnet, sondern weil er nie – auch nicht bei der dümmsten Antwort – auf die verheerende Zukunft anspielte, die andere Lehrer immer gern in Aussicht stellen, wenn ihre Schüler nicht funktionieren.

Dies sind die Retter von Daniel Pennac. Ihnen verdankt er, dass er nicht, wie von anderen prognostiziert, in der Gosse landete. Ob sie in ihrem Fach Koryphäen waren, weiß er nicht, und es ist ihm egal. Er weiß nur, dass sie von ihrem Beruf beseelt waren und ihre Leidenschaft ansteckend war. Mit dieser Leidenschaft holten sie ihn immer wieder «aus den Tiefen seiner Mutlosigkeit herauf» und verhalfen ihm zu glücklichen Momenten des Begreifens und Verstehens. Es sind Lehrer, die ihr Fach zu einem Ereignis machen. Lehrer, die präsent sind während des Unterrichts und die zeigen, dass ihnen wichtig ist, was sie tun. Vor allem aber betrachten sie Misserfolge nicht als persönliche Beleidigungen, sie geben nie auf, ermuntern ihre Schüler und freuen sich über jeden Fortschritt, weil sie wissen, dass dies einander bedingt: das Verstehenkönnen und der Erfolg.

Der Schmerz des Nichtverstehens macht uns dagegen blind und taub für alles Weitere. Und wer einmal den Namen annimmt, den ihm die Lehrer gegeben haben, wer den Cancre in sich akzeptiert, hat sich aufgegeben. Und so hat Pennac jenen vier Lehrern, die ihn gerettet haben, ein Denkmal gesetzt, weil sie sich von seinem «Versagen» nicht haben beeindrucken lassen, sondern ihn durch Aufmerksamkeit, Einfühlungsvermögen und Liebe aus seinem Schulversager-Käfig herausholten.

So wie John Keating im «Club der toten Dichter» seine Schüler aus der schon viel zu lange nicht mehr hinterfragten Elite-Internats-Routine herausgeholt hat, so wurde Pennac von dem Stigma aus seiner Kindheit befreit.

Wir sind uns durchaus bewusst, dass es leicht ist, sich einen

Lehrer wie Keating auszudenken, aber schwer, Lehrer auszubilden, die ihm gleichen. Wir wissen, dass ein Lehrer wie Pennac nicht geklont und von Kultusministern nicht massenhaft aus dem Hut gezaubert werden kann. Wir wissen aber auch, dass Lehramtsstudenten an der Universität viel zu viel über ihr Fach lernen und viel zu wenig über jene, die sie für dieses Fach interessieren sollen.

Eine Grundschullehrerin muss nicht die höhere Mathematik beherrschen, sondern die Kunst, Kinder für so etwas Langweiliges wie die vier Grundrechenarten zu interessieren. Ein Studienrat für Physik muss nicht in Euler'schen Gleichungen zu Hause und ein Ass im Lösen partieller Differenzialgleichungen sein, sondern ein von der Physik Begeisterter, der es versteht, seine Schüler mit seiner Begeisterung anzustecken. Wie das geht, wie man es hinkriegt, zwanzig bis dreißig höchst unterschiedlichen Individuen das Faszinierende an der Physik zu vermitteln und bei jedem Einzelnen nach dessen spezifischen Verständnisproblemen zu suchen und die Probleme zu lösen, das – und nicht die schwierigsten Gleichungen – sollte künftigen Physiklehrern an der Universität beigebracht werden.

Mehr als mit der Frage, warum ein Perpetuum mobile unmöglich ist, sollte sich ein Lehramtsstudent mit der Frage beschäftigen, warum so viele Schüler glauben, es sei unmöglich, Physik zu verstehen. Wie man anderen etwas beibringt, das muss Lehramtsstudenten beigebracht werden. Und den Begabten unter ihnen muss zusätzlich noch beigebracht werden, was sie tun können, um auch die komplizierten Fälle, die Schwierigen und die «Versager», zum Erfolg führen – und nicht zuletzt: dass das wirklich geht, «Versagern» zum Gelingen zu verhelfen.

Des Weiteren müssen Lehramtsstudenten lernen, dass ein guter Lehrer keine «Namen gibt», keinen Schüler unreflektiert abwertet, abstempelt und brandmarkt. Jeder Direktor sollte seinen Lehrern sagen: Bevor du über einen Schüler ein negatives

Urteil sprichst, kommst du bitte in mein Büro und begründest, warum es nötig ist.

Wenn ein Schüler schlechte Leistungen zeigt, wissen Lehrer meist gut zu erklären, was der Schüler und dessen Eltern falsch machen, und oft haben sie damit auch recht. Nur wäre es noch hilfreicher, wenn sie sich ab und zu auch fragten: Was haben wir bei diesem Schüler falsch gemacht?

Und schließlich sollten künftige Lehrer etwas über das Geheimnis zwischenmenschlicher Beziehungen lernen und über die Macht von Kommunikation. Kaum einer hat dieses Geheimnis besser beschrieben als Max Frisch. In seinem «Tagebuch 1946 – 49» beschreibt er, wie sehr uns frühe Zuordnungen prägen. Seine Sätze sollten in jedem Lehrerzimmer hängen:

«Irgendeine fixe Meinung unsrer Freunde, unsrer Eltern, unsrer Erzieher, auch sie lastet auf manchem wie ein altes Orakel. Ein halbes Leben steht unter der heimlichen Frage: Erfüllt es sich oder erfüllt es sich nicht. Mindestens die Frage ist uns auf die Stirne gebrannt, und man wird ein Orakel nicht los, bis man es zur Erfüllung bringt. Dabei muss es sich durchaus nicht im geraden Sinn erfüllen; auch im Widerspruch zeigt sich der Einfluss, darin, dass man so nicht sein will, wie der andere uns einschätzt. Man wird das Gegenteil, aber man wird es durch den andern.»[93]

In gewissem Grad seien wir daher «wirklich das Wesen, das die andern in uns hineinsehen, Freunde wie Feinde. Und umgekehrt! Auch wir sind die Verfasser der andern; wir sind auf eine heimliche und unentrinnbare Weise verantwortlich für das Gesicht, das sie uns zeigen, verantwortlich nicht für ihre Anlage, aber für die Ausschöpfung dieser Anlage ... Wir halten uns für den Spiegel und ahnen nur selten, wie sehr der andere seinerseits eben der Spiegel unseres erstarrten Menschenbildes ist, unser Erzeugnis, unser Opfer».[94]

Absichtlich oder unabsichtlich können wir mit dieser uns

eigenen Macht andere schädigen, deformieren, zerstören. Aber ebenso können wir damit andere fördern, ihre schlummernden Fähigkeiten wecken und ihnen helfen, das in ihnen positiv Angelegte zur vollen Entfaltung zu bringen – welch eine Verantwortung! Welch eine Herausforderung! Und welch ein Glück, wenn es gelingt.

21. Gesucht: der erwachsene Charakter

Wird es gelingen, unsere Oase des Friedens, des Wohlstands und der Demokratie zu erhalten und auszubauen? Wenig deutet gegenwärtig darauf hin, dass wir das schaffen. Zu Beginn des 21. Jahrhunderts holen uns die ungelösten Probleme der Vergangenheit ein, verstärken einander und spitzen sich zu.

Die gegenwärtig herrschenden Politiker und ihre Beraterstäbe wissen nicht, wie die acht, demnächst fünfzehn Milliarden auf diesem Planeten lebenden Menschen ernährt werden können. Sie haben keine Lösung für den seit mehr als einem halben Jahrhundert schwelenden Nahost-Konflikt oder die weltweiten Flüchtlingsströme. Sie wissen nicht, wie der Missbrauch des Wissens über die Atomkraft, die Genetik oder die Informatik unterbunden werden kann. Sie wissen nicht, wie Demokratie unter den Bedingungen der Globalisierung noch realisierbar sein soll. Sie wissen nicht, wie die Probleme alternder Gesellschaften zu lösen sein werden. Und sie wissen nicht, wie das Überleben auf dieser Erde gewährleistet werden kann, wenn jeder Inder und jeder Chinese für sich das Recht in Anspruch nimmt, genauso viel Energie, Wasser und Rohstoffe zu verbrauchen wie jeder Durchschnittseuropäer und -amerikaner.

Regelmäßig beschließen sie, den Hunger der Armen zu beenden, die Armut zu verringern, die Ausgaben für Entwicklungshilfe zu erhöhen, ebenso regelmäßig passiert danach das Gegenteil. Die Ergebnisse ihrer G8- und G20-Gipfel erschöpfen sich in PR-Effekten für die Gipfel-Teilnehmer und dem Ausstoß der üblichen Gipfeltreffen-Kommuniqué-Phrasen, die keinen weiteren Zweck haben, als im Fernsehen wiedergekäut zu werden.

Die Weltöffentlichkeit lässt sich davon immer weniger täuschen. Sie sieht ja, dass nach jedem Gipfeltreffen, jeder UN-Friedensmission und jedem Einsatz diverser UN-Löschtrupps die Brandherde weiterschwelen, die Kluft zwischen Arm und Reich unvermindert wächst, der Regenwald schrumpft, der CO_2-Ausstoß nicht geringer wird.

Lösungen sind nicht in Sicht. Zu Beginn des 21. Jahrhunderts scheint die Welt mit ihrer Weisheit am Ende zu sein. Die marxistische Ideologie ist erledigt. Verschwunden ist auch der aufklärerische Glaube, durch Vernunft, Wissenschaft und Forschung eine humane Welt schaffen zu können.

Wer könnte uns helfen, die Probleme trotzdem anzupacken und endlich zu lösen? Welche Alliierten und Mitstreiter müssten wir gewinnen? So fragte jüngst Frank Schirrmacher, einer der Herausgeber der «Frankfurter Allgemeinen Zeitung» – und wurde fündig. «Es gibt sie», die potenziellen Mitstreiter, «nicht mehr ganz so viele, aber man kann sie sehen, meistens morgens gegen 7:45 Uhr auf unseren Straßen. Sie sind jetzt fünf, zehn oder fünfzehn Jahre alt»[95] und fahren mit dem Rad, dem Bus oder der Straßenbahn in die Schule. Um diese Mitstreiter zu gewinnen, sei aber zuvor eine weitere Frage zu beantworten: «… warum manche Kinder und Jugendliche reüssieren und andere versagen?» Das sei keine Frage mehr für Sonntagsreden, sondern inzwischen eine existenzielle. Wer diese Frage ernsthaft beantworten wolle, müsse endlich zur Kenntnis nehmen, dass die «Integration und Bildung von Migranten, die Konzentration auf frühkindliche Erziehung, die Notwendigkeit einer Bildungsrevolution für das junge Deutschland» und eine «gezielte und womöglich auch teure Förderung von Migranten nichts mit Gnadenerweisen» und nichts mehr mit Ideologie oder Multikulti-Romantik zu tun habe.[96]

Hier gehe es schlicht und einfach um unsere Zukunft. Soll sie gut werden, reicht es schon, «wenn wir der Ausbildung der nachwachsenden Generation den gleichen Stellenwert geben wie einer Bank namens Hypo Real Estate. Es reicht, sie systemisch zu nennen. Die Hypo Real Estate war eine Geldvernichtungsbank, aber es gibt auch vermögensbildende Banken. Und das gilt auch für die Bildung: Es gibt eine florierende und offenbar hochprofitable Verdummungsindustrie; warum sollte es so etwas nicht auch für das Gegenteil geben?».[97]

Kinder und Jugendliche sind systemrelevant, das waren sie immer schon, und sind es heute umso mehr, da unsere Zukunft in einer globalisierten Wirtschaft kaum noch von nationaler Politik allein gestaltet werden kann. Daher kommt es künftig viel mehr auf den Einzelnen an, als dies in der Vergangenheit der Fall gewesen ist. Kinder und Jugendliche müssen deshalb heute so auf ihre späteren Rollen als Unternehmer, Manager, Banker, Ingenieure, Politiker und Beamte vorbereitet werden, dass sie nicht nur ihr Handwerk beherrschen und international wettbewerbsfähig sind, sondern dass sie verantwortungsbewusst und selbständig agieren, ganz besonders dort, wo der kurze Arm nationaler Politik nicht mehr hinreicht.

Dort an das größere Ganze zu denken, dort nicht an seinen eigenen kleinen Vorteil zu denken, sondern zugunsten des Allgemeinwohls zu tun, was nötig ist, das wäre es, was einen wahrhaft Erwachsenen – den «mündigen Bürger» – auszeichnete. Theoretisch stimmen dem alle zu. Alle nicken das brav ab, nur wenn es praktisch und konkret wird, dann zeigt sich, wie weit entfernt wir von diesem mündigen Bürger noch sind und welch anspruchsvolle Rolle uns eigentlich zugedacht ist.

Hundert schwerreiche anonyme Spekulanten, von denen jeder zehn Millionen Euro auf die Pleite eines kleinen Landes wettet, würden diese Wette wohl verlieren, wenn nicht eine Million weltweit verstreuter Trittbrettfahrer mit je 10 000 Euro mitbieten würde. Erst durch das Mitmachen der vielen anonymen Kleinen geht die Rechnung der anonymen Großen auf, machen sie ihre Gewinne zu Lasten derer, die nun in dem betreffenden Pleiteland an Einkommen und Kaufkraft, sozialer Sicherheit und Lebensqualität verlieren. Aufzuhören, auf diese Weise Geld zu verdienen, das wäre mündig.

Aber noch immer werden diesem zerstörerischen Spekulantentum von Börsenkreisen die Weihen höherer Vernunft verliehen. Spekulation nütze nicht nur dem einzelnen Börsianer, sondern diene dem großen Ganzen, weil sie angeblich auf wirtschaftliche Fehlentwicklungen aufmerksam mache, hört man aus diesen Kreisen noch immer.

Es wird Zeit, dieser Ideologie laut und deutlich zu widersprechen. Um zu erkennen, dass es Wahnsinn ist, was sich in den USA bei der Vergabe von Immobilienkrediten abgespielt hat, hätte es keiner Spekulanten bedurft. Im Gegenteil. Sie haben den Unfug durch ihre Spekulation erst richtig angeheizt, ihm immer noch mehr Zunder gegeben und ihn im Wahnsinn enden lassen. Aber weil sie kräftig daran verdient haben, wollen sie auch jetzt nicht davon lassen.

Als «Massenvernichtungswaffen» hat der amerikanische Milliardär Warren Buffett bestimmte Finanzprodukte der Wall Street bezeichnet.[98] Nur vernünftig wäre es daher, diese Waffen zu ächten und auf ihren Einsatz freiwillig zu verzichten. Doch zu dieser Einsicht ist die Finanzlobby nicht fähig. Auf den Versuch des Staates, sie zu entwaffnen, reagiert sie wie ein Kind, das trotzig mit dem Fuß aufstampft, weil man ihm ein gefährliches Spielzeug wegnehmen will. Mündige Bürger? Mündige Börsianer? Gewiss, die gibt es. Aber viel zu wenige.

Unternehmensvorstände, Aktionäre, Anleger, Vermögensverwalter müssen sich wieder daran erinnern, dass ein Unternehmen ein sozialer Organismus ist, der von den Menschen und deren Ideen lebt und darum mehr ist als eine Ansammlung von Vermögenswerten, Rechten und Produkten, mit denen andere irgendwo in der Welt dealen und zocken. Wenn die Menschen, die so ein Unternehmen ausmachen, vom Mitarbeiter bis zum Lieferanten und Kunden, zu einer bloßen Rechengröße schrumpfen und deren soziales Umfeld und die Einwohner in der Region keine Rolle mehr spielen, macht man sehr schnell sehr hohe Gewinne. Allerdings kommt etwas später ziemlich zuverlässig der Zeitpunkt, an dem man gar keine Gewinne mehr macht, weil die Region pleite ist und keinen qualifizierten Nachwuchs mehr zu liefern imstande ist. Schon der gesunde Menschenverstand sagt einem das. Aber auch daran scheint es Teilen unserer Eliten zu mangeln.

Wie aber sollen wir Kinder und Jugendliche in einer Welt, in der es von verantwortungslosen Vorbildern und unreifen Erwachsenen nur so wimmelt, zu verantwortungsbewussten Bürgern erziehen? Durch «Werteerziehung» lautet das wohlfeile Argument. Die Schule solle es richten durch Ethik- und Religionsunterricht, und wenn mal wieder ein Jugendlicher Amok läuft, wird immer gern der Klassiker aus der Schublade gezogen: Man solle das Schulgebet wieder einführen.

Gebetet wurde im deutschen Kaiserreich in den Schulen und auch sonst im Lande sehr. Sogar noch dann, als in Auschwitz christlich Getaufte jenes Volk, dem Christus entstammt, in die Gaskammern prügelten. Gebete helfen nicht, wenn die Beter verstockt und ihre Vorbeter heuchlerisch oder gewissenlos sind. Und ein Fach Freiheit, Liebe, Solidarität, Gewaltfreiheit, Anstand, Charakter oder Gewissen, das man pauken könnte wie Latein und abfragen wie Vokabeln, gibt es nicht.

Werte sind etwas Unverfügbares, sonst wären es keine. Man kann Wertpapiere besitzen, aber keine Werte. Werte kann man nur leben und vorleben. Deshalb ist das, was Kindern und Jugendlichen wertvoll erscheint, eine Nebenwirkung des Lebens, das sie erfahren, eine Wirkung unseres bewussten und unbewussten Umgangs mit Kindern, mit dem Ehepartner, den Großeltern und mit anderen Menschen und mit diesem Planeten. Und es ist eine Nebenwirkung des öffentlichen, gesellschaftlichen und politischen Lebens, des Weiteren eine Nebenwirkung dessen, was über die Medien in die Köpfe unserer Kinder dringt.

Die Beschwörung unserer «westlichen Wertegemeinschaft» in Sonntagsreden und der beste Religions- und Ethikunterricht in den Schulen nützen daher gar nichts, wenn es werktags so sehr und so ausschließlich um Wertpapiere geht, dass sogar schon kleine Kinder mitbekommen, was draußen vorgeht. Kinder und Jugendliche haben ein feines Gespür, ob Erwachsene sich selber an die Regeln halten, die sie predigen.

Das gilt auch und besonders für Politiker. Seit Jahren beten sie ihr Bildungsmantra herunter, die Bundeskanzlerin hat Bildung zur Chefsache erklärt, einen «Bildungsgipfel» einberufen und die «Bildungsrepublik Deutschland» ausgerufen. Dann kamen die Finanz-, die Griechenland- und die Eurokrise, die öffentlichen Kassen wurden geplündert wie noch nie, nun muss gespart werden, und Hessens Ministerpräsident Roland Koch wusste auch gleich, wo: bei der Bildung.

Es dürfe «kein Tabu» geben, sagte er, nicht einmal bei Forschung, Bildung und Kinderbetreuung. Das ist, «als würde einer sagen, es darf keine Tabus geben, es muss auch mal ohne Sauerstoff funktionieren»,[99] empörte sich Frank Schirrmacher, der in diesem Statement von Roland Koch etwas Alarmierendes erkannte: einen Verrat an notwendigen politischen Zielen und besonders von Konservativen hochgehaltenen Werten zugunsten von Parteitaktik, Quoten- und Erfolgs-Opportunismus.

Schirrmacher bezog sich auf eine im April 2010 erschienene Studie des Max-Planck-Instituts für Demographie, deren Verfasser, Harald Wilkoszewski, zu einem erschreckenden Ergebnis gekommen war: «Älteren ist es in zunehmendem Maße gleichgültig, wie es jungen Familien, Heranwachsenden und Studierenden geht. Und diese Älteren sind das entscheidende Wählerpotenzial der Zukunft. Die Zustimmungsrate, etwa zu

Kindergelderhöhungen, ist bei einem Fünfundsechzigjährigen um fünfundachtzig Prozent geringer als bei einem Fünfundzwanzigjährigen. Fragen der Kinderbetreuung, Bildung und wahrscheinlich auch jeder Form von Forschung, die nicht im weitesten Sinne medizinisch ist, spielen eine immer geringere Rolle.»[100]

Koch habe die Studie gelesen, meinte Schirrmacher, daraus seine Schlüsse gezogen und biete nun dem Land eine Wette an. Sie laute: «Der Altersaufbau … der Gesellschaft ist so, dass die Mehrheit der Wähler kein wirkliches Interesse an einer Zukunft hat, die länger als zwanzig Jahre auf sich warten lässt.»[101]

Koch wettet also, dass die rasch wachsende Mehrheit der Alten tatsächlich so auf ihren Vorteil bedacht ist, dass ihr die Zukunft der Jüngeren egal ist. Wer diese «Nach-mir-die-Sintflut-Haltung» der Älteren als Politiker berücksichtigt, wird Wahlen gewinnen, wer nicht, wird sie verlieren. Die Mehrheit der Bundesbürger ist alt, aber nicht erwachsen. Das ist die Wette.

Würde man die Älteren mit dieser Wette konfrontieren und sie fragen: Seid ihr tatsächlich so egoistisch, dass euch das Leben eurer Enkel egal ist – so würden sie diesen Vorwurf entrüstet von sich weisen. Fragte man sie, ob sie lieber in einer solidarischen oder in einer egoistischen Gesellschaft leben möchten, würden selbstverständlich mehr als neunzig Prozent die solidarische bevorzugen. Aber wenn's dann wirklich zum Schwur kommt, findet jeder, dass jetzt nicht direkt er gefragt ist, sondern dass es die anderen sind, die endlich ein bisschen mehr Solidarität beweisen müssen. Wenn jeder Rentner denkt, dass überall gespart werden muss, nur nicht an ihm, haben wir in unserer alternden Gesellschaft ein Problem.

Die erste Bedingung für den Erhalt unsere Oase ist daher, die proklamierten Werte gegen sich selbst anzuwenden, auch dann, wenn durch deren Anwendung eigene, elementarste Interessen tangiert werden. Für das Gute und gegen das Böse ist jeder, so lange es ihn nichts kostet. Das Gute tun, obwohl es einen etwas kostet, das wäre erwachsenes Verhalten, der Ausweis eines mündigen Charakters.

Es ist nicht viel, was von uns verlangt wird, viel weniger, als beispielsweise Herta Müller, Dietrich Bonhoeffer oder Graf Stauffenberg von sich verlangt haben. Keine Todesgefahr ist zu bestehen, kein Heldenmut und keine Selbstaufopferung sind gefragt, sondern nur ein bisschen Einsicht in die Notwendigkeit, um des größeren Ganzen und künftiger Generationen willen gelegentlich zu verzichten, uns in dieser oder jener Hinsicht ein wenig einzuschränken, kurz: Es wird eigentlich nur verlangt, sich erwachsen zu verhalten.

Jugendliche und Kinder sehnen sich nach solch wirklichen Erwachsenen umso stärker, je mehr vom Chaos der Welt in die Kinder- und Jugendzimmer schwappt. Sie wollen eigentlich von Erwachsenen davor geschützt werden. Darum ist es so verheerend für die Entwicklung junger Menschen, wenn dann einer kommt, der die Kinder nicht vor dem Chaos schützt, sondern sie dem Chaos aussetzt oder gar selbst das Chaos ist, das als Vater, Erzieher, Priester oder Mönch das Kinderzimmer betritt, um das Kind sexuell zu missbrauchen oder für eigene Ziele zu instrumentalisieren.

Kinder und Jugendliche wollen Erwachsene, die Dinge ordnen, Orientierung geben und dabei Ruhe und Verlässlichkeit ausstrahlen. Sie wollen Erwachsene, die Regeln aufstellen und sich selbst daran halten. Sie wollen Führung.

Man kann das staunend erleben, wenn man mit Jugendlichen spricht, die gerade von einem englischen Internats-Aufenthalt zurückgekehrt sind. Sie erzählen dann von Arbeit und Hausaufgaben bis tief in die Nacht, von rigider Ordnung, Survivaltrainings und harter Disziplin. Und sie erzählen begeistert davon.

Auch der grandiose Erfolg von Harry Potter hat damit zu tun. Deutsche Schüler kennen so etwas wie die Internats-Ordnung auf Hogwarts gar nicht, dieses System aus Strenge und Güte, klaren Regeln, Wettbewerb und Kooperation. Sie sind ein heimlicher Grund der Harry-Potter-Faszination, was uns vermuten lässt: Kinder würden zwar erst heftig maulen, wenn man ihnen solche Internatsregeln verordnete, aber nach einiger Zeit wären sie ruhig und zufrieden.

Hierin steckt auch der Grund, warum es für junge Menschen so elementar wichtig ist, dass sie Sport treiben, musizieren, Theater spielen, künstlerisch etwas gestalten. In allen diesen Disziplinen gelten Regeln, die nicht in Frage gestellt werden. Wer meint, sich nicht an sie halten zu müssen, wird keinen Erfolg haben.

Wie wichtig diese Disziplinen fürs kognitive Lernen sind, weil sie das Gehirn trainieren, haben wir schon in früheren Büchern geschrieben, daher wollen wir hier nicht mehr näher darauf eingehen. Wir wundern uns nur, dass dieses seit zwei Jahrtausenden bekannte Wissen in unseren Schulen noch immer zu wenig angewendet, der Unterricht immer noch mehr mit den kognitiven Fächern überfrachtet wird zu Lasten von Sport, Musik, Theater, Kunst.

Hier wollen wir einen anderen wichtigen Aspekt dieser Disziplinen betonen: Sie formen Charaktere.

Ethik- und Religionsunterricht sind wichtig und notwendig, aber sie sind nur Theorie. Sie formen keine Charaktere. Die entstehen in der Praxis, für Schüler auf dem Fußballplatz, im Jugendorchester, in der Theatergruppe, im Malkurs. Dort erfahren Kinder und Jugendliche an sich selbst, wovon Ethik und Religion handeln.

Dort erleben sie an sich selbst, wovon auch die Literatur handelt: dass es ganz verschiedene Charaktere gibt, die in gleichen Situationen unterschiedlich, aber vorhersehbar – eben für sie charakteristisch – entscheiden und handeln. Und dass dies – meist ebenfalls vorhersehbare – Folgen hat.

Des Weiteren erfahren sie, dass jeder seine Stärken und Schwächen hat und man aus ihnen durch richtige Kombination erfolgreiche Teams zusammenstellen kann, egal, ob es um Fußballmannschaften, Musik-Orchester oder Theatertruppen geht. «Gut ist eine Mannschaft dann, wenn die Zusammensetzung der Charaktere stimmt», sagte Bundestrainer Joachim Löw während der Fußballweltmeisterschaft in Südafrika.[102] «Gerade bei Turnieren ist es wichtig, die Spieler einzuteilen nach solchen, die der Mannschaft dienlich sind, nach Egoisten, nach den Exponierten und Introvertierten, nach den Zuverlässigen und Kommunikativen.»[103]

Während dieser Fußballweltmeisterschaft stellten die Medien immer wieder Zusammenhänge her zwischen dem Fußball und dem Leben, dem Fußball und der Politik. Sie zeigten die traurig-resignative Kanzlerin nach dem zweiten verlorenen Wahlgang der Bundespräsidentenwahl. Und dann stellten sie daneben das Foto von der Kanzlerin, wie sie in Südafrika nach den deutschen Toren gegen Argentinien glücklich strahlend die Arme hochreißt. Da wurde viel hinein- und überinterpretiert.

Aber ein paar bemerkenswerte, vom Fußball ausgehende und über diesen hinausführende Tatsachen werden die Weltmeisterschaft 2010 überdauern, zum Beispiel die, dass noch wenige Wochen davor kaum jemand diesen jungen, unerfahrenen Spielern den Einzug ins Halbfinale zugetraut hätte. Trainer Löw traute es ihnen zu. Miroslaw Klose steckte vor der WM im Formtief, wurde von den Medien heruntergeschrieben und schwachgeredet. Löw holte ihn trotzdem in sein Team und wurde dafür kritisiert. Dann schoss Klose sehr viele Tore. Ein Trainer schenkte jedem Einzelnen seiner Mannschaft Vertrauen. Dann gab jeder Einzelne auf seine Weise zurück, was er bekommen hatte.

Auffallend war auch die ungewöhnlich hohe Verantwortung, die Löw jedem dieser jungen Spieler zumutete. Das alte System – einer ist auf dem Feld der Chef und raunzt im Auftrag des

Trainers die anderen an – existiert nicht mehr, weil Löw erkannt hatte, dass es nicht mehr funktioniert. Der Fußball des 21. Jahrhunderts ist um vieles komplexer als der des 20. Jahrhunderts. Diese Komplexität ist von einem einzigen Leitwolf nicht mehr zu steuern. Autoritäres Chef-Gehabe führt zu nichts mehr.

Darum muss die Verantwortung auf alle verteilt werden, wenn auch unterschiedlich gewichtet. «Im Grunde handelt es sich bei der Vorbereitung auf die Turnierspiele im besten Sinne um Bildung, um das Training einer Fähigkeit, die mehr erlaubt als die Bearbeitung von Spezialaufgaben»[104] – wieder so ein Satz, der nicht nur für den Fußball, sondern fürs Leben gilt. Die Bildung, die in der Schule vermittelt wird, muss so auf das Leben vorbereiten, dass man für jede Lebenslage gewappnet ist, ohne vorher jeden möglichen Einzelfall geübt zu haben.

Die Übernahme von Verantwortung wurde bei der Vorbereitung auf das Turnier neben dem eigentlichen Fußball von der DFB-Mannschaft systematisch eingeübt, und die jungen Spieler machten das gerne, sie wollten Verantwortung übernehmen.

«Alles kommt darauf an, die Spieler darin einzuüben, als erwachsene Menschen zu handeln, gleich, wie jung sie sind. Man hat es mit einem Ensemble zu tun, in dem jeder dem anderen zugesteht, im Dienste des Ganzen eigenverantwortlich zu handeln. Man verlässt sich aufeinander, ohne sich voneinander abhängig zu machen.»[105] Dieser Verlass aufeinander vermittelt der Mannschaft die Zuversicht, dass die Lösung unvorhergesehener Probleme auch dann gelingen werde, wenn sie nicht vorher gelernt werden konnte.

Und das ist nun eine Erfahrung, die in unserem Land prinzipiell jedes Kind und jeder Jugendliche machen könnte, wenn unsere Kultusminister die erzieherische Wirkung des Sports nicht so unterschätzten und den Sportunterricht nicht so sträflich vernachlässigten. Wir hätten dann, ganz nebenbei, auch kein Problem mehr mit dem Begriff Führung, der ja eine schwierige

Geschichte hat in Deutschland. Wie aber soll man das bezeichnen, was der Bundestrainer und sein Team mit der Nationalmannschaft gemacht haben? Es ist Führung, aber kooperative Führung, die mit den alten autoritären Systemen nicht mehr das Geringste zu tun hat.

Die Veränderungen in Deutschland scheinen jetzt endlich im Ausland angekommen zu sein, und es ist gerade der Fußball, der diese Tatsache transportiert. Schon während der Fußballweltmeisterschaft 2006 hatte sich dieser Wandel in der Wahrnehmung Deutschlands in der Welt angekündigt. Viele friedlich feiernde junge Menschen, in der einen Hand die deutsche Fahne, in der anderen die des Gegners, solche Bilder gingen damals um die Welt und brachten beispielsweise die ewig auf dem Nazi-Klischee herumreitende englische Presse ins Grübeln.

Im Jahr 2010 sind antideutsche Ressentiments in England praktisch verstummt, obwohl die Engländer hochunglücklich gegen die Deutschen verloren hatten. Kein Wort mehr von deutschen «Kampfpanzern», kein Wort mehr davon, dass die Deutschen nur durch Kampfgeist, Disziplin, Kontrolle, Siegeswillen und Präzision effizient zu Siegen kämen, aber einen unschönen, einfalls- und phantasielosen Fußball spielten. Stattdessen Anerkennung auch von englischer Seite. Und immer häufiger liest man in internationalen Zeitungen von «Mut und deutscher Leichtigkeit».

Cafú, der frühere Kapitän der brasilianischen Mannschaft, wird zitiert mit dem Satz: «Deutschland hat das Militärregime beendet.»[106] Für Abédi Pelé, den «Beckenbauer Ghanas», der Deutschland nicht nur als Mannschaft kennt, sondern auch als Land, in dem er ein paar Jahre bei 1860 München gespielt hat, decken sich jetzt seine guten Erinnerungen an Deutschland mit dem Eindruck, den er von der deutschen Mannschaft in Südafrika hat: «Ich finde, ihr habt jetzt eine Nationalmannschaft, die zu euch passt.»

Sogar in Israel sieht man Zeichen des Wandels. Vor dem Halbfinale der WM 2006 Deutschland–Italien scherzten noch viele Israelis: «Für wen bis du? Für die Nazis oder die Faschisten?» Aber jetzt unterstützten überraschend viele Israelis ausgerechnet die Deutschen. Nach einer Umfrage der größten Tageszeitung des Landes «Yedioth Aronoth» wünschte sich schon jeder dritte Israeli, dass Deutschland den Titel holt.[107] Die israelische Journalistin Keren Natanzan (32) sagte: «Mein Vater hat als Kind den Holocaust überlebt. Er hat nie in seinem Leben ein deutsches Produkt gekauft. Bis heute hat er seinen Bruder in Deutschland nicht besucht. Aber jetzt bei der WM ist er für Deutschland.»[108]

Man soll das alles nicht überbewerten und sich gelegentlich sagen: Es ist nur Fußball. Er löst kein einziges unserer großen Probleme. Aber er kann helfen, die Probleme anzupacken, und er kann Impulse geben zu deren Lösung.

Weiter vorne im Buch haben wir gesagt, ein großes Problem globalisierter, multi-ethnischer Gesellschaften sei das Fehlen gemeinsamer Werte und Überzeugungen, die Schwierigkeit, sich auf etwas gemeinsames Drittes zu einigen. Die Fußballbegeisterung in Deutschland während der WM legt daher den Gedanken nahe: Einigen wir uns doch vorerst auf Fußball. Er überwindet ähnlich der Musik und der Malerei sprachliche, kulturelle und religiöse Barrieren, bringt Menschen zusammen und transportiert für alle verständliche Botschaften und Werte. Gerade die deutsche Nationalmannschaft, in der die Spieler jetzt auch afrikanische, brasilianische, polnische und türkische Namen tragen, könnte hier ein wichtiger Impulsgeber sein.

«Alles kommt darauf an, die Spieler darin einzuüben, als erwachsene Menschen zu handeln, gleich, wie jung sie sind» – nicht nur für die Spieler, für alle kommt es darauf an. Wenn es gelingt, diesen Gedanken in Familien, Schulen und Universitäten hineinzutragen und umzusetzen, dann werden wir auch unsere Probleme lösen können. Kinder und Jugendliche wollen und brauchen diese Art von Führung.

Aber nicht nur sie, auch Erwachsene, Wähler wollen sie, sehnen sich nach Politikern, die den Finanzmärkten Grenzen setzen, die Welt ordnen und Regeln aufstellen, an die sie sich selber halten. Besonders die Bayern, meinte neulich die «Süddeutsche Zeitung», sehnten sich nach Führung und entwickelten daher seit einiger Zeit ein Herz «für starke Typen und weniger für einen Ministerpräsidenten, der das Weißblaue vom Himmel verspricht und lange braucht, um sich zu entscheiden, ob er lieber bei seiner Frau bleiben will oder bei der Liebschaft in Berlin, mit der er ein Kind gezeugt hat».[109]

Genau das ist es. Männer, die sich nicht entscheiden können; Väter, die davonlaufen, wenn es schwierig wird; Mütter, die mit ihren Töchtern in einen Schönheitswettbewerb treten; Eltern, die ihren Kindern gute Kumpels sein wollen und ihnen aus Angst vor Liebesentzug nie etwas verwehren und nichts abverlangen; Reformpädagogen, denen die Grenze zwischen pädagogischem Eros und sexuellem Missbrauch abhandenkommt; Medienproduzenten, die vom systematischen Missbrauch der Presse- und Meinungsfreiheit leben; Investmentbanker und Manager, die ihre hohen Gehälter mit dem hohen Risiko rechtfertigen, das sie tragen, und dieses Risiko auf den Steuerzahler abwälzen, wenn es schiefgeht – aus solchem Holz ist das Personal geschnitzt, das für die Unordnung in Deutschland und in der Welt verantwortlich ist.

Es hat nichts damit zu tun, dass sie den Krieg nicht kennen. Es hat damit zu tun, dass sie falsch, schlecht oder gar nicht erzogen wurden, nicht gelernt haben, sich selber Grenzen zu setzen und darum für Führungsaufgaben untauglich sind. Es hat mit einem Mangel an Charakter zu tun. Und mit dem Fehlen erwachsener Mündigkeit.

Dies zu korrigieren ist die große Aufgabe der vor uns liegenden Jahre und Jahrzehnte. Sie wird ein bisschen komplexer sein als Fußball. Erfolge werden lange auf sich warten lassen. Viele werden die Erfolgsaussichten als so gering einschätzen, dass sie die Aufgabe erst gar nicht in Angriff nehmen wollen. Aber auch dies gehört zum mündigen Bürger, dass man einen langen Atem entwickelt, sich nicht scheut, dicke Bretter zu bohren und sich vom Ausbleiben rascher Erfolge nicht beeindrucken lässt.

Die ersten Arbeitervereine des 19. Jahrhunderts hatten sich auch Ziele gesetzt – Achtstundentag, Fünftagewoche, Urlaub, Sozialversicherung –, von denen sie wussten, dass sie deren Realisierung wohl kaum noch erleben werden. Es hat hundert Jahre gedauert, bis ihr Programm verwirklicht wurde. Der mündige Bürger in ganz Europa – das ist wohl ebenfalls so ein Jahrhundertprojekt. Aber mit dem Erwachsenwerden könnte eigentlich jeder schon mal gleich morgen beginnen.

Epilog

Ein großes Fest war zu feiern, ein wichtiges Ereignis zu zelebrieren, und alle waren gekommen, die Verwandten und Bekannten, die Mitarbeiter und Freunde, die Geschäftspartner und die Honoratioren der Stadt Lübeck. Sie beglückwünschten Thomas, einen Mann in den besten Jahren, zum Jubiläum seines seit einem Jahrhundert stetig wachsenden Unternehmens, das er nun in vierter Generation führt und ohne Zweifel blühend an die fünfte und sechste Generation weitergeben würde.

Dem Firmeninhaber war bei dieser Feier von seiner Verwandtschaft eine Gedenktafel überreicht worden, die alle bisherigen Inhaber aufführt und mit dem Wahlspruch der Familie abgerundet ist. Er dankte mit den Worten: «Das ist ein sehr schönes und sinniges Geschenk!»

Im Gegensatz zu den Feiernden sah Thomas allerdings einige Dinge schärfer und realistischer als seine Familie und die Gäste. Ja, es war ein Höhepunkt, das Unternehmen stand in seinem Zenit. Aber wie das im Zenit so ist: Dort endet der Aufstieg. Ab dem Scheitelpunkt geht es in die andere Richtung, und auch das ist ein Naturgesetz: Absteigen geht schneller als Aufsteigen.

Ob er die Firma eines Tages an seinen Sohn übergeben könnte, war an diesem Tag des Jubiläums so ungewiss wie die Frage, ob der Sohn überhaupt in der Lage sein würde, das Unternehmen weiterzuführen. Und so war Thomas während der großen Feierlichkeiten gedanklich nur halb anwesend. Die andere Hälfte seiner Gedanken kreiste um die Frage nach dem Warum: Ist der Niedergang unaufhaltsam, schicksalhaft? Oder habe ich einfach nur unternehmerische Fehlentscheidungen getroffen, die korrigierbar sind? Habe ich den falschen Leuten vertraut? Arbeite ich zu wenig, habe ich meinen Laden zu wenig im Griff?

Ein Unternehmen, wie groß oder klein es auch sei, ist immer in komplexe Zusammenhänge eingebunden. Mit monokausalen Erklärungen kommt man daher nicht weiter, und auch ein scharfer analytischer Verstand gerät rasch an seine Grenzen bei dem Versuch, das Dickicht sich gegenseitig beeinflussender Faktoren des Wirtschaftslebens intellektuell zu durchdringen. Da hilft nur, sich im Lauf der Zeit durch Erfahrung ein Gefühl und einen Instinkt anzutrainieren, auf den man sich verlassen kann – und muss, wenn eine Entscheidung schnell zu treffen ist.

Mein Vater hatte diesen Instinkt wohl noch, grübelte Thomas, auch mein Großvater und Urgroßvater. Und ich dachte, ich hätte ihn auch. Vielleicht habe ich ihn sogar noch, aber er passt jetzt nicht mehr in die Zeit? Der Markt hat sich geändert, eine neuartige Konkurrenz agiert aggressiver und zugleich unbekümmerter, schert sich um alte Traditionen und Kaufmannsregeln nicht und setzt den alteingesessenen Unternehmen heftig zu.

Thomas erlebt die neuartige Konkurrenz in der Gestalt Hermann Hagenströms, des etwa gleichaltrigen Chefs einer zugezogenen Kaufmannsfamilie, die kein besonderes Ansehen in der Stadt genießt, aber sich rasch Respekt verschafft. Schon bald zieht Hagenström geschäftlich an Thomas vorbei. Der kann die Niederlage nur noch durch die Wahl in ein hohes politisches Ehrenamt kompensieren.

Doch Thomas spürt, dass ihm dieser Triumph nichts nützen wird. Er fühlt ganz deutlich: Ich bin Vergangenheit, diesem Hermann gehört die Zukunft. Die lockere und großzügige Art, mit der er Geld verdient und ausgibt, seine Unbekümmertheit, mit der er sich über die Tradition hinwegsetzt, das Moderne an diesem neuen Typus, das alles ist Thomas fremd. Er missbilligt diese Art und fühlt sich ihr zugleich unterlegen.

Es muss aber noch mehr und andere Gründe für meine mangelnde Fortüne geben, dachte Thomas, und sie waren ihm wohlbekannt, sie standen direkt in seinem Blickfeld und feierten gerade euphorisch «ihre» Firma: Es waren die Familienmitglieder, die immer gut von dem Unternehmen lebten, wenig bis nichts zu dessen Wohlergehen beitrugen, aber gerne noch weiter von ihm leben wollten. Der Bruder des Unternehmers, Christian, war ein Bohemien, ein hypochondrischer Lebemann, der trotz vieler flotter Sprüche auf den Lippen keine Idee zur Zukunft der Firma hatte.

Die Schwester Toni glüht zwar vor Stolz auf die Firma und den Bruder, hat jedoch keine Ahnung von den Geschäften und die Firma durch zwei Ehescheidungen schon viel Geld gekostet. Die stolze Schwester besteht aber weiterhin auf einem standesgemäßen Lebensstil.

Gerda, Thomas' Ehefrau, interessiert sich hauptsächlich für Kunst und Musik. Und sein kleiner Sohn, sensibel, zart und künstlerisch veranlagt wie die Mutter, spielt sehr schön Klavier, komponiert schon, wird von seiner Mutter auf der Violine begleitet – wogegen natürlich nichts zu sagen ist, nur ist der kleine Hanno das einzige Kind. Er sollte eigentlich das Unternehmen erben und die stolze Firmengeschichte fortschreiben. So wie es aussieht, wird er dazu weder Lust noch Talent haben.

Der Vater will sich den Sohn zurechterziehen, lässt den Elfjährigen turnen, Schlittschuh laufen und schwimmen, zeigt ihm die Arbeit auf den firmeneigenen Schiffen im Hafen, will ihn «tüchtig und wetterfest» machen, aber er ahnt: Es ist wohl zwecklos. Aus dem kleinen Hanno wird nie ein richtiger Kaufmann werden.

Thomas-Mann-Leser wissen natürlich längst, um welches Unternehmen es hier geht. Der Unternehmer in dieser Geschichte ist Thomas Buddenbrook, die Hauptfigur des Romans «Buddenbrooks». Auf Thomas Buddenbrook ruht die ganze

Last der Firma und derer, die davon leben. Es ist eine Bürde, von der er schon lange spürt, dass sie ihm zu schwer wird. Weshalb er sich ehrlicherweise selbst eingesteht: Die Hauptverantwortung für den bevorstehenden Niedergang trage ich selbst. Ganz deutlich wird ihm das in jenem Moment bewusst, in dem ihm diese Gedenktafel überreicht wird, denn darauf ist mit goldenen Lettern jener eherne Wahlspruch des Firmengründers graviert, jenes Erfolgsgeheimnis, das der Unternehmer in letzter Zeit immer weniger beherzigt, weil er immer weniger daran glaubt und weil er zu sehen meint, dass andere nach ganz anderen Glaubenssätzen erfolgreicher handeln.

Der Spruch ist sehr einfach, aber war zweifellos eine wichtige Voraussetzung für den Erfolg über Generationen hinweg. Er lautet: «Mein Sohn, sey mit Lust bey den Geschäften am Tage, aber mache nur solche, dass wir bey Nacht ruhig schlafen können.»

Ja, sehr sinnig, denkt Thomas, als ihm die Tafel überreicht wird. Den einfachen Grundsatz, welcher die Haltung formuliert, in der man sein Geschäft betreiben sollte, hat der Unternehmensgründer geprägt – eine Figur, die lang vor der Zeit des Romans lebte. Auch dessen Sohn vermochte noch weitestgehend nach dem Grundsatz zu leben. Beim Enkel sind die Unternehmungen noch erfolgreich, aber bereits von Sorgen getrübt, der Urenkel Thomas schließlich führt die Geschäfte mit wenig Lust, beständiger Unruhe, täglicher und nächtlicher Sorge.

In der Hoffnung, seine finanziellen Probleme schlagartig zu lösen, lässt er sich – als Erster in der Generationsfolge, und dabei seinen Konkurrenten Hagenström nachahmend – auf ein Spekulationsgeschäft ein. Entgegen den Prinzipien der Kaufmannsfamilie Buddenbrook wettet Thomas auf die Zukunft, kauft dem in Geldnot geratenen Besitzer des mecklenburgischen Gutes Pöppenrade zum halben Preis dessen Jahresernte an Getreide ab, das gerade erst gesät wurde. Niemand kann zu dem Zeitpunkt wissen, ob es eine gute oder schlechte Ernte wird. Aber, denkt Thomas, so schlecht, dass ich bei diesem Preis kein Geschäft mache, kann die Ernte gar nicht ausfallen. Einige Monate später, ausgerechnet während der Jubiläumsfeier, erhält Thomas ein Telegramm: Ein Hagelschlag hat die ganze «Pöppenrader Ernte» vernichtet. Die Investition ist verloren. Davon ahnen die Gäste der Jubiläumsfeier nichts. Sie sehen nur den Glanz.

Das Vermögen der Familie war schon einmal höher, blieb aber trotz gelegentlicher Misserfolge beträchtlich und manifestierte sich in einem neuen, prächtigen Haus. Mit dem Erfolg wuchs das Ansehen der Familie, deshalb wird Thomas Buddenbrook zum Senator der Stadt gewählt, setzt sich bei der Wahl gegen Hagenström durch – für die Familie ein weiterer Glanzpunkt. Genau das erscheint jedoch Thomas Buddenbrook als ein zusätzliches Indiz für den bevorstehenden Abstieg. Nach seiner Überzeugung tritt dieser äußere Glanz immer erst dann zutage, wenn das Licht, das diesen Glanz erzeugt, bereits zu verlöschen beginnt.

Auf die Familie Buddenbrook scheint ziemlich genau zu passen, was der alte Reichskanzler Otto von Bismarck einmal über die Entwicklung von Unternehmerdynastien gesagt hat: Die erste Generation verdient Geld, die zweite verwaltet Vermögen, die dritte studiert Kunstgeschichte, und die vierte verkommt vollends.

Der Abstieg der Familie Buddenbrook vollzieht sich auf Raten: die Ehen der Schwester Toni, die hohe Kosten verursachen, geschäftliche Rückschläge, schließlich der symbolträchtige Verkauf der alten Familienresidenz an Hermann Hagenström. Hagenströms nehmen nun Buddenbrooks Platz ein – wie einst diese das Haus von der ehemals führenden Familie Ratenkamp übernommen hatten. Die letzte Rate ist der frühe Tod von Thomas Buddenbrook. Eine eigentlich harmlose Zahnextraktion missglückt, Thomas fällt auf der Straße um, erleidet einen Schlaganfall und stirbt kurz darauf mit noch nicht fünfzig Jahren. Drei Jahre später stirbt der sechzehnjährige Hanno an Typhus – das Kaufmannsgeschlecht Buddenbrook ist erloschen.

Thomas Mann spiegelte in diesem Abstieg einer Familie den Abstieg des Bürgertums und einer ganzen Epoche. Die Gründe des Abstiegs sind vielschichtig, zum Teil unverschuldet, zum Teil selbst verschuldet, und eine zentrale Rolle im selbstverschuldeten Teil spielt das allmähliche Verblassen der alten Familien-Maxime «sey mit Lust bey den Geschäften am Tage, aber mache nur solche, dass wir bey Nacht ruhig schlafen können». Die Haltung, die der Spruch ausdrückt, bricht zusammen, der Zusammenbruch des Unternehmens und die Auslöschung der Familie sind die Folge.

Auf den ersten Blick erscheint die alte Familienregel nicht besonders tiefsinnig. Der Spruch sieht mehr nach Binsenweisheit als nach wirklicher Weisheit aus, und der Zusammenhang zwischen dem Verstoß gegen die Regel und dem Untergang ist natürlich eine Interpretation.

Der Volksmund kennt viele solcher Sprüche. Sie geben dem Einzelnen Orientierung, erfüllen die Funktion von Leitplanken, Wegweisern, Gefahrenmeldern. Man braucht kein abgeschlossenes Hochschulstudium, um sie zu verstehen und zu befolgen.

Fritz Kolbe, einfacher Konsulatsbeamter und Widerstandskämpfer gegen Hitler, wurde von seinem Vater nach solch einfachen Grundsätzen erzogen: Du darfst niemandem blind gehorchen. Du sollst die Freiheit lieben. Versuche stets, dir selbst treu zu bleiben. Folge deinem Gewissen. Was hülfe es dem Menschen, wenn er die ganze Welt gewönne und nähme doch Schaden an seiner Seele?

Das war Kolbes eiserne Ration fürs Leben. Daraus bezog er die Kraft, in aufrechter Haltung durch die Hitlerzeit zu gehen und Widerstand zu leisten. Von ähnlich einfachen Sprüchen und Gedanken ließ sich der Schreiner Georg Elser leiten. Auch ihn führten diese Wegweiser in den Widerstand gegen Hitler. Herta Müller erzählte, ihre Mutter habe immer gesagt, «dass wir alle gleich viel wert seien, dass ich nicht besser als andere sei», und generell habe es in ihrer Familie immer geheißen, «dass ein guter Nachbar wichtiger sei als Besitz».[110]

Unsere Generation, die der Autoren, ist noch mit solchen und ähnlichen Sprüchen aufgewachsen. Aber irgendwann zwischen 1949 und 1989 stockte die Weitergabe dieses Volksguts. Fragte man heute in einer x-beliebigen Fußgängerzone Jugendliche nach Sprüchen, die ihnen ihre Eltern vermittelt und vorgelebt haben und an die sie sich nun auch halten, wäre die Ausbeute vermutlich sehr gering. Die meisten wissen nicht einmal mehr ihren Tauf- und Konfirmationsspruch, viele haben gar keinen mehr, und etliche Leser mit Hochschulabschluss werden jetzt mitleidig die Köpfe schütteln und fragen: Na, na, welch rückwärtsgewandtes, die Vergangenheit verklärendes Weltbild spricht denn aus solch einer populistischen Lobhudelei banaler Volks- und Gutmenschenweisheiten?

Die Erfahrung der Finanzkrise mit ihren verheerenden Folgen auf die öffentlichen Haushalte und die sozial Schwachen spricht aus dieser Lobhudelei. Zur Finanzkrise wäre es nie gekommen, wenn die Harvard-Absolventen mit MBA statt auf komplizierte Computermodelle auf ein paar einfache, alte Banker-Binsenweisheiten vertraut hätten: Du arbeitest mit dem Geld anderer Leute. Werde dem Vertrauen gerecht, das diese Leute in dich setzen. Verleihe fremder Leute Geld nur dann an einen anderen, wenn du dich gewissenhaft davon überzeugt hast, dass er es pünktlich zurückzahlen kann. Wenn jemand von dir Geld für einen Hauskauf will, gib es ihm nur, wenn er selber schon zwanzig Prozent des Preises angespart hat und die Immobilie den Kaufpreis wert ist. Mach nur solche Geschäfte, die du auch verstehst.

Das Banken- und Finanzgeschäft wäre wesentlich langweiliger verlaufen, wenn sich alle Akteure an diese scheinbar banalen Regeln gehalten hätten. Dafür ginge es heute den meisten von uns besser, vor allem denen, die jetzt zur Kasse gebeten werden, obwohl sie an dem Desaster unschuldig sind. Und viele, die in der New Economy oder in der Finanzkrise ihr Erspartes verloren haben, würden es heute noch haben, wenn sie sich an die Binsenweisheit gehalten hätten, dass die Kehrseite einer hohen Gewinnaussicht eine hohe Verlustaussicht ist. Traumrenditen ohne Risiko gibt es nicht.

... dass wir bey Nacht ruhig schlafen können – es wurden zuletzt zu viele Geschäfte gemacht, die allen eigentlich den Schlaf hätten rauben müssen, wegen des Risikos und ihrer moralischen Fragwürdigkeit. Hier schält sich nun ein zweiter, versteckter Aspekt des Buddenbrook-Spruchs heraus, der zeigt, dass der Satz doch nicht ganz so banal ist, nämlich die schlichte, gesunde Weisheit: Gewissen ist ein sanftes Ruhekissen. Wenn du nachts gut schlafen willst, dann mach am Tag nur Geschäfte, die dein Gewissen nicht belasten.

Die Spekulation mit der «Pöppenrader Ernte» hätten die alten Buddenbrooks nicht nur wegen des wirtschaftlichen Risikos gescheut, sondern auch aus Gründen des Anstands. Aus der Geldnot eines anderen einen Vorteil herauszuholen, so etwas tut man nicht, hätten Urgroßvater, Großvater und Vater Buddenbrook gesagt. Thomas wusste das, versuchte es zu verdrängen, und das schlechte Gewissen nagte in ihm, raubte ihm den Schlaf.

Hagenström schlief ruhig. Weil er so ein Gewissen gar nicht hatte. Darum machte er auch dauernd solche Geschäfte und konnte frei von jenen Skrupeln, die Thomas noch plagten, kälter, routinierter und erfolgreicher wirtschaften. Angesichts dieser Konkurrenten bildete sich in Thomas Buddenbrook wohl mehr unbewusst als bewusst die Meinung, die alte Familienregel passe nicht mehr in die Zeit. Sie sei früher richtig gewesen, aber in der Gegenwart ist sie mehr Bürde als Hilfe – so denkt «es» in Thomas, so handelt er dann auch und weiß dennoch die ganze Zeit, dass es falsch ist.

Eine der wichtigsten Weisheiten dieses Romans ist aus der Familienregel abzuleiten. Sie lautet, dass etwas nur so lange gutgeht, wie Idee und Wirklichkeit, Ideal und Leben nicht zu weit auseinanderklaffen. Es kommt darauf an, diese Lücke klein zu halten, gerade dann, wenn das schwierig wird und leichter erscheint, sich von hehren Prinzipien zu verabschieden.

Wie groß die Versuchung dazu ist, davon erzählt eine andere Geschichte: Sie spielt in Güllen, einer heruntergekommenen Kleinstadt irgendwo in Mitteleuropa. Die Leute sind arm, arbeitslos und ohne Hoffnung. Doch plötzlich naht die Rettung. Die Ölmilliardärin Claire Zachanassian, selbst in Güllen gebürtig, hat ihren Besuch angekündigt. Alle sind sicher: Sie wird uns helfen. Das will sie auch, doch die alte Dame stellt eine Bedingung. Sie fordert Gerechtigkeit. Ihre Gerechtigkeit. Die Kleinstädter sollen den Krämer Alfred Ill ermorden. Das ist Claire Zachanassians Rache dafür, dass der Krämer sie vor fünfundvierzig Jahren verleugnete, als sie, seine damalige Freundin, ein Kind von ihm erwartete, deshalb die Stadt verlassen und sich prostituieren musste, um sich und das Kleine durchzubringen. Später wurde sie reich durch Heirat, und diesen Reichtum benutzt sie nun, um ihr Verständnis von Gerechtigkeit durchzusetzen.

Natürlich weisen die braven Bürger von Güllen das Ansinnen der alten Dame entrüstet zurück. Der Bürgermeister spricht für alle und sagt das Selbstverständliche: «Noch sind wir in Europa, noch sind wir keine Heiden. Ich lehne im Namen der Stadt Güllen das Angebot ab. Im Namen der Menschlichkeit. Lieber bleiben wir arm denn blutbefleckt.» Aber die Not ist groß, und noch größer die Hoffnung, dass sich vielleicht doch etwas arrangieren ließe, und schon das große Pathos, in dem der Bürgermeister das eigentlich Selbstverständliche vorbringt, stimmt misstrauisch.

So ernst wird sie es mit ihrer Forderung ja wohl nicht meinen, denken sich die Güllener, wollen mit der alten Dame verhandeln, können nicht glauben, dass ihre ehemalige Mitbürgerin sie hängenlasse, und beginnen, auf großem Fuß zu leben, machen Schulden im Vertrauen darauf, dass sich schon alles irgendwie regeln lässt.

Doch dieses Wunschdenken geht nicht auf. Die alte Dame beharrt darauf: Geld wird nur fließen, wenn zuvor Blut fließt, das Blut von Alfred Ill. Und da kippt die Stimmung in der Stadt allmählich um – nicht zu Lasten der unmenschlichen Alten, nein, zu Lasten von Alfred Ill. Hat er sich sein Schicksal nicht selbst zuzuschreiben?, fragen die Bürger plötzlich. War sein Verhalten nicht schweinisch? Hat das gedemütigte Mädchen von damals nicht einen Anspruch auf Sühne?

Die Güllener beginnen, sich die Sache zurechtzubiegen. Sie zeigen, wie man sich die Wirklichkeit nach seinen Interessen zurechtlügen kann, wenn man die Begriffe nur lang genug hin und her wendet. Die Güllener lehren, wie man seinen Egoismus und seine wirtschaftlichen Interessen mit der Moral in Einklang bringen kann. Sie wühlen in der großen Kiste der Rechtfertigungs-Schablonen, finden Fertigteile wie «Willen zur Gerechtigkeit» oder «notwendiges Opfer für die Allgemeinheit», und so kommt eine Eigengesetzlichkeit in Gang, die unaufhaltsam auf die Katastrophe zusteuert. Wie von selbst wird aus Unrecht Recht, und am Ende ermorden die braven Güllener ihren Mitbürger während einer Ratsfeier.

Der Philosoph Robert Spaemann hat den «Besuch der alten Dame», so heißt das Theaterstück von Friedrich Dürrenmatt, das heute zu selten gespielt wird, schon vor längerer Zeit aufgegriffen, als hierzulande erstmals gefragt wurde, wie viel es die

Wirtschaft koste, jeden Sonntag die Maschinen abzuschalten. Wer fragt: «Was kostet uns der Sonntag?», der hat, so sagt Spaemann, den Sonntag bereits zum Abschuss freigegeben[111]. Der als Frage verkleidete Anschlag auf den Sonntag wirkt genau wie der Anschlag der alten Dame in Dürrenmatts Stück. Dessen Figuren beginnen sich nach einiger Zeit mehr unbewusst als bewusst zu fragen, wie viel sie das Leben dieses Mannes eigentlich kostet, und in dem Augenblick sind die Würfel gefallen, ist der Mann verloren. Dieselbe ökonomistische Denkweise stellt bei uns nun den Sonntag in Frage und hält das für eine revolutionäre Tat im Namen des Fortschritts und der Freiheit. Der Sonntag aber stehe, sagt Spaemann, als Chiffre für vieles, was unsere Kultur, unsere christlich-abendländische Zivilisation ausmacht: Alles Humane, das Recht, alles Soziale, also auch all das, wodurch Alte, Kranke, Behinderte, Familien mit Kindern oder alleinerziehende Mütter und Väter geschützt werden.

Nicht der Ladenschluss steht also zur Debatte, sondern die humanistische Tradition des Westens. Die humanistische Zivilisation soll durch eine ökonomistische ersetzt werden, und der verkaufsoffene Sonntag ist das Symbol für diesen Kulturkampf. Wer fragt, was der Sonntag kostet, hat ihn bereits in einen Arbeitstag verwandelt und den Gewinn berechnet, der uns entgeht. Und damit ist der Sonntag zerstört. Dessen Wert liegt nämlich gerade darin, dass er ökonomisch nichts bringt, aber Freiheit und Muße ermöglicht.

Ökonomisten wenden hier ein: Wir leben nicht mehr auf einer isolierten Insel der Seligen. Unsere Wirtschaft ist weltweit verflochten, und wenn anderswo die Maschinen rund um die Uhr laufen, können wir es uns nicht mehr leisten, sie bei uns abzuschalten. Sonst können wir zwar weiter den Sonntag heiligen, gehen aber bald pleite und dürfen uns nicht beschweren, wenn wir uns dann den Sonntagsbraten nicht mehr leisten können.

Dieser Sachzwang-Logik erwidert Spaemann, dass es für freie

Wesen überhaupt keine Sachzwänge gebe. In jedem vorgebrachten Sachzwang stecke verborgen bereits ein von bestimmten Wünschen und Wertungen geleiteter Wille. Wem der Feiertag nicht mehr heilig ist, der will ihn natürlich abschaffen, wenn die Produktionsunterbrechung teuer ist.

Verallgemeinert man Spaemann, so heißt das: Wer soziale Gerechtigkeit nicht als einen ethischen Wert, sondern nur als Investitionshemmnis betrachtet, muss soziale Gerechtigkeit abschaffen. Wer in Arbeitnehmerschutzrechten nur ein Wettbewerbshindernis sieht, muss sie beseitigen. Wem Ökosteuern als geschäftsschädigend erscheinen, der muss sie verhindern. Wer Arbeit für eine bloße Ware hält und nicht für ein Grundrecht, muss den Lohn so weit drücken, wie es der Markt hergibt, und der darf seine Angestellten guten Gewissens in die Arbeitslosigkeit entlassen, wenn dies mit steigenden Aktienkursen honoriert wird. Wer Gewinnmachen als den alleinigen Sinn des Wirtschaftens begreift, muss alles, was sich dem Gewinnstreben in den Weg stellt, als Unsinn begreifen, auch die Demokratie, auch unsere Verfassung.

Wer all diese Opfer zu bringen bereit ist, heiligt nicht mehr den Sonntag, sondern die Wirtschaft. Freie Wesen jedoch, die sehen, dass es unter veränderten ökonomischen Bedingungen plötzlich schwierig wird, an ihren Grundsätzen festzuhalten, beugen sich scheinbaren Sachzwängen nicht so schnell. Stattdessen fragen sie: Wie können wir trotz der globalen Veränderungen in der Wirtschaft weiter erfolgreich sein unter der Voraussetzung, dass unsere Grundwerte nun mal nicht zur Disposition stehen? Darin besteht die wahre Herausforderung. Das ist viel anspruchsvoller, als den Arbeitnehmern nur zu predigen, sich gefälligst immer billiger zu verkaufen.

An freiheitlich demokratischen Grundwerten und sozialen Rechten festzuhalten trotz des globalen Wettbewerbsdrucks – das garantiert den Abstieg, glaubt der vorherrschende ökonomistische Charakter. Das Gegenteil ist richtig, wie die Buddenbrooks schmerzhaft erfahren müssen. Gerade der Verrat an eigenen Werten führt in den Abstieg. An ihnen festzuhalten auch in schwieriger Lage, garantiert langfristig den Erfolg, auch über schwierige Phasen hinweg.

Der moderne, kommerzorientierte Charakter glaubt das nicht mehr. Daher sind jene gefragt, die davon überzeugt sind, dass die Stärke unseres Landes, auch und gerade ihre Wettbewerbsfähigkeit, in unserer Verfassung wurzelt, unseren Werten von Freiheit, Gleichheit, Solidarität, Rechtsstaatlichkeit und Demokratie. Unsere Stärken sind kulturelle Vielfalt, Bildung, Rechtssicherheit, eine einheitliche Währung und ein großer Binnenmarkt. Und nicht zu vergessen: wunderschöne Landschaften, blühende Städte, Kunst, Musik, Theater, Museen und Literatur allerorten, immer noch. Unsere immer noch funktionierende Oase des Friedens und des Wohlstands ist unsere größte Stärke. Erhalten wir sie, so erhalten wir auch unsere Wettbewerbsfähigkeit.

Herausgefordert ist daher der mündige Bürger, der gebildete Demokrat, der solidarische Charakter. Er muss den Ökonomisten Grenzen setzen, den gierigen Eliten entgegentreten, den geizig-infantilen Konsumenten der Möglichkeit berauben, gedankenlos die Welt zu ruinieren.

Wer dafür keine Zeit hat, weil noch die Kinder zu erziehen oder die Eltern zu pflegen sind oder die Erarbeitung des Lebensunterhalts alle Kräfte bindet, kann trotzdem in seinem Alltag durch eine neue Haltung dazu beitragen, dass unseren Werten wieder Geltung verschafft wird. Davon handelt die dritte und letzte Geschichte. Lastenträger stehen in ihrem Mittelpunkt. Man könnte aber auch sagen: Leistungsträger.

Sie wohnten hinter dem Berg am Rand der Stadt, nahe beim Friedhof. Niemand wollte dort wohnen. Daher war das Land billig. Man nannte sie die Träger, aber besser bekannt waren sie unter dem Namen Bachmann. Sie waren keine Familie und nicht einmal untereinander verwandt. Vielleicht hat es in früheren Zeiten mal einen ganz starken Träger namens Bachmann gegeben, und seitdem heißen sie eben alle Bachmann.

Sie konnten weder lesen noch schreiben, nur Säcke zählen konnten sie, und beim Geld, das ihnen zustand, haben sie sich nie geirrt oder etwa zu viel berechnet. Sie waren ehrliche Leute, Lügen verabscheuten sie, denn sie hatten ihr ureigenstes bachmännisches Ehrgefühl.

Einmal haben die Bachmanns dem Kaufmann Dattelstrauch schwere Säcke mit Würfelzucker in den Laden getragen. Dattelstrauch war an diesem Tag schlecht gelaunt und trieb die Träger zu größerer Eile an, schrie, schimpfte, mahnte sie zur Vorsicht, sprang herum und störte bei der Arbeit. Irgendwann wurde es den Bachmanns zu viel, und da schmissen sie die Säcke hin und verlangten ihren Lohn.

Der verdutzte Dattelstrauch zahlte, aber nicht den vereinbarten Lohn, sondern einen kleineren, weil ja die Bachmanns nicht die volle Arbeit geleistet hatten und, wie Dattelstrauch meinte, durch ihre Unachtsamkeit mit einem Bruch der Zuckerstückchen zu rechnen war. Darauf aber ließen sich die Bachmanns nicht ein, sondern sprangen mit ihren schweren Körpern so lange auf den Säcken herum, bis diese platzten und die Zuckerstücke zerrieben waren.

Dattelstrauch, voller Schreck, legte den Rest des vereinbarten Lohns hin und noch ein üppiges Trinkgeld, weil er es mit der Angst zu tun bekam. Den vereinbarten Lohn steckten die Bachmanns ein, das Trinkgeld warfen sie ihm vor die Füße.

Jeder Sack mit Lebensmitteln, mit Zucker, Mehl, Fisch oder Fleisch, den die Bauern aus der Umgebung in die Stadt brachten, wurde von den Bachmanns abgeladen und in die Geschäfte getragen. Manch kräftiger Bauer hätte seine Säcke lieber selber abgeladen, um das Geld für die Träger zu sparen. Aber das ging nicht. Das Abladen war der Job der Bachmanns, denn auch ein Träger musste leben und seinen Kindern zu essen geben, und jedem Bauern war klar, dass er gut daran tat, sich an dieses ungeschriebene Gesetz zu halten.

Denn auch ein Träger musste leben – dieser Gedanke zieht sich in vielen Varianten durch das wunderbare Buch von Minka Pradelski, «Und da kam Frau Kugelmann», aus dem die Geschichte von den Bachmanns stammt.[112]

Die Potoks zum Beispiel haben einen sehr kleinen Laden, der so wenig abwirft, dass sie keinen Kredit vom Großhändler Dattelstrauch bekommen. Deshalb kaufen die Leute am Donnerstag, dem Markttag, einen Teil davon bei den Potoks ein, obwohl das ein bisschen umständlich ist. Um die arme Familie zu unterstützen, muss man schon am Dienstag die Bestellung aufgeben und am Mittwoch das Geld für die vorbestellten Waren vorbeibringen, damit die Potoks den Großhändler gleich bezahlen können.

Der Apotheker Gablonski, ein Goj, beauftragt den Doktor Goldstaub, Medikamente für seine Apotheke herzustellen, aber das war nur aus Freundschaft zu ihm. Er wollte ihn unterstützen, um auszugleichen, was Gablonski an Einkünften von den Armen entging.

Noch ärmer als die Bachmanns sind die Schnorrer. Sie haben gar nichts, müssen aber auch leben, also betteln sie. Auch beim reichen Fabrikbesitzer Leon Jungblut, der aber so wenig Zeit hat, dass die Schnorrer nach einem wirtschaftlich optimierten Verfahren vorgehen. Deshalb kommt die Bettlerin Malka Feiga alleine in Jungbluts Büro und sagt: «Git Morgen, vier.» Wortlos holt Jungblut vier Münzen aus seiner Schublade, übergibt sie ihr, und Malka verschwindet mit einem knappen «Danke» so schnell, wie sie gekommen ist. Draußen gibt sie jeder der drei anderen Bettlerinnen ihren Anteil.

Die Schnorrer, erklärt Leon Jungblut seinem Sohn Adam, der

dieses «Git Morgen, vier» mal mit angesehen hat, seien ein Berufsstand mit Anstand, Sitte und Regeln. Die Schnorrerkinder hätten aber keine glückliche Zukunft. Wenn sie ehrgeizig waren, mussten sie die Stadt verlassen und in Amerika oder sonst wo ihr Glück versuchen. Oder auf Leon Jungblut hoffen. Der hat sich dafür eingesetzt, dass Jankel, der hochbegabte Sohn der Schnorrerin Malka Feiga, das Gymnasium besuchen durfte und vom Schulgeld befreit wurde.

Minka Pradelski lässt in ihrem Buch die untergegangene, brutal zerstörte Welt des polnischen Judentums wiederauferstehen. Das wesentliche Merkmal dieser Welt war die allen gemeinsame Überzeugung, dass «auch ein Träger leben muss», und auch die Schnorrer, und die Potoks. Und nur wenn sie alle leben können, kann auch der Unternehmer Leon Jungblut leben. Denn Erfolg hat man nur gemeinsam. Dem Einzelnen, auch dem Reichsten, kann es auf Dauer nur gutgehen, wenn es auch den Ärmsten gutgeht. Auch wieder so ein einfacher Grundsatz, der als Spruchweisheit taugt.

Man könnte es «Spirit» nennen, wovon die drei Geschichten erzählen. Diesen Spirit in die Wirtschaft, unser Leben und unseren Alltag hineinzukriegen, das wäre es, das wäre der Garant für eine gute Zukunft.

Es braucht dazu: Charakter.

Anmerkungen

1 Joseph E. Stiglitz: «Das Geheimnis der unsichtbaren Hand. Vom großen Irrtum des Adam Smith – und vier weiteren Lehren, die das Jahr 2009 bereithielt», Süddeutsche Zeitung, 31. Dezember 2009
2 a.a.O.
3 Rainer Hank, «Manager ohne Moral», Frankfurter Allgemeine Sonntagszeitung, 8. Juni 2008
4 a.a.O.
5 Detlef Esslinger, «Immer auf die Kleinen», Süddeutsche Zeitung, 10. Juni 2010
6 «Mehr Wachstum nur durch mehr Bildung», Frankfurter Allgemeine Zeitung, 13. November 2009
7 «Die Welt der Chance», Süddeutsche Zeitung, 23. November 2009
8 Süddeutsche Zeitung, 26. Januar 2010
9 «Pisa-Punkte befeuern die Wirtschaft», in: Süddeutsche Zeitung, 26. November 2010
10 Petra Gerster, Christian Nürnberger, Der Erziehungsnotstand, Berlin 2002
11 Süddeutsche Zeitung, 21. April 2010
12 So der Titel eines Buches von Michael Degen, Berlin 1999
13 Matthias Schreiber, Martin Niemöller, Reinbek 2008
14 Herkunft unklar, wird meist ohne Quellenangabe zitiert oder wechselweise etwa Goethe, Schiller oder dem Talmud zugeschoben
15 Die Zitate stammen aus einem gekürzten Abdruck der Vorlesung in der Fankfurter Allgemeinen Zeitung, 8. Dezember 2009
16 Quellen für die im Folgenden genannten Fakten: Hubert Spiegel, Fankfurter Allgemeine Zeitung, 10. Dezember 2009; Alex Rühle, Süddeutsche Zeitung, 10. Dezember 2009
17 Bernhard Herrman, Nikolaus Scholz im ORF-Radio, 30. Mai 2009, http://oel.orf.at/artikel/215002
18 Frank Matthias Kammel, Charakterköpfe: Das neue Interesse an der Physiognomie, Katalog zur Ausstellung «Renaissance, Barock, Aufklärung» im Germanischen Nationalmuseum Nürnberg, 2010
19 Kammel, a.a.O.
20 Ute Eberle, Phrenologie, in: GEOkompakt Nr. 15, 6/08
21 Eberle, a.a.O.

22 Spiegel online, 4. Mai 2008, http://www.spiegel.de/kultur/literatur/0,1518,551305,00.html.

23 Zitiert nach Rainer Schmitz, Was geschah mit Schillers Schädel? Alles, was Sie über Literatur nicht wissen, Frankfurt am Main 2006

24 Theophrast, Charaktere, Stuttgart 1970, S. 67

25 Luca Giuliani, «Das älteste Sokrates-Bildnis. Ein physiognomisches Porträt wider die Physiognomiker», in: Claudia Schmölders (Hrsg.), Der exzentrische Blick. Gespräch über Physiognomik, Berlin 1996

26 Die Chemie kennt derzeit zwar 118 Elemente, davon sind aber nur achtzig stabil, nur sie kommen in der Natur vor, die übrigen sind radioaktivem Zerfall ausgesetzt.

27 Georg Christoph Lichtenberg, «Über Physiognomik; wider die Physiognomen», aus: Deutsche Literatur von Lessing bis Kafka, Digitale Bibliothek, CD-ROM, Band 1, S. 75221

28 Zitiert nach Hermann-Josef Fisseni, Persönlichkeitspsychologie, Göttingen 1998, S. 115

29 Niklas Luhmann, Das Erziehungssystem der Gesellschaft, S. 54, Frankfurt a.M. 2002

30 Friedrich Dorsch, Hartmut Häcker, Kurt-Hermann Stapf (Hrsg.), Psychologisches Lexikon, Bern 2009, S. 169

31 Nach Hermann-Josef Fisseni, Persönlichkeitspsychologie. Auf der Suche nach der Wissenschaft. Ein Theorienüberblick, Göttingen 2003, S. 9

32 a.a.O.

33 Dorsch, a.a.O., S. 739

34 a.a.O., S. 741

35 Fisseni, a.a.O., S. 19

36 a.a.O., S. 5

37 Willy Brandt, Erinnerungen, Hamburg 2006

38 Willy Brandt, a.a.O.

39 Evelyn Roll, «More about Schmidt», Süddeutsche Zeitung, 11. Mai 2010

40 Als solcher hatte er gegen heftigste Widerstände der Friedensbewegung die Aufstellung gegen Russland gerichteter atomarer Mittelstreckenraketen durchgesetzt, um den auf Deutschland gerichteten russischen Raketen etwas entgegenzusetzen.

41 «Das ist alles Geblubber», Interview mit Harald Schmidt, Frankfurter Allgemeine Sonntagszeitung, 23. Mai 2010

42 Holger Gertz und Alexander Gorkow, «Respekt», Süddeutsche Zeitung, 21. April 2010

43 Gertz/Gorkow, a.a.O.

44 Klaus Hoeltzenbein, Ludger Schulze, «Dann kommt der Wasserfall», Süddeutsche Zeitung

45 Holger Gertz, Alexander Gorkow, «Respekt», Süddeutsche Zeitung, 21. April 2010
46 Holger Gertz, «Sag mir, wo die Wölfe sind», Süddeutsche Zeitung, 27. November 2009
47 Klaus Hoeltzenbein, Ludger Schulze, «Dann kommt der Wasserfall», Süddeutsche Zeitung, 22. Mai 2010
48 Film aus dem Jahr 1975 von Miloš Forman mit Jack Nicholson in der Hauptrolle
49 Markus Zydra, «Ende der Banksöldner», Süddeutsche Zeitung, 17. November 2009
50 Zydra, a. a. O.
51 FAZ.NET, 24. September 2009
52 Benjamin Barber in einem Interview über «Die Perversion der Freiheit», Die Zeit, 6. Juni 2000
53 «Irgendwann war das Rad überdreht», Süddeutsche Zeitung, 3. April 2010
54 a. a. O.
55 Kaufkraft-Analyse, Spiegel online, 28. April 2010
56 Joachim Kutschke, Grabenkämpfe im Klassenzimmer. Über die pädagogische Misere an unseren Schulen, in: Frankfurter Allgemeine Zeitung, 31. Oktober 1998
57 Kutschke, a. a. O.
58 Benjamin Barber, «Shopping regiert die Welt», Frankfurter Allgemeine Sonntagszeitung, 20. April 2008
59 Bodo Kirchhoff, «Unser aller Größenwahn», Der Spiegel 16/2009
60 Kirchhoff, a. a. O.
61 In: Andreas Schlüter, Peter Strohschneider, «Bildung? Bildung! 26 Thesen zur Bildung als Herausforderung im 21. Jahrhundert», Berlin 2009
62 In: Scheidewege. Zeitschrift für skeptisches Denken, Jahrgang 24, 1994/95, S. 34 ff.
63 Diese Information und alles Weitere über die Gehirnentwicklung verdanken sich im Wesentlichen: Thomas Fuchs, Das Gehirn – ein Beziehungsorgan, Stuttgart 2009; Gerald Hüther, Inge Krens, Das Geheimnis der ersten neun Monate, Weinheim 2008; Michael Madeja, Das kleine Buch vom Gehirn, München 2010
64 Petra Gerster, Christian Nürnberger, Der Erziehungsnotstand, Berlin 2001
65 Michael Omasta, Michael Pekler: ‹In jedem meiner Filme muss ich laut lachen.› Interview mit Michael Haneke, Falter 38/2009
66 Auch von uns in: Gerster, Nürnberger, Der Erziehungsnotstand, Berlin 2001, und Stark für das Leben, Berlin 2003
67 Ulla Hahn, Das verborgene Wort, München 2001
68 http://www.dradio.de/dlf/sendungen/forschak/710211/, 12. Dezember 2007
69 a. a. O.
70 Thomas Mann, Buddenbrooks, Frankfurt am Main 1982, S. 453
71 a. a. O., S. 427

72 a. a. O., S. 638
73 Welt@online, 12. März 2010
74 Dies und die folgenden Zitate nach: Maria Montessori, Kinder sind anders, Stuttgart 2009
75 Spiegel 12/2010
76 Frankfurter Allgemeine Zeitung, 13. März 2010
77 Frankfurter Allgemeine Zeitung, 10. April 2010
78 Karl Philipp Moritz, Werke in zwei Bänden, Zweiter Band: Anton Reiser, Berlin und Weimar 1976, S. 51
79 Moritz, a.a.O., S. 103
80 Moritz, a.a.O., S. 130
81 Moritz, a.a.O., S. 198
82 Moritz, a.a.O., S. 296
83 Hermann Hesse, Unterm Rad. Die Romane und großen Erzählungen, Erster Band, Frankfurt am Main 1977, S. 5
84 Hesse, a.a.O., S. 217
85 Hesse, a.a.O., S. 210
86 Hesse, a.a.O., S. 270
87 Hesse, a.a.O., S. 274
88 Daniel Pennac, Schulkummer, Köln 2009
89 Pennac, a. a. O., S. 15
90 Pennac, a. a. O., S. 28
91 Pennac, a. a. O., S. 26
92 Pennac, a. a. O., S. 56
93 Max Frisch, Gesammelte Werke 1944–1949, Vierter Band, Frankfurt am Main 1976, S. 370 f.
94 Frisch, a. a. O.
95 In seiner Dankrede zum Börne-Preis, «Solidarität mit dem jungen Deutschland», abgedruckt in der Frankfurter Allgemeinen Zeitung, 8. Juni 2009
96 a. a. O.
97 a. a. O.
98 Simone Boehringer, «Wetten, dass?», Süddeutsche Zeitung, 16. September 2008
99 Frank Schirrmacher, «Roland Kochs Wette», Frankfurter Allgemeine Sonntagszeitung, 16. Mai 2010
100 zitiert nach Schirrmacher, a. a. O.
101 a. a. O.
102 Jürgen Werner, «Teamgeist ist nichts Mysteriöses», Frankfurter Allgemeine Zeitung, 7. Juli 2010
103 a. a. O.
104 Jürgen Werner, a. a. O.
105 Jürgen Werner, a. a. O.

106 Holger Gertz, «Was ist bloß mit euch Deutschen los», Süddeutsche Zeitung, 5. Juli 2010

107 BILD, 6. Juli 2010

108 Ebenfalls BILD, 6. Juli 2010

109 Holger Gertz, Alexander Gorkow, «Respekt», Süddeutsche Zeitung, 21. April 2010

110 Vgl. Kapitel 6

111 Robert Spaemann, «Der Anschlag auf den Sonntag. Plädoyer für die Erhaltung eines kulturellen und religiösen Denkmals», Die Zeit, 19. Mai 1989

112 Minka Pradelski, Und da kam Frau Kugelmann, Frankfurt am Main 2005

Wir danken Gunnar Schmidt
und Wilhelm Trapp vom Rowohlt · Berlin Verlag
für ihre Geduld mit den Autoren.

MIX
Papier aus verantwortungsvollen Quellen
FSC® C083411
www.fsc.org

Das für dieses Buch verwendete FSC®-zertifizierte Papier
Lux Cream liefert Stora Enso, Finnland.